教育部人文社会科学研究项目"食品企业社会责任、
企业荣誉与经济绩效的关系研究"（12YJC630015）资助

食品企业社会责任与经济绩效的关系研究

陈煦江　高露　焦佳　著

西南交通大学出版社
·成都·

图书在版编目（CIP）数据

食品企业社会责任与经济绩效的关系研究/陈煦江，高露，焦佳著. —成都：西南交通大学出版社，2018.3
ISBN 978-7-5643-6022-1

Ⅰ.①食… Ⅱ.①陈… ②高… ③焦… Ⅲ.①食品企业–企业责任–社会责任–关系–经济绩效–研究–中国 Ⅳ.①F426.82

中国版本图书馆 CIP 数据核字（2018）第 012750 号

食品企业社会责任与经济绩效的关系研究

陈煦江　高露　焦佳　著

责 任 编 辑	万　方
特 邀 编 辑	刘娉婷　顾　飞
封 面 设 计	墨创文化
出 版 发 行	西南交通大学出版社 （四川省成都市二环路北一段 111 号 西南交通大学创新大厦 21 楼）
发行部电话	028-87600564　028-87600533
邮 政 编 码	610031
网　　　址	http://www.xnjdcbs.com
印　　　刷	四川森林印务有限责任公司
成 品 尺 寸	170 mm × 230 mm
印　　　张	13
字　　　数	221 千
版　　　次	2018 年 3 月第 1 版
印　　　次	2018 年 3 月第 1 次
书　　　号	ISBN 978-7-5643-6022-1
定　　　价	48.00 元

图书如有印装质量问题　本社负责退换
版权所有　盗版必究　举报电话：028-87600562

前言

当前我国食品安全问题十分严峻,除外部强制性监管效力不足外,企业社会责任缺失是其内因。食品企业(包括食品生产、加工、销售等企业)是食品安全的第一责任主体,应当承担对消费者等利益相关者的社会责任,在保障食品安全的前提下追求经济利益,这是由食品企业的自身特点所决定的。

本书主要研究了以下四个问题:

第一,对食品企业社会责任,尤其是对食品安全治理问题进行了文献综述与理论分析。在综述企业社会责任的理论及其测量方法的国内外研究成果和在食品企业中的应用研究动态基础上,重点对国内外学者关于企业社会责任与经济绩效之间关系的研究文献进行分类梳理,并对影响企业社会责任与经济绩效之间关系的前置因素、中介因素和调节因素(企业文化、企业荣誉、盈余管理、信息披露等)进行较为系统的述评。在此基础上,重点分析了企业社会责任的经典理论和适用于食品企业的社会责任理论与方法,在整合这些理论的基础之上,构建能够支撑食品企业社会责任与经济绩效之间作用关系的理论基础和作用机理。

第二,本书对食品企业社会责任进行了较全面的评价,并探索了其与经济绩效的作用机制。我们借鉴国内外代表性的企业社会责任评价理论与方法,重点针对食品行业的特殊性,以问卷调研和实地访谈为证据,从食品上市公司和中小食品企业两个层面构建指标体系评价其社会责任的履行情况。在此基础上,本书采用社会学中的扎根理论方法,相对完整系统地构建食品企业社会责任对经济绩效的作用机制模型,具体构建出"企业文化—社会责任—企业荣誉—经济绩效"为主线的理论模型。

第三，对食品企业社会责任与经济绩效的关系进行了实证研究。首先，基于前述理论与文献进行研究假设提出、变量选取、样本与数据来源的确定等，对"企业文化—社会责任—企业荣誉—经济绩效"主线模型中的被解释变量、解释变量、中介变量、调节变量及其他控制变量进行了定义；其次，对研究变量进行描述性统计和相关性分析；最后，构建了多群组结构方程模型，得出实证结果，并辅以采用传统的回归分析方法获得的结论进行稳健性检验。

第四，本书基于研究结论提出了相关措施建议。本书在系统总结前述理论研究和实证研究结论的基础上，结合我国食品企业的社会责任现状，针对性地提出宏观层面政策建议和微观层面的对策措施，为我国食品企业社会责任建设和食品安全治理提供理论与实证支持。

编者
2017 年 4 月

目录

第一章 导论 ·· 001
  一、研究背景 ·· 001
  二、研究目的与意义 ·· 002
    （一）研究目的 ··· 002
    （二）研究意义 ··· 002
  三、研究思路、框架与方法 ·· 004
    （一）研究思路 ··· 004
    （二）研究框架 ··· 005
    （三）研究方法 ··· 006

第二章 文献综述 ·· 009
  一、企业社会责任的理论基础 ··· 009
  二、企业社会责任的测度方法与指标体系 ···································· 010
  三、企业社会责任的影响因素 ··· 011
    （一）企业社会责任的影响因素研究概况 ································· 011
    （二）企业社会责任影响因素研究的分类梳理 ··························· 012
  四、企业社会责任与企业经济绩效的关系 ···································· 016
    （一）企业经济绩效对企业社会绩效的影响 ······························ 017
    （二）企业社会绩效对企业经济绩效的影响 ······························ 019
    （三）企业社会责任与财务绩效之间的相互关系研究 ··················· 022
    （四）考虑其他因素对企业社会责任与企业经济绩效作用
         关系的影响研究 ··· 022

（五）简评与启示 ··· 026
　五、食品企业社会责任的相关研究 ··· 031
　　（一）食品企业社会责任研究 ··· 031
　　（二）食品安全治理研究 ·· 032
　　（三）启示 ··· 041

第三章　理论分析 ·· 043
　一、企业社会责任的含义 ·· 044
　　（一）经济责任论 ··· 044
　　（二）非经济责任论 ··· 045
　　（三）多元责任论 ··· 046
　二、企业社会责任与企业经济绩效关系的理论基础 ························· 048
　　（一）利益相关者理论 ··· 048
　　（二）资源依赖理论 ··· 049
　　（三）经济伦理理论 ··· 050
　　（四）企业公民理论 ··· 050
　　（五）新制度经济学理论 ·· 051
　三、企业社会责任与企业经济绩效关系的实证研究 ·························· 051
　四、企业社会责任的实践进展 ·· 052
　五、简评与启示 ·· 055

第四章　食品企业社会责任评价 ·· 057
　一、企业社会责任评价的主要理论依据 ··· 057
　　（一）利益相关者理论 ··· 057
　　（二）"金字塔"理论 ·· 059
　　（三）"三重底线"理论 ··· 060
　二、企业社会责任评价的方法 ·· 062
　　（一）层次分析法 ··· 063
　　（二）模糊评价法 ··· 064
　　（三）结构方程模型法 ··· 065
　　（四）熵权法 ·· 065
　　（五）其他方法 ·· 066
　　（六）整合类方法 ··· 067

三、企业社会责任评价的指标体系 ································ 067
    （一）代表性的企业社会责任指数 ···························· 068
    （二）基于利益相关者理论构建企业社会责任评价指标 ········ 070
    （三）基于"金字塔"理论构建企业社会责任评价指标 ·········· 074
    （四）基于理论整合视角构建企业社会责任评价指标 ·········· 075
    （五）基于两型社会发展背景构建企业社会责任评价指标 ······ 078
    （六）食品行业企业社会责任指标体系构建 ··················· 079
    （七）煤炭行业企业社会责任指标体系构建 ··················· 082
    （八）其他行业企业社会责任指标体系构建 ··················· 083
  四、我国食品企业社会责任评价 ································ 088
    （一）食品企业社会责任评价的理论依据 ····················· 088
    （二）食品企业社会责任评价方法 ···························· 091

第五章 食品企业社会责任与经济绩效作用关系的实证研究 ········ 103
  一、食品企业社会责任的影响因素：基于扎根理论的探索 ········· 103
    （一）资料来源与研究方法 ··································· 104
    （二）概念、范畴的提取与模型构建 ··························· 105
    （三）"文化—情境—责任"模型的阐释 ························· 109
    （四）研究结论与政策建议 ··································· 111
  二、食品企业文化对企业社会责任影响的前置作用 ··············· 113
  三、食品企业社会责任影响财务绩效的中介调节效应 ············· 129
  四、食品企业管理水平在社会责任影响财务可持续发展能力中的
     中介作用 ·· 139
  五、食品饮料业企业社会责任与盈余管理：内生性视角 ··········· 160

第六章 研究结论和政策建议 ································· 169
  一、研究结论 ·· 169
    （一）对食品企业社会责任与食品安全治理文献的梳理 ········· 169
    （二）食品企业社会责任评价研究 ····························· 169
    （三）食品企业社会责任对经济绩效影响的实证研究 ··········· 170
  二、措施建议 ·· 175
    （一）完善并落实食品公司社会责任体系建设，
         注重食品安全责任 ······································ 175

（二）重视管理水平在社会责任与财务可持续发展能力间的
　　　　中介作用 ·· 176
　　（三）建立完善的企业社会责任监督机制 ······························ 177
　　（四）推进食品安全综合治理机制 ·· 177
　　（五）加强食品企业文化建设 ·· 178
　　（六）完善企业社会责任信息披露体系 ·································· 179
　　（七）推动企业正确认识社会责任与财务绩效关系 ············· 179
　　（八）改善市场对企业社会责任的反应机制 ························ 180
三、研究的局限性及后续工作 ··· 181
参考文献 ·· 182

第一章 导 论

一、研究背景

民以食为天，食品是人类赖以生存的物质基础，随着经济水平的提高，人们更加关注饮食卫生与身体健康，作为大众根本需求的食品安全就更加引人注目。2008年"三鹿奶粉事件"引发了公众对乳制品安全的空前关注，随后，国家质检总局对多个品牌的婴幼儿奶粉进行质检并公布了报告，报告中指出包括蒙牛、光明、伊利在内的多家乳制品企业生产的奶粉都使用了三聚氰胺。这无疑使得事件急剧恶化，这些乳制品等食品企业的社会责任问题遭到了国民的严肃拷问。更为严重的是，三鹿奶粉事件后，食品安全问题层出不穷，瘦肉精、染色馒头、地沟油等食品问题先后将食品企业推向了舆论的风口浪尖，整个食品行业陷入了前所未有的信任危机。

目前，为了防止食品出现安全问题，政府已出台并修订了《食品安全法》《农产品质量安全法》《国务院关于加强食品安全工作的决定》等系列法律法规，并设立了国务院食品安全委员会作为国务院食品安全工作的高层次议事协调机构。但有数据显示，自2009年实施《食品安全法》以来，我国的食品安全事件发生数仍呈上升趋势，改革成效并不显著。可见，单一的政策监管还不足以有效治理和解决食品安全问题。食品安全问题的背后原因是多方面的，除了外部监管不力外，还与食品企业（本书所指的"食品企业"包括食品饮料业企业和生产食用农产品的农林牧渔业企业）自身社会责任的严重缺失直接相关。因此，如何从企业内部推动企业主动履行社会责任，形成内部主动承担、外部强制监管的双重治理机制，是当前需要研究的重大现实课题，也是有效治理我国食品安全问题、增强食品企业社会责任的关键。

食品企业履行社会责任的驱动因素和影响因素有哪些？这些因素发挥作用的机制是怎样的？此外，食品企业的社会责任与其经济绩效是如何产生作用的？二者之间是否存在某些因素的中介作用和调节作用？从我国当前食品行业面临的社会责任现实情况来看，只有首先从微观的食品企业层面厘清这些基础问题，才可能有针对性地制定出科学合理的宏观、微观治理政策和管理措施，发挥宏观、微观治理的协同作用，才能够从根本上改变我国食品安全的严峻形势。

二、研究目的与意义

（一）研究目的

本书旨在研究食品企业社会责任与其经济绩效的关系。其中食品企业主要以我国食品饮料业、农林牧渔业中涉及食用农产品加工、生产和销售的上市公司为样本，食品企业的社会责任主要研究其履行社会责任的绩效评估方面，而经济绩效则包括公司的财务绩效和资本市场绩效两个方面。在具体研究食品企业社会责任与经济绩效的过程中，本书重点考查食品企业文化对食品企业社会责任的前置驱动作用、公司管理水平和盈余管理在食品企业社会责任与企业绩效作用关系之间的中介作用，以及企业社会责任信息披露等因素在食品企业社会责任与企业绩效作用关系中的调节作用。最后，将基于研究结论提出宏观、微观方面的政策建议。

（二）研究意义

1. 理论意义

当前，学术界在探求企业社会责任的影响因素时，多从制度动因（包括外界的监督、法律法规的制定、本土标准的制定和完善等方面）或经济动因（包括公司治理、内部控制、绩效管理等方面）进行分析，对于更深的内在伦理动因探究较少，本书从伦理动因的角度来考察企业文化对企业履行社会责任的推动作用。另外，本书不局限于前人大多开展的企业文化、社会责任与经济绩效两两间的关系研究，而是构建食品企业的"企业文化—社会责任—企业荣誉—经济绩效"主线条框架，综合探讨研究这些重要变量间的中介传递与调节关系，一是可以丰富现有研究文献，二是可以为现有理论提供实证支持。

已有文献在探求企业社会责任与经济绩效之间的关系时，多将社会责任看作单一的、整体性的变量来分析其对经济绩效的影响；或亦是关注经济因素对整体社会责任的影响，对于社会责任具体构成维度与企业财务绩效之间的相互关系研究探讨的少，理论研究缺乏实证研究的支撑。本书根据前人文献和扎根理论、内容分析法等方法将食品企业社会责任分为食品安全责任、责任管理、市场责任、法律责任和环境责任等具体维度，进一步研究各个责任维度与社会资本、公司管理水平之间的作用关系，继而通过社会资本和公司管理水平的中介作用探究其与公司绩效之间的作用机制和影响程度。这样，能够从更全面的中介作用视角去研究社会责任对公司绩效的影响，充实现有文献在该方面研究的不足。此外，目前我国众多学者对企业社会责任与经济绩效两者之间关系的实证研究的样本选取方面，大多进行的是截面数据研究，大规模的平衡面板数据或非平衡面板数据研究较少，本书也将从这方面进行改进研究。

2．现实意义

近年来，我国接连发生的恶性食品安全事件引起了社会公众对食品行业社会责任问题的强烈关注和谴责，而当前学术界和实务界对企业社会责任的研究多为忽视行业特殊性的统一综合性研究，结合行业特征对企业社会责任进行深入研究的成果较少，其中以食品行业作为研究对象的成果与经验总结十分有限。从伦理动因视角探究企业文化对社会责任的推动作用，旨在倡导企业建立合理完善的企业文化，从而改变社会责任缺失的现状，这也响应了党的十八大提出的"五位一体"总布局中对文化建设的要求。

我国食品上市公司频发的食品安全事情大多给公司造成了巨大损失甚至破产重组，食品安全事件的背后原因与公司的质量控制等管理水平密切相关。本书通过研究食品公司社会责任对公司管理水平的中介影响作用，继而探究其对公司经济绩效的直接和间接影响，可以使食品企业认识到履行社会责任对提高公司管理水平的重要性，进而推动公司的盈利能力和可持续发展能力。

本书研究发现改善企业经济绩效对企业社会责任具体落实具有显著的促进作用，从而对企业社会责任完善提供现实经济依据，倡导企业建立社会责任规范体系，让广大企业能够自觉自愿地规范自己的经营行为，继而从微观层面推动企业落实社会责任，完善社会责任的内涵。同时，本书通过探求企业社会责任及其具体维度对经济绩效的影响机制，可以使企业认识到社会责任对于经济绩效的推动作用和发挥作用的条件，引导企业基于传统的经济动因去推动企业社会责任的履行，在实践中更易被广大企业理解和接受，产生实效。

三、研究思路、框架与方法

（一）研究思路

首先，进行理论与模型研究。以社会公众、学术界和政府相关职能部门对食品企业社会责任关注的重点问题为导向，借助国内外相关文献，重新梳理食品企业社会责任的相关理论和模型，采取理论总结、理论整合、实地调研相结合的方式，结合运用管理学、经济学、社会学、食品工程学和统计学的相关理论与方法，构建食品企业的社会责任评价指标体系和食品企业社会责任、企业荣誉与经济绩效关系的理论模型。

其次，展开实证研究与案例研究。运用文献分析法、计量经济学方法（包括截面数据、时序数据、面板数据、回归分析、因果分析等数据类型与方法）和案例研究方法（包括典型单案例研究和分类多案例研究），从食品上市公司和中小食品企业两个层面，对食品企业的社会责任、企业荣誉与经济绩效的相互关系和传导机制进行实证检验。

最后，总结研究结论，提出对策建议。总结研究结论，从服务于政府的宏观政策和服务于企业的微观对策两个方面提出具备一定操作性的措施建议。

研究思路如图1-1所示。

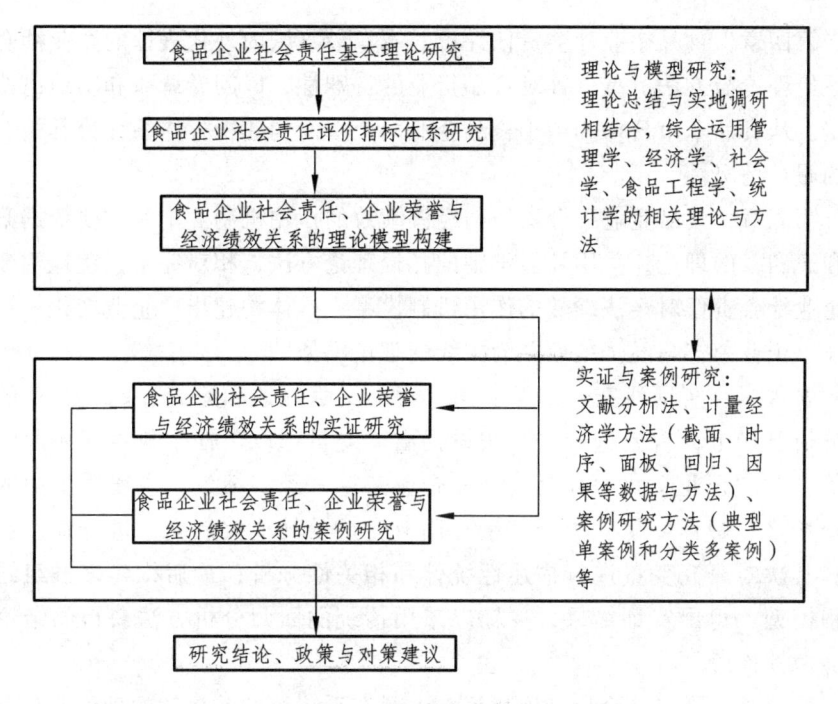

```
┌─────────────────────────────────┐    理论与模型研究:
│   食品企业社会责任基本理论研究    │    理论总结与实地调研
└────────────┬────────────────────┘    相结合,综合运用管
             ↓                         理学、经济学、社会
┌─────────────────────────────────┐    学、食品工程学、统
│  食品企业社会责任评价指标体系研究 │    计学的相关理论与方
└────────────┬────────────────────┘    法
             ↓
┌─────────────────────────────────┐
│  食品企业社会责任、企业荣誉与     │
│  经济绩效关系的理论模型构建       │
└─────────────────────────────────┘
```

图 1-1　研究思路

（二）研究框架

本书的研究框架包括以下六个部分：

第一章，绪论，主要阐述选题背景、研究意义、研究思路、研究方法、研究框架、研究内容和创新之处等。

第二章，文献综述。梳理企业社会责任的理论、测量方法的国内外研究成果及其在食品企业中的应用研究动态，对国内外学者关于企业社会责任与经济绩效之间关系的研究文献进行分类梳理，并对影响企业社会责任与经济绩效之间关系的前置因素、中介因素和调节因素（企业文化、企业荣誉、盈余管理、信息披露等）进行较为系统的综述。

第三章，理论分析。本章重点分析企业社会责任的经典理论和适用于食品企业的社会责任理论与方法，在整合这些理论的基础之上，构建能够支撑食品企业社会责任与经济绩效之间作用关系的理论基础和作用机理，包括指导前置因素、中介因素、调节因素的多种具体理论与方法。

第四章，食品企业社会责任评价。本章借鉴国内外代表性的企业社会责任评价理论与方法，重点针对食品行业的特殊性，以问卷调研和实地访谈为证据，从食品上市公司和中小食品企业两个层面构建指标体系评价其社会责任的履行情况。

第五章，食品企业社会责任与经济绩效的作用机制。本章主要依据第三章和第四章的理论，采用社会学中的扎根理论方法，相对完整系统地构建食品企业社会责任对经济绩效的作用机制模型，具体构建出"企业文化—社会责任—企业荣誉—经济绩效"为主线的理论模型。

第六章，实证研究。本章在第二章的文献综述和第三、四、五章的理论分析基础上，首先进行研究假设提出、变量选取、样本与数据来源的确定等，对"企业文化—社会责任—企业荣誉—经济绩效"主线模型中的被解释变量、解释变量、中介变量、调节变量及其他控制变量进行筛选和定义；其次对研究变量进行描述性统计和相关性分析；最后构建多群组结构方程模型，得出实证结果，并辅以采用传统的回归分析方法获得的结论进行稳健性检验。

第七章，研究结论与措施建议。本章在系统总结前六章的理论研究和实证研究结论的基础上，结合我国食品企业的社会责任现状，针对性地提出宏观层面政策建议和微观层面的对策措施，为我国食品企业社会责任建设和食品安全治理提供理论与实证支持。

（三）研究方法

1. 比较分析法

根据本书的研究目的和研究内容，通过查阅电子档案数据库、纸质图书、调研问卷等国内外相关文献与资料，将获取的信息资料进行较为全面系统的比较分析，保障对研究动态把握的全面性、重要性和规律性，力争在前人研究的基础上有所改进甚至创新。

2. 内容分析法

在对食品企业社会责任评价部分（食品饮料业上市公司部分），借鉴黄群慧等（2009）构建的"四位一体"模型，将食品公司社会责任细分为食品安全责任、法律责任、环境责任、经济责任以及慈善责任五个维度。其中，法律责任、环境责任、经济责任以及慈善责任是根据公司报表附注信息、公司官网信息、主流媒体信息等采用内容分析法打分计量的，食品安全责任用食品安全事件的数量和程度来度量。最后基于这五个维度对食品公司综合社会责任进行综合评分。

3. 问卷调查法

我国食品类上市公司（多为大中型企业）和数量庞大的小微型食品企业的社会责任存在显著差异，治理机制需要采取差异化实施。本课题对前者主要采用档案数据、网络信息和访谈资料，对后者主要采用调研数据（我国东、中、西部的代表性样本），根据社会责任评价理论评价我国食品企业社会责任的现状，包括对食品安全、环境保护、职工权益保障、慈善责任等维度及指标体系的定量评价与分析，认清食品企业社会责任履行的成效与不足，分析其成因，明确亟待解决的主要问题。

4. 扎根理论

扎根理论是一种不受理论假设限制的质性研究方法。本书运用该方法，一方面选取食品饮料上市公司为样本，以各公司网站披露的有关企业文化的文字描述为资料来源，另一方面对代表性的非上市食品企业（主要是中小食品企业）涉及的重要利益相关者进行深度访谈，从而针对不同规模和性质的食品企业的社会责任议题进行定性归纳分析，探索其维度、作用机制等逻辑关系，最终构建食品企业的社会责任与经济绩效的作用机制模型。

5. 层次分析法

在对企业社会责任的评价中，采用层次分析法对企业社会责任进行赋值，将企业社会责任的测量指标划分为一级、二级、三级三个层级。根据企业官网中对企业文化的文字描述对企业文化进行赋值；根据年度报告、社会责任报告（含可持续发展报告等）中社会责任的披露信息，对各样本公司履行社会责任的情况进行赋值。

6. 结构方程模型分析法

结构方程模型是因素分析与路径分析两种统计技术的结合体，是非常实用的统计建模技术。在实证研究部分，本书基于研究假设与研究目的构建了结构方程模型，并利用 Amos20.0 软件对模型进行运算，以验证文章所构建的模型和提出的假设是否成立，验证企业社会责任、企业荣誉与经济绩效三者间，及相关中介因素和调节因素的作用机制与定量关系。

研究思路与研究方法如图 1-2 所示。

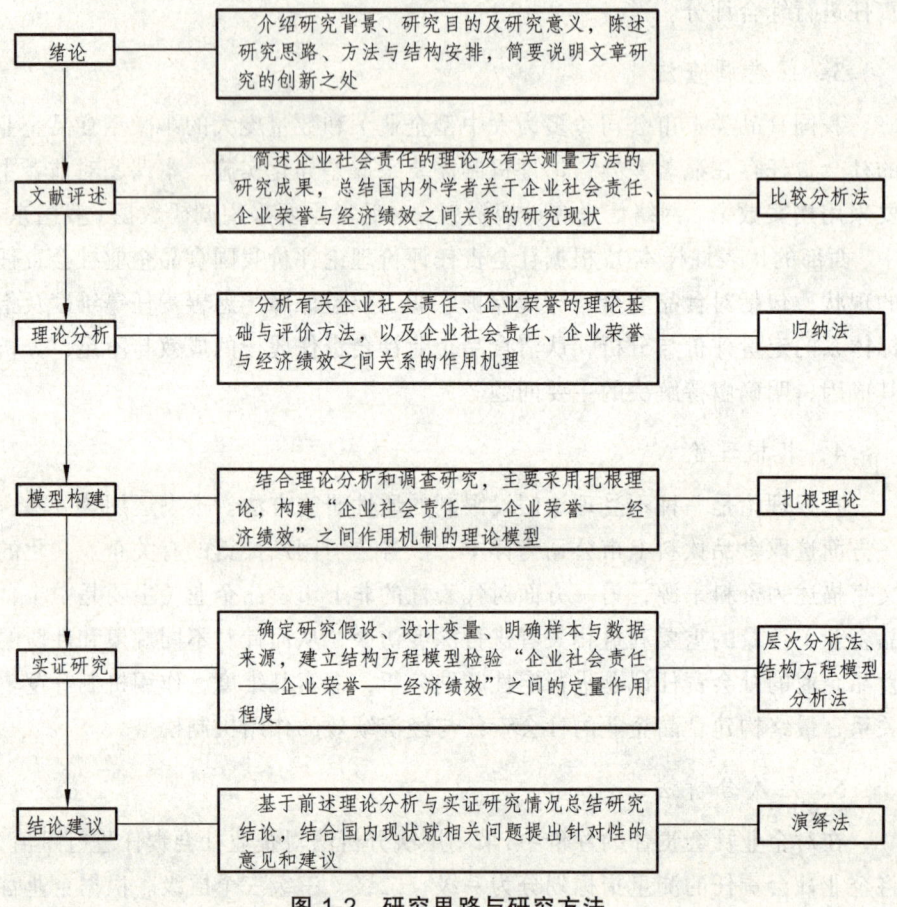

阶段	内容	方法
绪论	介绍研究背景、研究目的及研究意义，陈述研究思路、方法与结构安排，简要说明文章研究的创新之处	
文献评述	简述企业社会责任的理论及有关测量方法的研究成果，总结国内外学者关于企业社会责任、企业荣誉与经济绩效之间关系的研究现状	比较分析法
理论分析	分析有关企业社会责任、企业荣誉的理论基础与评价方法，以及企业社会责任、企业荣誉与经济绩效之间关系的作用机理	归纳法
模型构建	结合理论分析和调查研究，主要采用扎根理论，构建"企业社会责任——企业荣誉——经济绩效"之间作用机制的理论模型	扎根理论
实证研究	确定研究假设、设计变量、明确样本与数据来源，建立结构方程模型检验"企业社会责任——企业荣誉——经济绩效"之间的定量作用程度	层次分析法、结构方程模型分析法
结论建议	基于前述理论分析与实证研究情况总结研究结论，结合国内现状就相关问题提出针对性的意见和建议	演绎法

图 1-2　研究思路与研究方法

第二章 文献综述

一、企业社会责任的理论基础

很多学者认为企业社会责任（Corporate Social Responsibility，CSR）不应仅仅局限于传统的经济目标范畴内（Frederiek，1960）[1]，也不再局限于传统的服务范围，而是要超越传统经济目标，扩充企业的服务对象，以实现社会的整体福利（McGuire，1988）[2]。为了更深入地了解企业社会责任的概念、目标以及内容，学者们分别引入了企业社会责任会计含义（Gray R，2002；David Woodward，2001）[3][4]、社会责任会计目标（Gray R，2001；沈洪涛，2010）[5][6]、新古典理论、合法性理论、利益相关者理论（Donaldson & Preston，1995；Wood，1995；阳秋林，2005；王竹泉，2006；丁薇，2014；李旭，2014）[7]~[12]和社会契约理论（Donnaldson & Dunfee，1999

---

[1] Frederiek. The growing concern over business responsibility[J]. California Management Review, 1960, 2(4): 54-61.
[2] J. B. Mc Guire, T. Schneeweiss and A. Sundgren. Corporate social responsibility and firmfinancial performance[J]. Academy of Management Journal, 1988, 31(4): 854-860.
[3] Gray, Robce and accounting[J]. British Accounting Review, 2002, 34.
[4] David Woodward. Some evidence on executives views of corporate social responsibility[J]. British Accounting Review, 2011.
[5] Gray R. Thirty years of social accounting, reporting and auditing: what have we learnt?[J]. Business Ethics: A European Reviews, 2001, 10(1): 9-15.
[6] 沈洪涛. 社会责任和环境会计的目标与理论基础[J]. 会计研究，2010（3）：86-93.
[7] Donaldson T., & Preston L. E. The stakeholder theory of the corporation: Concepts, evidence and implications[J]. Academy of Management Review, 1995, 20: 65-91.
[8] Wood D. J. & Jones R. E. Stakeholder mismatch-ing: A theoretical problem in empirical research on corporate social performance[J]. International Journal of Organizational Analysis, 1995, 3: 229-267.
[9] 阳秋林. 中国社会责任会计研究[M]. 北京：中国财政经济出版社，2005.
[10] 王竹泉. 利益相关者财务监督的分析框架与体制构造[J]. 会计研究，2006（9）.
[11] 丁薇. 企业社会责任评价指标体系研究——基于利益相关者理论[J]. 经济师，2014（7）.
[12] 李旭. 企业社会责任和资本结构——基于利益相关者理论的研究[J]. 财会通讯，2014（15）.

年)①等,以从不同层面、不同视觉对企业社会责任的含义、目标和理论基础进行探讨。另外,美国经济发展委员会(1971年)年提出了有名的"三个中心圈"理论,即包括经济责任、社会与环境责任、其他无形责任。随后Carroll(1979)②将其进一步细化,提出了"金字塔"概念,这包括经济责任、法律责任、道德责任以及慈善责任,认为经济责任是企业的立本之道,是其他责任的基础,因此将其位于模型最底层;其次是法律责任,该责任是企业必须履行的;而道德责任既包括经济责任也包括法律责任,是公众对企业的期望,将其位于顶层(Carroll,1991)③。Elkington(1997)提出了著名的三重底线理论,认为企业的经营行动决策要满足经济最低底线、社会最低底线和环境最低底线,为此企业的财务报告的衡量要考虑企业的经济业绩、社会业绩以及环境业绩,这样对企业本质提出了新的要求,对企业目标进行了更高的定位④。

二、企业社会责任的测度方法与指标体系

学术界对企业社会责任的测度方法一直是个备受争议的话题。据Reed(1990)⑤的统计,关于企业社会责任的计量方法至少出现了14种以上,而目前,国内外常用的方法主要有声誉指数法、内容分析法(如Anderson & FranLkle,1980;李正,2006;沈洪涛,2007;宋献中,2008)、指数法(Boothet et al,1987;汤亚莉等,2006)和层次分析法(中国社会科学院经济学部企业社会责任研究中心,2009);近几年有学者创立了CSR测评量表法(金立印,2006)⑥、组合赋权法(张玉玲等,2011)⑦等方法。众多的衡量选择方

---

① Donaldson T. T. W. Dunfee.Towsrds a unified conception of business ethics:integratice social contacts theory[J]. Academy of Management Reviews, 1997, 19(2): 252-284.
② Carroll A. B. Three-dimensional conceptual model of corporate performance[J]. Academy of Management Review, 1979, 4(4): 497-505.
③ Carroll A. B. The pyramid of corporate social responsibility:toward the moral management of organizational stakeholders[J]. Business Horizons, 1991, 34(4).
④ John Elkington.With forks: the triple bottom line of 21st century business[M]. Capstone, Oxford, 1997.
⑤ Reed L., GetZ. K. & Collins D. et al. Theoretical models and empirical results: a review and synthesis of jai volumes 1-10, in j.post(ed.), corporate and society research: studies in theory and measurement[C]. Greenwich: CT: JAI, 1990: 27-62.
⑥ 金立印. 企业社会责任运动测评指标体系实证研究[J]. 中国工业经济, 2006(6): 114-120.
⑦ 张玉玲, 迟国泰, 祝志川. 基于变异系数-AHP的经济评价模型及中国十五期间实证研究[J]. 经济与金融, 2011(1): 3-10.

法，可能导致研究结果存在一定的争议。这些有关企业社会责任的度量方法的科学性有待商榷，正如 Arlow 和 Gannon（1982）回顾了所有关于社会责任与财务绩效的关系文献，发现研究争议都集中在社会责任相关指标衡量方法的选取上[①]。

同样，社会责任的倡议与社会责任指标体系的构建也是衡量社会责任的关键，比较常用的指标体系有：企业社会责任指南（ISO26000）、全球报告倡议组织（GRI）可持续发展报告指南（G4）、《财富》100强责任排名指数、道琼斯可持续发展指数、英国企业商会（BiTC）企业社会责任指数以及KLD公司构建的KLD指标体系、第三方评级机构——润灵环球（RKS）开发的RKS社会责任报告评级系统（包含MCT社会责任报告评价体系和评级转换体系两个主要工具）、社科院构建的"中国100强企业社会责任指标体系"。

三、企业社会责任的影响因素

（一）企业社会责任的影响因素研究概况

学术界对企业社会责任的动因研究主要包括外部驱动和内部驱动两个方面：外部驱动主要从制度驱动因素与政治驱动因素来研究，内部驱动主要从经济责任和伦理责任两个视角展开。多数学者侧重于外部驱动因素的研究，比如政府法规、法律的制定与完善情况（郑承志、刘宝，2009；章喜为、廖婕，2009；张胜荣、汪兴东，2014）[②③④]、外界社会各界的监督与引导（李珂，2014）[⑤]、外部实现机制（姚海琳等，2012）[⑥]、本土相关标准的制定及

---

① Arlow P., Gannon M. Socialr esponsiveness, corporate structure, economic performance[J]. Academy of Management Review, 1982(7): 235-241.
② 郑承志，刘宝. 企业社会责任推进中的政府行为[J]. 学术界，2009（4）.
③ 章喜为，廖婕. 企业社会责任践行与政府监管的博弈分析[J]. 管理观察，2009（14）.
④ 张胜荣，汪兴东. 法律法规、政府干预、民间组织对企业社会责任行为的影响及对策建议——基于225个农业企业样本的实证研究[J]. 西部经济管理论坛，2014（1）.
⑤ 李珂. 消费者参与企业品牌监督评价问题研究——以建立企业社会责任利益相关者评价机制为研究视角[J]. 理论月刊，2014（1）.
⑥ 姚海琳，王昶，周登. 政府控制和市场化进程对企业社会责任的影响——来自中国沪市上市公司的经验证据[J]. 天津财经大学学报，2012（8）.

完美推动（李立清、李燕凌，2005）[①]等。也有学者从经济伦理视角进行分析，考查企业财务绩效与社会责任之间的相互关系（李正，2006；朱金凤、杨鹏鹏，2009）[②③]。也有不少文献论述企业伦理道德在社会责任落实过程中的推动作用（Parket&Eilbir，1975；刘婷、张丹，2011）[④⑤]，但其具体实证研究的文献较少。孙步忠、曾永梅（2009）指出企业的能力是导致财务绩效提高的内在动力，道德动因是导致绩效提高的最高动力，企业要追求社会公共道德与本身经营能力的最佳契合[⑥]。蔡宁（2009）认为，伦理认知是促使企业能较好履行社会责任的内部驱动因素，但现有研究对该方面的探究还处在理念传播和概念辨析阶段，缺少有数据支撑的实证分析[⑦]。

（二）企业社会责任影响因素研究的分类梳理

现有文献对企业社会责任影响因素的研究，主要是从企业社会责任的内容、过程、需求层次、宏微观主体、传导机制等五个视角展开的。

1. 根据内容界分企业社会责任的影响因素

一些学者认为利益相关者、企业绩效和外部环境是企业社会责任的三大影响因素。利益相关者因素强调企业社会责任是企业对政府、非赢利组织、消费者、股东、职工等内外部利益相关者的正当诉求，以及对减少贫困、降低污染等社会诉求的回应[⑧]。企业绩效因素关注企业社会责任行动对企业绩效产生的影响，寻求以提高企业绩效为目的的最优社会责任履行方式、途径、

[①] 李立清. 企业社会责任评价理论与实证研究：以湖南省为例[J]. 南方经济，2006（1）：105-118.
[②] 李正. 企业社会责任与企业价值的相关性研究——来自沪市上市公司的经验证据[J]. 中国工业经济，2006（2）：77-83.
[③] 金凤，杨鹏鹏. 企业社会责任与财务绩效关系的实证检验[J]. 财经论坛，2009（7）：135-137.
[④] Parket I. R, Eilbirt H. Social responsibility: the underlying factors[J]. Business Horizons, 1975, 18(4): 5-10.
[⑤] 刘婷，张丹. 论社会责任担当提升企业竞争力的伦理作用[J]. 伦理学研究，2011（4）：57-60.
[⑥] 孙步忠，曾咏梅. 经济危机背景下企业社会责任培育[J]. 求实，2009，（8）：44-45.
[⑦] 蔡宁，李建升，李巍. 实现企业社会责任:机制构建及其作用分析川[J]. 浙江大学学报：人文社会科学版，2008，38（4）：128-135.
[⑧] Jenkins, R. Globalization, corporate social responsibility and poverty[J]. International Affairs, 2005(81): 525-540.

程度和时机等[1]；杨春方（2009）发现出口业绩、创新程度、管理水平、财务状况等企业绩效因素对我国企业社会责任的履行方式和程度具有显著影响[2]。外部环境因素强调对企业取得合法性、增强声誉、响应公益行动、规避市场风险、铸就顾客忠诚等具有重要影响的外部环境，包括法制环境、市场环境、地域环境和人文环境等，外部环境压力促使企业履行社会责任[3]。在我国，政府对经济的干预程度、法律环境的完善程度和要素市场的发育程度[4]，以及政府控制、政府层级、市场化进程等外部环境因素对企业社会责任的履行水平具有显著影响[5]。

2. 按照过程界分企业社会责任的影响因素

Brickson（2007）认为，根据内容界分企业社会责任的影响因素忽视了企业组织及其管理层对社会责任产生作用的精神框架和意识过程，无法让管理层认知企业所处的现实世界[6]。为此，Kunal 等（2008）构建了一个企业社会责任意会（Sensemaking）过程模型，该模型将企业对社会责任的意会过程分为认知（Cognitive）、语言（Linguistic）和意动（Conative）三个递进环节。其中，认知环节包括对企业的目标定位和合法性判识，语言环节包括对企业正当性和透明度的传达，意动环节包括对利益相关者履行社会责任的事前承诺等[7]。郝云宏等（2012）认为目前研究企业社会责任的视角存在重经济理性而轻制度理性的偏失，并基于合法性理论构建了一个"制度环境—制度压力—企业社会责任行为"的因素影响过程模型[8]。

---

[1] Husted B. W. Risk management, real options, and corporate social responsibility[J]. Journal of Business Ethics, 2005, (60): 175-183.
[2] 杨春方. 中国企业社会责任影响因素实证研究[J]. 经济学家，2009（1）：66-76.
[3] Bhattacharya C. B., Sen S. When, why, and how consumers respond to social initiatives[J]. California Management Review, 2004, 47(1): 9-24.
[4] 周中胜，何德旭，李正. 制度环境与企业社会责任履行：来自中国上市公司的经验证据[J]. 中国软科学，2012（10）：59-68.
[5] 姚海琳，王昶，周登. 政府控制和市场化进程对企业社会责任的影响——来自中国沪市上市公司的经验证据[J]. 现代财经，2012（8）：58-69.
[6] Brickson S. Organizational identity orientation: the genesis of the role of the firm and distinct forms of Social Value[J]. Academy of Management Review, 2007, 32(12): 864-888.
[7] Kunal Basu, Guido Palazzo. Corporate social responsibility: a process model of sensemaking[J]. Academy of Management Review, 2008, 33(1): 122-136.
[8] 郝云宏，唐茂林，王淑贤. 企业社会责任的制度理性及行为逻辑：合法性视角[J]. 商业经济与管理，2012（7）：74-81.

3. 根据需求理论识别企业社会责任的影响因素

Tuzzolino 等（1981）借鉴马斯洛创建的人之五层次需求理论，构建了一个企业社会责任的需求因素框架，它将企业的需求分为生理需求（盈利、合法等）、安全需求（竞争地位、避免倒闭等）、心理需求（利益团体、合作共享等）、自尊需求（市场地位、产品领先等）和自我实现的需求（慈善行动、环境保护等）[1]。其中，企业自我实现的需求即是企业履行社会责任的需求，它受前四种需求的影响且在前四种需求得到满足时才会产生。McWilliams 等（2001）根据经济学的供求理论将企业社会责任视为一种投入，建立了一个企业社会责任的供给与需求模型，并通过实证检验发现企业规模、多元化水平、研发支出、广告支出、政府采购、消费者收入、劳动力市场、产业生命周期等是企业社会责任的需求性影响因素[2]。

4. 基于宏微观主体间关系研究企业社会责任的影响因素

Aguilera 等（2007）构建了一个企业社会责任多重影响因素框架，该框架划分了微观个体（企业管理者等）、中观组织（行业等）、宏观国家和泛宏观国际组织（政府联盟等）四个主体层次，结合心理学、社会学和法学理论分析了影响这四层次主体支持企业社会责任的工具性（自利性）动机、关系性动机（主体间关系）、道德性动机及三种动机的交织影响[3]。S. Li 等（2010）比较分析了中国、俄罗斯、巴西和印度四个新兴市场国家的跨国公司承担企业社会责任的影响因素，发现源自国家、行业和企业三个层次，其中具有不同法制环境和人文环境的国家产生的影响最大[4]。杨春方（2012）认为企业社会责任是国家、社会和企业三者进行利益博弈的结果[5]。

5. 从传导机制视角探究企业社会责任的影响因素

企业社会责任的传导机制是国外学者研究的热点，其基本思路是首先确

---

[1] Frank Tuzzolino, Barry R. Armandi. A need-hierarchy framework for assessing corporate social responsibility[J]. Academy of Management Review, 1981, 6(1): 21-28.
[2] Abagail McWilliams, Donald Siegel. Corporate social responsibility: a theory of the firm perspective[J]. The Academy of Management Review, 2001, 26(1): 117-127.
[3] Aguilera Rupp Williams, and Ganapathi.Putting the S back in corporate social responsibility: a multilevel Theory of Social change in Organizations[J]. Academy of Management Review, 2007, 32(3): 836-863.
[4] S. Li, M. Fetscherin, and I. Alon et al. Corporate social responsibility in emerging markets the importance of the Governance Environment[J]. Manag Int Rev, 2010, (50): 635-654.
[5] 杨春方. 企业社会责任的治理模式：自三个维度观察[J]. 改革, 2012（5）: 120-125.

定前置驱动因素，再通过中介因素的传递或调节作用，最终影响到企业社会责任。主要观点有：国家与社会文化（集体主义、权力距离等）影响企业管理者的价值观，后者影响企业社会责任的履行[1]；在法规政策、行业自律规则和投资者的监督规则等制度因素的调节下，企业经济基础前置驱动企业社会责任[2]；我国企业的产权性质和产权结构决定企业承受的政治干预程度，政治干预与区域经济发展水平的交织影响决定我国企业，特别是国有企业的社会责任水平[3]；企业领导类型影响下属员工的伦理认知，后者直接影响企业社会责任履行的效果，其中变革型领导比交易型领导产生的影响更大[4]；甘地（Gandhi）文化对印度结构（国家政策等）产生了重要影响，后者决定着印度企业处理社会责任问题的方式[5]。企业核心价值观影响企业伦理进而影响企业社会责任，最终影响到企业财务绩效[6]。

国内学者对传导机制的研究较多。韵江等（2005）认为公司治理、组织能力分别是企业社会责任的前置变量和中介变量[7]；李建升等（2007）认为企业社会责任是企业文化驱动企业绩效的中介变量[8]；姜志华（2011）认为企业高管价值观是影响企业社会责任的前置因素，企业文化是中介因素[9]；周立新等（2012）发现我国家族企业的内部能力（制造能力等）和外部关系（社

---

[1] David A Waldma, Mary Sully de Luque et al. Cultural and leadership predictors of corporate social responsibility values of top management: a globe Study of 15 countries[J]. Journal of International Business Studies, 2006, (37): 823-837.

[2] John L. Campbell. Why would corporations behave in socially responsible ways? an institutional theory of corporate social responsibility[J]. Academy of Management Review, 2007, 32(3): 946-967.

[3] Wenjing Li, Ran Zhang. Corporate social responsibility, ownership structure, and political Interference: evidence from China[J]. Journal of Business Ethics, 2010(96): 631-645.

[4] Kevin S. Groves, Michael A. LaRocca. An empirical study of leader ethical Values, Transformational and TransactionalLeadership, and follower attitudes toward corporate social responsibility[J]. Journal of Business Ethics, 2011(103): 511-528.

[5] Rahul Mitra. "my country's future": a culture-centered interrogationof corporate social responsibility in India[J]. Journal of Business Ethics, 2012(106): 131-147.

[6] K.G. Jin, R. Drozdenko, and S. DeLoughy.The role of corporate value clusters in ethics, social responsibility, and performance: a study of financial professionals and implications for the financial meltdown[J]. Journal of Busines Ethics, 2012(109): 251-265.

[7] 韵江, 高良谋. 公司治理、组织能力和社会责任——基于整合与协同演化的视角[J]. 中国工业经济, 2005（11）: 103-110.

[8] 李建升, 林巧燕. 企业社会责任、财务绩效运作机理及其适应性[J]. 改革, 2007（12）: 89-94.

[9] 姜志华. 企业高管价值观、组织文化与企业社会责任行为：基于高阶理论的分析[D]. 杭州：浙江大学, 2010.

会网络等）对企业社会责任与企业绩效的关系具有调节效应[①]。

综上所述，可知企业社会责任影响因素的研究视域广泛，涉及企业社会责任的内容、过程、需求层次、宏微观主体和传导机制等方面，但尚存在以下不足：一是目前的研究路径为探索对所有企业具有普适性的企业社会责任影响因素，缺少针对社会责任具有特殊性的食品企业、重污染企业等的专项研究。二是传导机制的研究结论差异很大，甚至存在一些矛盾。如前所述，前置驱动因素有国家与社会文化、企业经济基础等多种观点，中介或调节因素也有企业管理者的价值观、制度因素等多种观点，其原因可能是现有文献大多采用演绎法，考虑到了影响企业社会责任的局部因素，缺少采用归纳法探索整体影响因素的研究成果。因此，本书以我国食品饮料业上市公司为样本，采用扎根理论质性归纳研究方法，对我国食品企业社会责任的影响因素及其作用机制进行整体性探测研究，以期为我国食品安全治理提供政策建议。

四、企业社会责任与企业经济绩效的关系

国外自20世纪70年代以来出现了研究企业社会责任的热潮，文献主要集中在企业社会责任（CSR）的绩效水平或其披露水平（本部分简称企业社会绩效）与企业经济绩效（也有部分文献重点研究企业财务绩效，CFP）的关系，研究视角大多为二者的单向影响关系，研究二者的双向影响关系的文献较少，并且这些文献依据的理论与得出的结论存在诸多差异。已有大量文献研究了 CSR-CFP 关系。表 2-1 统计的 CSR-CFP 关系文献分析结果表明：研究结论存在分歧，有正相关、负相关和不相关三种结论，其中正相关结论占半数以上。研究 CSR 影响 CFP 的文献较多，研究 CFP 影响 CSR 的文献相对较少。

[①] 周立新，黄洁. 家族企业社会责任与企业绩效：内部能力与外部关系的调节效应[J]. 商业经济与管理，2012（5）：5-15.

表 2-1　CSR-CFP 关系的文献分析（单位：篇）

研究者	分析文献数（年）	正相关	负相关	不相关	CSR→CFP	CFP→CSR
Aupperle 等（1985）	10（1972—1979）	6	2	2	8	2
Cochran 和 Wood（1984）	14（1972—1980）	9	2	3	10	4
Ullmann（1985）	13（1972—1984）	8	5	2	14	0
Griffin 和 Mahon（1997）	51（1972—1997）	33	20	9	43	14
Roman 等（1999）	51（1972—1997）	33	5	14	43	14
Margolis 和 Walsh（2001）	65（1972—2000）	42	4	19	55	20
Allouche 和 Laroche（2005）	82（1972—2003）	43	8	31	64	18
Margolis 等（2007）	167（1972—2007）	137	33	12	178	35
Beurden 和 Gossling（2008）	34（1990—2008）	23	2	9	34	0
本文分析的 CSSCI 论文	29（2007—2013）	19	4	9	26	4

注：正相关、负相关、不相关结论之和超过文献总数是由于某些文献发现一种以上的相关关系，研究 CSR 和 CFP 相互影响关系的文献在 CSR→CFP 和 CFP→CSR 中各加 1 次。

（一）企业经济绩效对企业社会绩效的影响

目前，研究企业经济绩效对企业社会绩效影响的文献较少，依据的理论基础也不够丰富。现有多数文献基于闲散资源理论，认为良好的企业经济绩效有助于企业获得更多的财务与非财务的闲散资源和有形与无形的闲散资源，企业可将这些闲散资源运用于改善社区与雇员关系、保护生态环境、发展慈善事业等社会责任相关领域，产生良好的社会绩效，形成竞争对手无法模仿的核心竞争力，取得持续的竞争优势（Waddock & Samuel, 1997）[1]。闲散资源理论的基本思想早在我国春秋战国时期就已产生。例如，管仲说过，"仓廪实则知礼节，衣食足则知荣辱"，意即只有在国家经济实力雄厚、百姓丰衣足食的前提下，人们才会追求高尚的道德观、伦理观和责任感。从企业角度看，该名言阐释了企业经济绩效是企业社会绩效的基础与前提，只有以充分富足的经济资源为保障的前提下，企业才有财力和动力去承担一些社会责任事项。

---

[1] Sandra A. Waddock and Samuel B. Graves.The corporate social performance-financial performance link[J]. Strategic Management Journal, 1997, 18(4): 303-319.

已有一些文献支持闲散资源理论，McGuireet et al.（1988）发现企业以前年度的财务绩效与当期企业社会绩效正相关[1]。Preston 和 O'Bannon（1997）发现美国 67 家大型上市公司在 1982—1992 年间的财务绩效对社会绩效产生了显著的正向影响[2]。Simpson 和 Kohers（2002）也发现企业财务绩效对企业社会绩效具有正向的促进作用[3]，国内该方面的文献出现相对滞后一些。例如，高敬忠和周晓苏（2008）发现企业社会责任履行度随着企业资产经营规模的增长而提高[4]；山立威和甘犁等（2008）通过对汶川地震后我国 A 股上市公司捐款数据的实证分析，发现有的公司是以获取广告效用与提高企业声誉为目的发生捐赠行为的，并且公司捐赠行为由自身能承担社会责任的经济能力所决定，业绩好的公司捐款总数和现金捐款数明显高于业绩差的公司[5]。

也有少数早期文献的结论未支持闲散资源理论。Fogler 和 Nutt（1975）选取美国经济优先权委员会（CEP）调查目录中的 9 家纸浆行业公司，以 1971 年 3 月至 1973 年 3 月经过标准化处理的股价盈余比率和短期股价计量企业经济绩效，以 CEP 污染指数计量企业社会绩效，在未设置控制变量的情况下，发现企业经济绩效对企业社会绩效没有影响[6]。Alexander 和 Buchholz（1978）运用美国 40 家上市公司的调查数据，以 1970—1974 年的股票回报率计量企业经济绩效，以《商业与社会评论》杂志 1972 年公布的企业声誉指数计量企业社会绩效，采用 Beta 系数控制企业风险，结果发现企业经济绩效与企业社会绩效并不相关[7]。

---

[1] McGuire J. B., T. Schneeweiss and A. Sundgren. Corporate social responsibility and firm financial performance[J]. Academy of Management Journal, 1988, 31(4): 854-872.

[2] Preston and O'Bannon. The corporate social-financial performance relationship: a typology and analysis[J]. Business and Society, 1997, 36(4): 419-429.

[3] Simpson GW, Kohers T. The link between corporate social and financial performance: evidence from the banking industry[J]. Journal of business Ethics, 2002, 35(2): 97-110.

[4] 高敬忠，周晓苏. 经营业绩、终极控制人性质与企业社会责任履行度——基于我国上市公司 1999—2006 年面板数据的检验[J]. 财经论丛，2008（11）：63-69.

[5] 山立威，甘犁，郑涛. 公司捐款与经济动机——汶川地震后中国上市公司捐款的实证研究[J]. 经济研究，2008（11）：51-61.

[6] H. R. Fogler, F A Nutt, Note on social responsibility and stock valuation[J]. Academy of Management Journal, 1975(18): 155-160.

[7] G. J. Alexander, Buchholz R. A. Corporate social responsibility and stock market performance[J]. Academy of Management Journal, 1978(21): 479-486.

（二）企业社会绩效对企业经济绩效的影响

早期文献大多基于工具理论和伦理理论研究企业社会绩效对企业经济绩效的影响。工具理论将履行社会责任作为企业追求利润最大化的手段，认为企业社会绩效与企业经济绩效的关系理应是正相关的；伦理理论认为企业社会责任是社会对企业的一种非正式制度约束，强调企业自身利益与社会公共利益的统一性，肯定企业承担社会责任的意义，但认为企业履行社会责任不应当谋求经济回报。20 世纪 70 年代，有关企业社会绩效对企业经济绩效影响的实证研究大多以工具理论为理论基础。Bragdon 和 Marlin（1972）选取 17 家纸浆行业企业，以 CEP 污染指数计量企业社会绩效，以 1965—1970 年的平均净资产回报率、平均收入回报率和每股收益增长率计量企业财务绩效，在没有设置控制变量的情况下，发现企业社会绩效与企业经济绩效正相关[1]。Moskowitz（1972）以美国 14 家公司 1972 年 1～7 月的企业声誉指数和股票价格为变量，也未考虑控制变量，发现企业社会绩效与企业经济绩效正相关[2]。Parket 和 Eilbirt（1975）选取 80 家财富 500 强公司，以企业社会责任计划的实施情况计量企业社会绩效，以净收入、边际净利润、净资产收益率和每股盈余计量企业财务绩效，发现企业社会绩效对企业财务绩效产生了正向影响，但也未设置控制变量[3]。Spicer（1978）选取 CEP 调查目录中的 18 家纸浆行业公司，采用 CEP 污染指数计量企业社会绩效，设置净资产回报率、股票市价盈余比率、企业风险计量企业经济绩效，发现在 1969—1973 年间企业社会绩效与企业经济绩效正相关，但在 1971—1973 年则不存在正相关关系[4]。

20 世纪 80 年代以后的文献大多基于资源基础理论和利益相关者理论研究企业社会绩效对企业经济绩效的影响。资源基础理论认为，企业的竞争力源于稀缺的、难以模仿替代的资源。Hillman 和 Keim（2001）发现企业与重要利益相关者建立紧密联系可能使企业拥有高价值的社会网络关系等无形资源，这些无形资源促进了物力资源、人力资源和信息资源的取得，从而提高

---

[1] J. H. Bragdon, J. A. Marlin, T. Is pollution profitable? [J]. Risk Management, 1972, 19(4): 9-18.
[2] Moskowitz M. R. Choosing Socially Responsible Stocks[J]. Business and Society Review, 1972(1): 71-75.
[3] I. R. Parket, Eilbirt, H. Social responsibility: the underlying factors. business horizons[J], 1975, 18(4): 5-10.
[4] Spicer B. H. Investors, corporate social performance and information disclosure: an empirical study. accounting review[J]. 1978(53): 94-111.

企业经济绩效①。Chen 和 Metcolf（1980）运用 Spicer（1978）选取的 18 家纸浆行业公司，设置相同的变量计量企业社会绩效和企业经济绩效，发现在控制企业规模后，企业社会绩效对企业经济绩效具有正向影响②。Cochron 和 Wood（1984）采用 Moskowitz（1972）设计的企业声誉指数计量企业社会绩效，采用 1970—1974 年和 1975—1979 年两段时间窗口的盈余销售比率、盈余资产比率和超额市场价值计量企业财务绩效，设置了资产使用年限和资产周转率两个控制变量，发现企业社会绩效对企业经济绩效存在较弱的正向影响③。Roberts 和 Dowling（2002）通过建立企业财务绩效的动力学模型，发现企业社会声誉对企业财务绩效具有长期的正向促进作用④。在国内，温素彬和方苑（2008）发现，当期企业社会责任表现对财务绩效产生负向影响，但长期企业社会表现对财务绩效产生正向影响⑤。田虹（2009）的研究表明，我国通信行业当期企业社会责任指数与企业利润、企业竞争力、企业成长显著正相关，前三期企业社会责任指数与企业竞争力、企业成长也显著正相关⑥。贺远琼和田志龙等（2006）研究发现企业提高社会绩效的途径包括市场途径和关系途径两种，企业社会绩效对企业经济绩效具有显著的正向影响，在不确定性较大的外部环境中这一正向影响更加显著⑦。

近年来，动态战略理论逐渐被运用到企业社会责任研究领域。它将企业社会责任的目标界定为：企业不应再按传统模式在法律与制度的框架内追求利润最大化，而应积极地、适时地将资源投入到促进社会福利的活动中去，同时实现企业的经济目标。动态战略理论强调，不同企业、企业的不同发展时期拥有不同的关键资源与核心利益相关者，因此，企业应当建立基于不同时期、不同核心利益相关者的社会责任战略模型，目前主要有以消费者为核

---

① Hillman, Amy J., Gerald D. Keim. Shareholder Value, Stakeholder Management, and Social Issues: What's the Bottom line?[J]. Strategic Management Journal, 2001, 22(2): 125-140.
② K. H. Chen, R. W. Metcalf. The relationship between pollution control record and financial indicators revisited[J]. Accounting Review, 1980 (55): 168-177.
③ P. L. Cochran, R. A. Wood. Corporate social responsibility and financial performance[J]. Academy of Management Journal, 1984(27): 42-56.
④ Peter W. Roberts and Grahame R. Dowling.Corporate reputation and sustained superior financial performance[J]. Strategic Management Journal, 2002, 23(12): 1077-1093.
⑤ 温素彬, 方苑. 企业社会责任与财务绩效关系的实证研究——利益相关者视角的面板数据分析[J]. 中国工业经济, 2008（10）: 150-160.
⑥ 田虹. 企业社会责任与企业绩效的相关性——基于中国通信行业的经验数据[J]. 经济管理, 2009（1）: 72-79.
⑦ 贺远琼, 田志龙, 陈昕. 企业社会绩效及其对经济绩效的影响[J]. 经济管理, 2006（7）: 6-10.

心、以雇员为核心、以投资者为核心、以生态环境为核心的企业社会责任战略模型。例如，一些学者研究了企业社会责任与消费者对产品的购买意向、对公司声誉的评价等响应行为的关系，发现企业社会责任对消费者响应行为产生了积极影响，与企业收益存在正相关关系（Bhattacharya 和 Sanker，2003；谢佩洪和周祖城，2009）[1]-[2]。

也有一些文献不支持工具理论、资源基础理论或动态战略理论。Vance（1975）以 Moskowitz（1972）选取的 14 家公司为样本，设置相同的变量，但将时间窗口由 1972 年 1~7 月延长为 1972—1975 年，在未设置控制变量的情况下发现企业社会绩效对企业经济绩效具有负向影响，与 Moskowitz 得出的正相关结论相反[3]。Spicer（1978b）分别以 CEP 污染指数和 1968—1973 年的企业风险计量企业的社会绩效与财务绩效，并控制了企业规模、盈余变动、财务杠杆和流动比率，发现企业社会绩效与企业经济绩效显著负相关[4]。Abagail McWilliams 和 Donald Siegel（2000）认为，前人在研究企业社会绩效与企业经济绩效的关系时产生正相关、负相关和不相关三种结论的主要原因在于遗漏了研发支出这一重要的控制变量，他在控制研发支出后，发现企业社会绩效对企业经济绩效没有影响[5]。在国内，李正（2006）发现我国企业当期承担的社会责任越多，其企业价值越低；前一年的企业盈利能力与社会责任活动水平显著负相关[6]。邵君利（2009）结合樊纲、王小鲁编制的中国各地区市场化进程指数，研究发现我国化学制品公司的企业社会责任活动对企业价值产生了负向影响[7]。Matthew 等（2007）选择了澳大利亚 300ASX 指数中的 277 家公司为研究样本，研究表明社会责任与财务绩效间没有显著关

---

[1] Bhattacharya C B., Sen, Sankar. Consumer-company identification: a framework for understanding consumers' relationship with companies[J]. Journal of Marketing, 2003, 67(4): 76-88.

[2] 谢佩洪，周祖城. 中国背景下 CSR 与消费者购买意向关系的实证研究[J]. 南开管理评论，2009（1）：64-70.

[3] Vance, S. C. AreSocially Responsible Corporations Good Investment Risks?[J]. Management Review, 1975, 64(8): 19-24.

[4] Spicer B. H. Market Risk, Accounting data and companies' pollution control records[J]. Journal of Business, Finance and Accounting, 1978b(5): 67-83.

[5] Abagail McWilliams and Donald Siegel. Corporate social responsibility and financial performance: correlation or misspecification?[J]. Strategic Management Journal, 2000, 21(5): 603-609.

[6] 李正. 企业社会责任与企业价值的相关性研究——来自沪市上市公司的经验证据[J]. 中国工业经济，2006（2）：77-83.

[7] 邵君利. 企业社会责任活动对企业价值的影响——根据中国化学制品行业上市公司的经验证据[J]. 审计与经济研究，2009（1）：75-80.

系[1]。陈玉清等（2005）研究了市场对2003年年度报告中社会责任信息的反应情况，结果显示社会责任信息与上市公司的价值之间并没有显著的相关关系[2]。

（三）企业社会责任与财务绩效之间的相互关系研究

目前，研究企业社会责任与财务绩效之间相互关系的文献较少，特别是研究具体社会责任维度与财务绩效之间相互关系的更少。Spicer（1978）以CEP污染指数计量企业社会绩效，以企业风险来衡量财务绩效，并加以适当的控制变量，发现企业社会绩效与经济绩效之间存在显著负相关关系。陈煦江（2010）以上市公司2006—2008年的企业社会责任发展指数与相关经济绩效作为研究样本，对其两者的相互关系进行了实证分析，分析结果表明，前期与当期的企业销售绩效对社会责任具有显著的积极推动作用，企业社会责任对后期的盈利绩效具有推动作用[3]。

（四）考虑其他因素对企业社会责任与企业经济绩效作用关系的影响研究

1. 前置变量对企业社会责任与企业经济绩效关系的影响

（1）企业文化的前置驱动作用。

已有学者从作用途径角度来分析企业文化对企业社会责任的影响。Maignan et al.（1999）认为，成功的企业文化可以引导员工形成与组织一致的价值观念和行为准则，并以此为基准进行活动以达到企业既定的目标，企业文化能够引导管理层以科学合理的途径去履行社会责任[4]。Heugens et al.（2008）认为，企业共有的价值体系是企业善举的重要来源，当外部期望不一致时尤为明显[5]。Carter和Jennings（2004）指出，人本导向的组织文化会推

---

[1] Matthew Brine, Rebecca Brown. The relationship between social and financial performance:evidence from austrasia[J]. Business and Society, 2007, 17(3): 109-123.
[2] 陈玉清，马丽丽. 我国上市公司社会责任会计信息市场反应实证分析[J]. 会计研究，2005(11)：76-81.
[3] 陈煦江. 企业社会绩效与经济绩效相互关系的实证研究[J]. 软科学，2010（9）：100-106.
[4] Maignan I., Ferrell O. C. & Hult G. T. M. Corporate citizenship: cultural antecedents and business benefits[J]. Journal of the Academy of Marketing Science, 1999, 27(4): 455-469.
[5] Heugens P. M., KaPtein M. and Oosterhout J. Contraets to communities:a proessual model of organizational virtue[J]. Journal of Management Studies, 2008, 45(1): 100-121.

动企业开展社会责任活动、实施社会责任项目。在实证研究方面，Maignan et al.等（1999）的实证结果表明市场导向的企业文化及人性化的企业文化可以提升企业公民的主动性，即企业文化是"企业公民"的前提。贾晓慧和符正平（2010）以中国企业为样本进行实证研究，结果表明人本导向的企业文化会提高企业在员工方面履行社会责任的水平（员工关系绩效）[①]。

学术界关于企业文化对财务绩效的研究主要有以下三个视角：一是强势文化理论，认为文化的强度对财务绩效有显著影响，文化强度是指企业成员价值观念的一致程度；二是适应型文化理论，认为有预见性的、具有环境适应性的企业文化对财务绩效有显著影响；三是文化类型理论，认为具有某种特质（或者类型）的企业文化对财务绩效有显著影响。作为文化强度研究的代表，Kotter 和 Heskitt（1992）对美国 22 个行业的 72 家公司在 1987—1991 年间的企业文化和经营状况进行了深入探究，研究发现企业文化强度对企业绩效有显著影响[②]。国内也有学者（如王玉芹和张德，2007；张勉和李海，2007；卢美月，2007）[③-④]通过实证分析得出企业文化强度对企业绩效有显著的正向影响。在企业文化特质（或类型）对财务绩效的影响研究方面，不少学者进行了实证研究。孙剑等（2008）通过分析企业文化与企业绩效两者间的相关性，得出具有灵活性和外部关注性特征的企业文化对企业绩效有显著的正向影响，而稳定程度和内向程度特性则对企业绩效有负向作用[⑤]。范诵（2006）以 Wallach 划分的企业文化特征类型为基础，研究不同类别的企业文化特征对经营业绩的影响，结果表明支撑型文化特征与经营业绩呈现正向关系，官僚型和创新型文化特征则与经营业绩呈现负向关系[⑥]。卢美月和张文贤（2006）将企业文化特征划分为支持型、创新型、官僚型、效率型四类，实证得出企业文化类型对企业绩效的影响不存在显著差异，只是创新型文化的平均绩效略高于其他类型。

---

① 贾晓慧，符正平. 组织文化、高管价值观和社会性管制对企业社会绩效的影响：一个实证研究[J]. 南方经济，2010(5)：46-59.
② Kotter J. P. & Heskett J L. Corporate culture and performance[M]. New York: The Free Press, 1992.
③ 王玉芹，张德. 创新型文化与企业绩效关系的实证研究[J]. 科学学研究，2007(12)：475-479.
④ 卢美月，张文贤. 企业文化与组织绩效关系研究[J]. 南开管理评论，2006(6).
⑤ 孙剑，薛惠锋，寇晓东. 企业文化对企业绩效的影响[J]. 统计与决策，2008(10)：182-183.
⑥ 范诵. 企业文化、技术创新与企业绩效：匹配模式——深圳企业的案例分析与实证研究[M]. 北京：经济科学出版社，2006.

(2)企业声誉的前置驱动作用。

对于企业声誉的研究,最早是亚当·斯密于1763年对声誉进行的分析和解释,他认为:声誉是能够有效保证契约顺利实施的一种重要机制,同时是对个人的隐性激励。因而在经济学中认为声誉的建立是一个长期动态博弈的过程。西方国家较早地对声誉进行了研究,但对于声誉的定义可谓仁者见仁、智者见智。Gray和Ballmer(1998)[1]认为,声誉是企业利益相关者对于企业特性的评价,但是并未考虑企业的情感要素。Weigelt和Camerer(1998)[2]认为,声誉是企业源于企业过去行为的一组特性。与此同时,近年来我国学者对企业声誉的研究热情也日益剧增,原因在于企业声誉对企业组织的重要性日渐突出。目前在我国国内,对企业声誉的研究可概括为三类:第一类是对国外企业声誉理论的引进、介绍、述评和初步应用;第二类是在不同的场合下自发运用"企业声誉"这一名词;第三类是研究企业声誉与企业的财务绩效、创新等相关性及影响。尤其是对于第三类的研究甚是缺乏,因此学者们针对这一研究空白进行着大量的研究。

企业社会环境责任对企业声誉的影响研究。企业社会责任对企业声誉影响多以利益相关者理论为依据,认为社会公众长期对企业的综合评价形成企业声誉,即企业成功地满足利益相关者期望,给利益相关者带来吸引力,促使企业声誉形成。从利益相关者的不同角度,Maden(2012)研究企业社会责任对企业声誉的影响,结果证明CSR不仅是企业声誉的前置变量,并且有强的正向影响[3]。Mel(2012)等人体现CSR多维概念的特征,提出员工关系、多样性问题、产品问题、社区关系和环境问题5个维度都对企业声誉有重要影响,且通过美国320家上市公司的面板数据证实了这些影响受到企业行业类型的调节[4]。Mitra(2011)基于印度Tata汽车的经济环境,构建企业社会责任的5个维度:制度化、社区发展、现代化、主要趋势和国家建设,来分析CSR对企业声誉的影响,建议企业要融合社会责任到其日常商业活动

---

[1] Gray E. R & Ballmer J. Managing Corporate Image and Corporate Reputation[J]. Long Range Planning, 1998(31): 695-702.
[2] Weigelt K. & Camerer C. F. Reputation and corporate strategy: a review of recent theory and applications[J]. Strategic Management Journal, 1988, (9): 443-454.
[3] Maden C Arkan E, telci E. Linking corporate social responsibility to corporate reputation:a study on understanding be havioral consequences[J]. Procedia-Social and behavioral sciences, 2012, 58(2): 655-664.
[4] MeloT, Garrido-Morgado A. Corporate reputation: a combination of social responsibility and industry[J]. Corporate Social Responsibility and Environmental Management, 2012, 19(1): 11-31.

中去，并建议发挥公共关系在社会责任感知方面的重要作用[①]。也有学者从不同 CSR 措施角度进行研究，Park（2013）等人将 CSR 措施分为 4 类，通过实证研究表明企业实施经济责任和法律责任措施对企业声誉有直接正向影响，而道德责任和慈善责任措施却没有此影响。国内学者同样验证了企业社会责任与企业声誉的正相关关系[②]。李海芹等（2010）基于相关利益者理论，提出企业社会责任 6 个维度对认知和情感两种企业声誉产生影响的模型，实证结果表明经济责任、对消费者的责任、遵守法律以及慈善责任对企业声誉有显著的正相关关系[③]。张鲜华（2012）依托利益相关者理论，对中国 A 股上市公司的 CSR 对企业声誉的影响进行了实证检验，结果表明 CSR 与企业声誉之间存在着显著的正相关性，即便考虑到行业属性，两者之间的正相关关系依然存在[④]。

企业声誉对企业价值的影响研究。从目前的研究来看，几乎没有一篇纯粹的关于企业声誉与企业价值关系的研究，相似的研究如声誉对于企业绩效的关系研究也比较缺乏。国外对于声誉的研究相对较早，目前对于声誉与财务绩效的研究也处于发展中。根据利益相关者理论，Wartick（1992）发现依赖于声誉进行资源配置的相关利益者其配置方向与声誉好坏相一致[⑤]；根据资源基础理论，声誉作为不可替代的无形资产能够使企业获得竞争优势，为企业带来价值（Barney，1991；Barney，2001 等）[⑥][⑦]。可知，相关利益者理论与资源基础理论均支持企业声誉对企业价值有积极作用的结论。Schultz（2000）的研究发现：二者在统计上缺乏显著性。Rose 和 Thomsen（2004）通过实证研究发现，公司财务绩效能够提高企业声誉[⑧]；国内学者对于声誉

---

① Mitra R. Framing the corporate responsibility-reputation linkage: the case of tata motors in india[J]. Public Relations Review, 2011, 37(4): 392-398.
② Park J., Lee H., Kim C. Corporate social responsibilities, consumer trust and corporate reputation: South Korean consumers' perspectives.In:Journal of Business Research; 2013: http://dx.doi.org/10.1016/j. jbusres. 2013.1005. 1016.
③ 李海芹，张子刚. CSR 对企业声誉及顾客忠诚影响的实证研究[J]. 南开管理评论 2010，13（1）：90-98.
④ 张鲜华. 社会责任表现对企业声誉的影响研究——来自 A 股上市公司的经验数据[J]. 兰州学刊，2012（12）：99-102.
⑤ WartickS. L. The relationship between intense media exposure and change in corporate reputation[J]. Business & Society, 1992, 31(1): 33-42.
⑥ Barney J. M. Wright,and D.J.Ketehen.There souree-based view of the firm:ten years after 1991[J]. Journal of Management, 2001, 27(6): 625-64.
⑦ Barney J. B. Firm resoures and sustained competitive advantage[J]. Joumal of Management, 1991(17): 99-120.
⑧ Delmas M., M. W. Toffel. Stakeholders and environmental management practices:an Insti-tutional framework[J]. Business Strategy and the Environment, 2004, (13): 209.

也进行了研究，偌大的研究领域中仅有黄亮华（2005）[①]的研究《企业声誉和财务绩效关系的研究》，郑秀杰、杨淑娥（2009）的《中国上市公司声誉对公司财务绩效的影响研究》，赵旭（2011）[②]的《上市公司诚信与企业价值的实证研究》这三篇相关研究。

2. 中介变量与调节变量对企业社会责任与企业经济绩效关系的影响

目前，已有少数学者加入中介变量研究企业社会责任与企业经济绩效的关系。Abagail McWilliams 和 Donald Siegel（2000）认为，前人在研究企业社会责任与经济绩效的关系时，产生正相关、负相关和不相关三种结论的主要原因在于遗漏了研发支出这一重要的中介变量，他们在模型中加入研发支出后，发现企业社会责任对经济绩效没有影响。李建升（2008）[③]将企业社会责任作为企业文化作用于企业绩效的中介变量，实证分析了企业社会责任的中介作用，以及企业文化与企业绩效的关联机制。姜俊（2010）以研发支出为中介变量，研究了我国农业上市公司社会责任对财务绩效的影响，发现企业履行社会责任能够显著提高财务绩效。

（五）简评与启示

1. 现有文献研究的特点

现有文献较多，理论依据丰富，为后续研究奠定了基础，但研究视角大多限于企业社会责任与经济绩效的单向影响关系，较少研究二者的相互影响关系，即忽视了内生性问题。已有少数学者将研发支出、企业文化等作为中介变量研究二者的关系，但研发支出通常是经济绩效的前导因素，企业文化主要是社会责任的前导因素，两者并非企业社会责任与经济绩效之间的内生中介变量。国外多以纸浆企业等重污染企业为研究对象，但国内根据行业或企业的特殊性研究社会责任与经济绩效关系的文献较少。目前对企业社会责任的测度还是一个难题，但在对企业经济绩效的度量方面，现有文献大多采用单一层面的财务绩效指标，未能发现企业社会责任与企业的成本绩效、销

[①] 黄亮华. 企业声誉和财务绩效关系研究[D]. 杭州：浙江大学，2005.
[②] 赵旭. 上市公司诚信与企业价值影响的实证研究[J]. 山西财经大学学报，2011（01）.
[③] 李建升. 企业文化与企业绩效关联机制研究：企业社会责任视角[D]. 杭州：浙江大学，2008.

售绩效、利润绩效、资本市场绩效等多维度经济绩效的关系及影响的次序规律。目前国内外已有大量文献研究企业社会责任与经济绩效的关系，但大多研究二者的单向影响关系，较少研究二者的相互影响关系，依据的理论与得出的结论也存在诸多差异。

回顾文献可以发现，目前，国内外有关学者对企业社会责任的理论研究已日趋完善，在企业社会责任的度量方面，也取得了丰硕成果，为今后进行实证研究提供了条件。关于企业社会责任和企业经济绩效之间的关系，已有大量学者进行了理论探讨和实证检验，也为今后的研究奠定了丰富的理论和实证基础。但现有文献还不够完善，有些问题需要进一步探讨，主要表现在以下几个方面：

（1）研究样本较小，数据类型简单。目前，企业社会责任与财务绩效之间的关系研究文献主要集中在截面面板数据的研究，缺少大规模的非平衡或平衡面板数据研究，更缺少科学权威的数据研究。这些小规模、非权威的数据研究，可能导致研究结果有所不同。

（2）研究方法较为单一。现有对企业社会责任与财务绩效之间的研究主要是简单的线性回归分析，缺少针对企业社会责任与财务绩效之间相互关系研究，因此还可以利用逐步回归等其他多种方法，对两者之间的相互关系进行深入研究。

（3）主要集中在整体社会责任对财务绩效的关系研究，缺少企业社会责任具体维度与财务绩效之间关系的研究。目前国内外学者在研究企业社会责任与财务绩效的时候，更多的是将社会责任看作单一变量来研究，鲜有学者分析研究社会责任各个维度与财务绩效之间的关系。

（4）主要立足于企业社会责任与财务绩效的单向作用关系研究，缺少对社会责任、财务绩效两者之间的相互作用机制的系统性、整体性研究。

我们将利用以上研究空间，以社科院颁布的中国国有企业100强、民营企业100强社会责任发展指数等权威数据和一手调研数据为实证数据，分别以深、沪上市公司和大量中小企业为研究样本，通过对企业社会责任与企业经济绩效之间的相互作用机制进行全面系统的分析，以构建这两者之间的相互作用框架，检验其定量关系，并根据研究结论提出相关对策建议。

2．企业社会责任与企业经济绩效的关系研究存在分歧的原因

通过对现有文献的分析，研究企业社会责任与企业经济绩效关系的结论存在分歧主要有以下三方面原因：

（1）理论依据的多元化。

现有文献依据的理论具有多元化特征，决定了假设提出和模型构建的多样化，导致研究结论产生分歧。早期学者根据资本结构无关理论，认为CSR缺乏价格特征，CSR并非影响企业价值的主要风险因素，因此，企业承担CSR与否不会导致企业价值发生显著变化，即CSR与CFP不相关。Ullman（1985）认为，由于在CSR-CFP关系中存在诸多中介影响因素，导致很难找到一种合适的理论对两者的关系进行清晰的解释，因此CSR-CFP是间接无关的[①]。新古典经济学者认为，企业唯一的社会责任就是在遵循市场规律和遵守法律法规的前提下为股东实现利润最大化（Friedman，1970）[②]，CSR成本的发生将使企业处于市场竞争劣势，对CFP和股东财富造成负面影响（Aupperle，Carroll和Hatfield，1985）[③]。基于代理理论的文献通常发现CSR-CFP关系也是负相关的。例如，Barnea和Rubin（2010）基于代理理论研究发现管理层为了提升个人声誉，趋向于将企业资源过度地投入到CSR，造成股东财富和企业价值的损失[④]。

大量文献追随利益相关者理论，认为CSR是协调企业管理者与消费者、供应商、社区、政府、环境等利益相关者关系的一种"矛盾协调机制"，其有效实施能够创造和改善CFP（Freeman，1984）[⑤]。Waddock和Graves（1997）从成本收益视角阐释了利益相关者理论，认为企业履行CSR固然会发生一定的隐性成本（如环保成本等），但能够获得更高的潜在收益（如顾客忠诚度增强等），因此CSR-CFP是正向促进的[⑥]。在实证研究中，一些学者从消费者推理理论、信号理论、社会身份理论、优质管理理论等多视角对利益相关者理论做了具体解释。消费者推理理论认为消费者存在"履行社会责任越好的

[①] Ullmann A. A. Data in Search of a theory: a critical examination of the relationship among social disclosure and economic performance of US firms [J]. Academy of Management Review, 1985, 10(3): 540-557.

[②] Friedman M. The social responsibility of business is to increase its profits[J]. New York Times Magazine, 1970(13): 32-33.

[③] Aupperle K. E., Carroll A. B. & Hatfield. D. An empirical examination of the relationship between corporate social responsibility and profitability[J]. Academy of Management Journal, 1985(28): 446-463.

[④] Amir Barnea & Amir Rubin. Corporate social responsibility as a conflict between shareholders[J]. Journal of Business Ethics, 2010, 97(1): 71-86.

[⑤] Freeman R. E. Strategic Management: A Stakeholder Approach[M]. Boston: Pitman/Ballinger, 1984.

[⑥] Waddock, S. A. & Graves S. B. The corporate social performance-financial performance link[J]. Strategic Management Journal, 1997(18): 303-319.

企业，其产品质量越高，越值得购买"的推理（Brown，1997）[①]；信号理论假定企业提供 CSR 信息传递了产品具有高量的信号，有助于消解企业与消费者间的信息不对称（Maignan 和 Ferrell，2003）[②]；社会身份理论强调利益相关者的"自我概念或自我形象"是和企业形象紧密地联系在一起的，CSR 履行良好的企业更易得到利益相关者的认同和支持（Sen 和 Bhattacharya，2001）[③]；优质管理理论认为优质管理实践与 CSR 高度相关，优质管理能够改善企业与关键利益相关者的关系，有助于提高 CFP（McGuire，Sundgren 和 Schneeweis，1988）[④]。总体而言，利益相关者理论预期 CSR 对 CFP 产生正向影响。

基于风险管理理论、社会资本理论和新制度经济学理论的文献通常支持 CSR-CFP 正相关。Godfrey 等（2009）则认为，利益相关者理论面临"CSR 创造 CFP"的逻辑困境，他们基于风险管理理论研究，发现 CSR 能够积累道德资本或商誉，道德资本或商誉创造 CFP 的作用甚微，但能够保障在企业发生社会责任负面事件期间获得利益相关者的"从轻处罚"，从而对 CFP 产生一种"类保险效应"[⑤]。郝秀清等（2011）基于社会资本理论，研究发现 CSR 对短期 CFP、长期 CFP 及非财务绩效均无直接影响，但社会资本部分中介 CSR 对长期 CFP 和非财务绩效的正向影响[⑥]。苏冬蔚和贺星星（2011）基于新制度经济学理论，认为 CSR 是市场经济条件下利益相关者对企业逐利行为进行非正式约束的一种制度选择，并通过实证检验支持了"CSR 有助于提高企业生产效率"的假设[⑦]。

[①] Brown B. Stock market valuation of reputation for corporate social performance[J]. Corporate Reputation Review, 1997(1): 76-80.
[②] Maignan I. & Ferrell, O. C. Nature of corporate responsibilities:perspectives from american, frenchand german consumers[J]. Journal of Business Research, 2003, 56(1): 55-67.
[③] Sen S. & Bhattacharya C. B. Does doing good always lead to doing better? consumer reactions to corporate social responsibility[J]. Journal of Marketing Research, 2001(38): 225-243.
[④] McGuire J. B.,Sundgren A. & Schneeweis T. Corporate and social responsibility and firm financial performance[J]. Academy of Management Journal, 1988, 31: 854-872.
[⑤] P. C. Godfrey, C. B. Merrill& J. M. Hansen. The relationship between corporate social responsibility and shareholder value: an empirical test of the risk management hypothesis[J]. Strategic Management Journal, 2009(30): 425-445.
[⑥] 郝秀清，仝允桓，胡成根. 基于社会资本视角的企业社会表现对经营绩效的影响研究[J]. 科学学与科学技术管理，2011, 32(10)：110-116.
[⑦] 苏冬蔚，贺星星. 社会责任与企业效率：基于新制度经济学的理论与经验分析[J]. 世界经济，2011(9)：138-159.

（2）变量度量与选取的多样化。

Cochran 和 Wood（1984）发现大量文献采取声誉指数法（如《财富》杂志的声誉评级）、内容分析法（如按企业年报内容评分）和污染指数法度量 CSR[1]。近年来，采用 KLD 的 CSR 评级指数度量 CSR 的文献日益增多。现有文献主要从会计绩效和市场绩效两方面度量 CFP。Griffin 和 Mahon（1997）在回顾过去研究 CSR-CFP 关系的 51 篇文献时发现有 80 个不同的 CFP 度量指标，使用较多的是总资产报酬率、净资产报酬率等会计绩效指标和托宾 Q 值、每股收益等市场绩效指标，其余变量很少被重复采用[2]。可见，变量度量与选取的差异也是导致 CSR-CFP 关系结论混杂的重要原因。McGuire 等（1988）发现，基于市场绩效度量 CFP 的文献大多忽视了风险变量，得出不一致的结论更多[3]；而基于会计绩效度量的文献通常发现 CSR-CFP 正相关。此外，控制变量选取的差异也是造成 CSR-CFP 关系结论不一致的重要原因。例如，本文发现在 Margolis 等（2007）分析的 167 篇文献中，有 20 篇文献未设置控制变量，无法消除一些主要变量对 CSR-CFP 关系的影响，其余文献则部分考虑了企业规模、风险、行业、控股权等控制变量[4]。McWilliams 和 Siegel（2000）认为以往的文献设定的 CSR-CFP 关系模型普遍存在遗漏企业研发投入强度等重要变量的缺陷[5]。此外，CSR 是一个具有多维结构的概念，但大多文献采用单一变量度量 CSR 也是造成研究结论不一致的原因之一。例如，Ron Bird 等（2007）以 1991—2003 年的 500 家美国公司为样本，选取 KLD 的五个 CSR 维度评分解释对市场超额回报的影响，发现社区、雇员和产品三个维度与 CFP 正相关，环境和多样性维度与 CFP 负相关，五个维度的综合评分与 CFP 正相关[6]。

---

[1] Cochran P. L. & Wood R. A. Corporate social responsibility and financial performance[J]. Academy of Management Journal, 1984(27): 42-56.
[2] Griffin J. J. & Mahon J. F. The corporate social performance and corporate financial performance debate: twenty-five years of incomparable research[J]. Business and Society, 1997(36): 5-31.
[3] McGuire J. B., Sundgren A. & Schneeweis T. Corporate and social responsibility and firm financial performance[J]. Academy of Management Journal, 1988(31): 854-872.
[4] Margolis J. D., Hillary Anger Elfenbein & Walsh J. P. Does It pay to be good? a meta-analysis and redirection of research on the relationship between corporate social and financial performance[D]. Working Paper Harvard University, 2007.
[5] McWilliams A. & Siegel, D. Corporate social responsibility and financial performance: correlation or misspecification?[J]. Strategic Management Journal, 2000(21): 603-609.
[6] Ron Bird, Anthony D. Hall, Francesco Momente & Francesco reggiani. what corporate social responsibility activities are valued by the Market?[J]. Journal of Business Ethics, 2007, 76(10): 189-206.

（3）研究方法及模型设定的差异化。

Harrison和Freeman（1999）通过分析49篇检验CSR-CFP关系的文献所采用的研究方法发现：从t检验到结构方程模型等统计检验方法被广泛采用[1]；除回归分析外，事件研究和案例研究也被大量采用。由于回归分析受到内生性的困扰，事件研究法需以资本市场有效为前提，案例研究则受到信度和效度的限制，因此，即使对同一样本采用不同的研究方法，得到的CSR-CFP关系结论存在差异在所难免。Webb（2009）检验CSR-CFP的因果关系发现，对同一样本采用普通最小二乘法检验的结果为显著正向因果关系，但采用时间序列固定效应模型检验的结果为CFP显著正向影响CSR但CSR对CFP无显著影响[2]。

综上所述，企业社会责任与企业经济绩效关系的研究结论存在分歧的原因可能源于不同的理论依据、度量变量、研究方法和模型设定等方面。其中缺乏对二者关系理论框架的科学构建和作用机制的严谨检验是首要原因。我们拟弥补上述不足，基于当前我国食品安全问题频发的背景，以食品企业为对象，引入企业荣誉这一内生中介变量，重点研究食品企业的社会责任、企业荣誉与经济绩效的相互关系和作用机制。

五、食品企业社会责任的相关研究

（一）食品企业社会责任研究

当前，国内外学者已对食品企业的社会责任进行了一些专题研讨。Michael J. Maloni和Michael E. Brown（2006）尝试从供应链的角度来探究食品企业的社会责任[3]，国内许多学者一致认为食品企业最首要的或最基本

---

[1] Jeffrey S. Harrison & R. Edward Freeman. Stakeholders, Social responsibility and performance:empirical evidence and the oretical perspectives[J]. Academy of Management Journal, 1999, 42(5): 479-485.

[2] Edward Nelling Elizabeth Webb. Corporate social responsibility and financial performance: the "virtuous circle" revisited[J]. Rev Quant Finan Acc, 2009(32): 197-209.

[3] Michael J Maloni, Michael E.Brown, Corporate social responsibility in the supply chain: an application in the Food industry [J]. Journal of Business Ethics, 2006, 68(1): 35-52.

的社会责任是保证食品安全（刘霞，2007；王晓丽和李磊，2009；刘艳，2010）[①][②][③]；王邦兆和邓婷婷（2012）通过问卷调查和统计分析，探究了我国消费者对食品行业社会责任的认知现状，结果表明企业的诚信责任和道德责任是消费者心中最为重要的责任范畴[④]。还有学者对食品企业社会责任的内容进行了分析，杜彬（2008）认为食品企业社会责任包括经济责任、法律责任、伦理责任和自由慈善责任四项内容，其中伦理责任又细分为员工方面、产品方面和社会方面三个部分[⑤]。廖婕和章喜为（2010）指出食品企业的社会责任相较于其他企业而言还包含一些特殊项目，具体表现为提供安全食品、提供绿色环保食品和自愿慈善活动三个方面[⑥]。吕军书（2009）从消费者角度进行分析，认为食品企业对消费者的责任集中表现于四点：为消费者提供安全的产品；提供正确的产品信息；提供售后服务和开发"绿色产品"[⑦]。

（二）食品安全治理研究

食品安全已经成为一个国际性难题，其原因错综复杂，既有自然力因素，也有人为因素，前者囿于当今人类的科技力量，但后者可通过食品安全治理得以规避。因此，食品安全治理成为当今经济学、管理学、法学、农学、食品工程学等领域的学者研究的热点，目前国外学者对食品安全治理研究取得了一些新进展，本书根据近年发表于SCI、SSCI、EI等来源期刊的主要文献，从有关食品安全治理的环境、模式、机制、工具四个维度进行概要综述，并为我国食品安全治理提供几点建议。

1. 食品安全治理的制度环境研究

大量食品具有经验品和信用品特征，导致食品市场信息严重不对称而产

---

① 刘霞. 基于企业社会责任视角的食品安全问题浅析[J]. 商场现代化，2007（2）：354.
② 王晓丽，李磊. 基于食品安全视角的食品企业社会责任浅析[J]. 价值工程，2009（11）：22-24.
③ 刘艳. 论食品企业的社会责任[J]. 现代商贸工业，2010（11）：79.
④ 王邦兆，邓婷婷. 消费者视角下的食品企业社会责任[J]. 科技管理研究，2012，（19）：191-194.
⑤ 杜彬. 承担企业社会责任，提高食品企业竞争力[J]. 中外食品，2008（9）：14-20.
⑥ 廖婕，章喜为. 社会责任视角下的食品安全问题[J]. 中国集体经济，2010（11）.
⑦ 吕军书. 食品安全与企业社会责任的法律思考——兼论三鹿毒奶粉事件[J]. 前沿，2009（9）：50-53.

生食品安全问题。为解决食品市场的信息不对称，不少学者开始关注食品安全的制度环境议题。Nesve等[1]运用比较法律框架理论分析了英美食品安全治理框架不同的原因，发现英国主要依靠议会立法治理食品安全，法院执法处于次要地位，这一议会主权制度环境决定了英国采用立法导向的食品安全治理框架；美国宪法遵循"人民主权"原则，其食品安全治理的重心在于切实保护消费者和企业的合法利益，这一宪法至上的制度环境决定美国采用了执法导向的食品安全治理框架。由此表明，处于不同制制度环境的国家照搬他国的食品安全治理模式与机制将会招致低效甚至无效。Alin等[2]认为，食品安全是食品供应链中各成员协同努力的结果，是各成员就食品生产、加工、销售等形成的委托代理矛盾，虽然目前流行的运用代理理论研究食品安全的供应链治理十分重要，但由于食品供应链内嵌于广泛复杂的制度环境中，有效的食品安全治理模式与机制应当首先基于其所处的法律环境、经济环境和文化环境等制度环境进行现实性和系统化的构建。

2. 食品安全治理模式研究

（1）共同治理模式。Henson等[3]最早提出共同治理模式，认为通过公私部门协作能够提高食品安全治理的效率。该模式被英国、美国和加拿大等国采用。Marian等[4]考虑到食品安全公共管理部门存在资源短缺和职能部门间竞争，认为只有实施公私部门紧密合作的共同治理模式，才能降低食品安全治理成本，提高治理绩效。他们比较英美两国实施的共同治理模式后发现两国的行政法规存在显著差异，影响着共同治理模式的不同实施路径，表明在跨国层面推行共同治理模式尚存巨大障碍。Elodie等[5]构建了一个食品安全共同治理概念框架，并以法国进口食品中农药残留量限制规定的执行效果为案例研究发现，在政府保障激励和信息畅通的前提下，共同治理模式逐步实现

---

[1] Nesve A. Turan Brewster, Peter DGoldsmith. Legal systems, institutional environment, and food safety[J]. Agricultural Economics, 2007, (36): 23-28.

[2] Ng Esmond Alin, Victoria. An institutional approach to the examination of food safety[J]. International Food and Agribusiness Management Review, 2012, 15(2): 21-45.

[3] HensonS, Hooker NH. Private sector management of food safety: public regulation and the role ofprivate controls[J]. International Food and Agribusiness Management Review, 2001, 4(1), 7-17.

[4] Garcia Martinez Marian, Fearne and rew, Caswell Julie A, et al. Co-regulation as a possible model for food safety governance: opportunities for public-private partnerships[J]. Food Policy, 2007, 32(3): 299-314.

[5] Rouviere Elodie, Caswell Julie A. From punishment to prevention: a french case study of the introduction of co-regulation in enforcing food safety[J]. Food Policy, 2012, 37(3): 246-254.

了从传统的惩罚导向向现代的预防导向转变。

（2）综合治理模式。综合治理模式最早由 Kaplan[①]等提出，该模式强调食品安全治理是一项对个人和社区的文化、卫生、心理等进行综合治理的系统工程。一些学者发展了综合治理模式，Loring 等[②]强调应当根据地域性特征将公众健康、社会文化、生态环境、消费者心理特征及生物医学技术等结合起来解决食品安全治理问题。目前，美国的一些社区等基层食品治理单位开始采用综合治理模式。Loring 等对美国阿拉斯加州的调研发现，综合治理模式成功实施的关键是识别食品安全的综合影响因素和分地域性特征。Marion 等[③]在总结 12 篇经典文献的基础上，认为欧洲应当实施一个广泛集成科学、预防和公众参与的食品安全综合治理模式。Mikael 等[④]认为欧洲目前的食品安全治理模式缺乏充分的民主性和有效性，应当建立整合合法性、公共责任和信任的全过程民主综合治理模式，其中，公众以何种方式参与及参与的有效性是保障该模式实施的关键。

（3）其他治理模式。Ladina[⑤]分析了欧盟当今采用的"个人—公共部门—国家—超国家（欧盟）"这一多层级治理模式与欧盟统一市场相矛盾的缺陷，由此，他们提出一种集中化管制代理治理模式，即由欧盟而非成员国集中统一地直接治理欧盟的食品安全问题，并以 HACCP 的执行效果为案例研究发现该模式在降低欧盟食品产业的不确定性、促进食品安全治理的优化创新、改善消费者信任等方面优于多层级治理模式。Ansell 等[⑥]则认为，欧盟实施的多层级与多主体治理模式是一种争议治理模式，表现在该模式未考虑欧盟成员国在文化参数、法制环境和宗教信仰等方面的差异，以及成员国间互信的缺失和治理机构间的利益冲突等；因此，欧盟今后应当以影响消费者信任的

[①] Kaplan G. A., Everson S. A, Lynch J. W. The contributionof social and behavioral research to an understanding of thedistribution of disease: a multilevel approach[M]. Washington, D. C: NationalAcademies Press, 2000: 25-30.

[②] Philip A Loring S. C. Gerlach.Food, culture, and human health in alaska: an integrative health approach to food security[J]. Environmental Science & Policy, 2009(12): 466-478.

[③] Dreyer Marion, Renn Ortwineds. Food safety governance: integrating science, precaution and public involvement[J]. Risk, Governance and Society Series, 2009(15): 25-37.

[④] Klintman Mikael, Kronsell, Annica. Challenges to legitimacy in food safety governance? the case of the european food safety authority (EFSA)[J]. Journal of European Integration, 2010, 32(3): 309-327.

[⑤] Caduff Ladina, Bernauer Thomas. Managing risk and regulation in european food safety governance[J]. Review of Policy Research, 2006, 23(1): 153-168.

[⑥] Christopher Ansell, David Vogel.What's the beef? The contested governance of european food safety[M]. Cambridge M. A.: MIT Press, 2006: 400.

文化和制度两大关键变量为核心，采用"文化-制度"治理模式，即以欧洲的不同饮食文化为基础构建食品安全治理制度及模式。Hoffmann 等[1]认为，随着世界经济的一体化发展，建立一个全球化的食品安全协同治理模式十分必要，但应在充分考虑各国主权和文化差异的前提下实施，全球协同治理的关键不仅在于各国政府间的协同治理，更在于国际食品供应链的协同治理。

3. 食品安全治理机制研究

为了控制食品安全风险、节省治理成本、促进行业健康发展和保障消费者的知情权，目前各国采用了多种手段治理食品安全，但由于国家间的法律制度和人文环境存在差异，使其治理手段各有侧重，形成了以主要手段为核心的多种治理机制。

（1）消费者治理机制。Todt 等[2]以转基因食品为议题，通过调研发现西班牙消费者普遍感知自身的消费权益过度受到食品产业的影响，消费者强烈诉求根据科技知识和自身偏好进行食品消费决策，并要求政府提供快畅的信息、企业贴示转基因标签等方式保障其知情权。然而，Dzifa 等[3]基于英国食品生产企业的案例研究发现，大部分企业虽已实施食品安全管理系统以预防食品安全风险，但企业宣称食品安全的法律法规和标准认证过分地偏向消费者，而未对食品供应链中全部利益相关者所受影响进行充分的评价，由此导致食品产业发生了本可避免的巨额成本。Michiel[4]以禽流感事件为议题对荷兰消费者进行了深度访谈和探测性研究，发现消费者的偏好存在诸多差异，对食品安全的认知具有实质区别，表明多重消费者理性客观存在，因此，政府实施差异化的食品安全治理机制将优于现行的通用型机制。Cope 等[5]基于欧洲频发的食品安全事件引致消费者信心受挫的现实，提议食品风险治理机制应以透明和负责任的方式加强与利益相关者的沟通，并通过实证研究发现食品安全风险沟通机制的成效受到消费者的风险认知和食品安全信息需求的

---

[1] Sandra Hoffmann, William Harde. Food safety and risk governance in globalized markets[J]. Health Matrix, 2010, 20(5): 5-54.
[2] Oliver Todt. Consumer attitudes and the governance of food safety[J]. Public Understanding of Science, 2009, 18(1): 103-114.
[3] Mensah Lena Dzifa, Julien Denyse. Implementation of food safety management systems in the UK[J]. Food Control, 2011, 22(8): 1216-1225.
[4] Michiel PM, Mde Krom. Understanding consumer rationalities: consumer involvement in european food safety governance of avian Influenza[J]. Sociologia Ruralis, 2009, 49(1): 1-19.
[5] Cope S L J Frewer J Houthton, et al. Consumer perceptions of best practice in food risk communication and management: implications for risk analysis policy[J]. Food Policy, 2010, 35(4): 349-357.

影响，主要包括消费者的个体偏好、信息需求差异、所处社会历史文化环境，以及信息的可鉴定性、预防性、一致性等因素。因此，今后采用国家或地区范围战略开展食品安全风险沟通比当前采用的泛欧洲战略更有效。Gonzalez[①]认为，在坚持科学性、意识形态差异性和道德伦理观三个基本原则的前提下，以保障消费者的基本人权、健康与营养安全权益为宗旨的全球化食品安全治理机制才有可能逐步实施。

（2）媒体与网络治理机制。Dillaway 等[②]采取实验方法研究了美国消费者对媒体报道鸡胸食品安全事件的反应，发现媒体报道正面或负面的食品安全信息均显著影响消费者的支付意愿，其中，名牌食品受到的影响更大，消费者对负面事件的记忆具有快速性和长期性。Donal 等[③]基于网络治理机制备受欧盟推崇的情境，以 2008 年爱尔兰发生的二恶英污染猪肉事件为案例，研究发现当前欧盟的食品安全网络治理机制是失败的，原因在于它未能解决网络治理的灵活性与稳定性、广泛性与效率性、内部合法性与外部合法性三对主要矛盾。其中，前者表现为事发后对事件信息的动态更新不及时和报道口径不一致，中者表现为治理机构未能与广大消费者进行广泛深入的直白式沟通，后者表现为未能充分考虑到爱尔兰消费者和其他欧盟成员国消费者的法律认知、伦理意识、宗教信仰等方面的差异。因此，今后有效实施网络治理的关键是科学平衡这三对矛盾，并增强信息的透明度。Corrado 等[④]采用欧洲食品安全局（EFSA）的食品安全评价标准对 EFSA 建立的"公共咨询网"以期实现"直接民主式网络治理机制"的效果进行评价表明，网络治理机制确有一些优势，但因网民的食品安全科技知识不足，限制了网民参与食品安全治理的实际水平。

（3）协同治理机制。Knudsen[⑤]认为，风险治理应当被整合到食品安全治

---

① Humberto Gonzalez.Debates on food security and agrofood world governance[J]. International Journal of Food Science and Technology, 2010(45): 1345-1352.
② Robin Dillaway, Kent DMesser, John CBernard, et al. Do consumer responses to media food safety information last?[J]. Applied Economic Perspectives and Policy, 2011, 33(3): 363-383.
③ Casey Donal K, LawlessJames S.The Parable of the Poisoned Pork: Network Governance and the 2008 Irish Pork Dioxin Contamination[J]. Regulation and Governance, September, 2011, 5(3): 333-349.
④ Finardi Corrado, Pellegrini Giuseppe, RoweGene. Food safety issues:from enlightened elitism towards Deliberative Democracy?An Overview of EFSA's 'Public Consultation' Instrument[J]. Food Policy, 2012, 37(4): 427-438.
⑤ Knudsen Ib. The safe foods framework for integrated risk analysis of food: an approach designed for science-based, transparent, open and participatory management of food safety[J]. Food Control, 2010, 21(12): 1653-1661.

理框架中去，重点是实现框架制定、风险预期、风险评价、风险管理、风险分析五个步骤的整合，并按照科学、透明、公开、参与式管理的原则由各利益相关方进行协同治理。Qin[①]基于中国的食品安全现状，采用博弈模型分析发现食品安全治理绩效的提高依赖于政府、市场与第三方的协同治理。Edward 等[②]通过深度访谈发现，中国水产养殖业的食品安全标准存在双边机制：一边是生产符合进口国标准的水产品以占领国外市场；另一边是生产较低安全标准的水产品投向国内市场。他们认为其根本原因不是企业对国内消费者的歧视，而是中国实施的多部门监管模式导致监管部门间的协作机制弱化，所以中国需要创新实施以监管部门间协作为重点的协同治理机制。

（4）跨国治理机制。Alexia 等[③]认为食品法典委员会（CAC）实施的食品安全跨国治理机制需要进行三方面的拓展和完善：一是 CAC 标准的制定应当考虑各国的政治体制对跨国合作监管的影响；二是完善国际诉讼制度，保障私人部门在食品安全风险治理中的合法权益；三是 CAC 应当保持自身的公正性与独立性。Vieira[④]对由巴西牛肉出口商和欧盟进口商组成的跨国供应链进行探测性案例研究发现，出口商参与跨国食品供应链治理产生了一种倒逼效应，促使供应链上游的生产商加强技术升级和技术交易，催生了全球食品供应链上不同主体间达成更高程度的互信。Chan 等[⑤]针对中国香港地区设计了一个由预防、紧急处理、重构再造三阶段构成的食品安全危机预防机制，认为该机制有助于实现地区内外卫生部门与政府的跨界联络及经济与政治议题的平衡，并顾及公众文化、食品安全教育和道德伦理等因素对食品安全治理的影响，从而有利于保障消费者健康，恢复消费者信心。

4．食品安全治理工具研究

（1）HACCP 等食品安全治理工具实施的成本、绩效与限制因素。HACCP

[①] Li Qin. A Effective Way to Improve the Performance of Food Safety Governance Based on Cooperative Game[J]. Agriculture and Agricultural Science Procedia, 2010(1): 423-428.
[②] Broughton Edward I, WalkerDamian G. Policies and practices for aquaculture food safety in China[J]. Food Policy, 2010, 35(5): 471-478.
[③] Herwig Alexia, Maier Leo. Beyond legalisation: developments in transnational food-safety governance[J]. Law & Society, 2007(1): 5-8.
[④] Luciana Marques VieiraW, Bruce Traill. Emerald article: trust and governance of global value chains: the case of a Brazilian beef processor[J]. British Food Journal, 2008, 110(4): 460-473.
[⑤] Chan SF, Chan Zenobia CY. Food safety crisis management plan in Hong Kong[J]. Journal of Food Safety, 2009, 29(3): 394-413.

是国际上公认度最高的食品安全治理工具之一。Satish[①]对印度食品加工企业采取问卷调研和因子分析发现,食品的质量和销量是激励企业实施HACCP的首要因素,企业实施HACCP的生产准备成本和运行成本主要受所处食品子行业和企业规模的影响,因此,政府提供金融贷款或财政补贴、行业协会开展管理与技术培训、食品企业开展水平或垂直整合是推广HACCP的必要措施。Ksenija等[②]对克罗地亚150家食品企业进行田野调查和问卷调研发现,实施食品安全与质量管理规范(HACCP,ISO22000或ISO9001)后,其中60%的企业收入并未增长,61%的企业成本并未降低,统计检验显著地表明食品安全和质量管理规范的实施与企业的收入和成本无关。Demet等[③]对土耳其28家乳品企业进行实地访谈和问卷调研发现,企业实施HACCP和食品安全计划(FSPS)能够降低法律风险,增加客户信任,但企业管理层对HACCP和FSPS知识的缺乏、高昂的实施成本是障碍二者推广的主要因素。因此,政府应当提供培训、咨询和财税支持。Imca等[④]对日本东京地区13家乳品企业进行深度访谈后发现:实施HACCP的企业的安全食品产出量更大,风险更低;13家企业的食品安全技术行动(包括预防措施、干预过程等)得分均高,但质量监测、质量保证等管理行动得分均低;这种重预防轻监测的原因可能是在日本垂直立法背景下形成了"危害基础"和"立法基础"的食品安全管理体系,有别于欧洲的预防与监测并重的"科学或风险基础"的食品安全管理体系。

(2)企业实施的食品安全标准的影响。一些跨国食品公司采用了比国际标准或部分国家标准更严格的食品安全质量标准,其影响受到部分学者的关注。Steve等[⑤]的研究表明,欧洲零售商领导肯尼亚生鲜农产品供应商采用更严格的企业标准,赢得了"高质量"的声誉,成为一种有效的风险管理工具、

---

① Deodhar Satish Y.Motivation for and cost of HACCP in Indian food processing industry[J]. Indian Journal of Economics and Business, 2003, 2(2): 193-208.
② Dumicic Ksenija, Gajdic Dusanka. Research of influence of food quality management system application on business results in croatian food businesses. with english summary[J]. Poslovna Izvrsnost/Business Excellence, 2011, 5(1): 9-32.
③ Karaman Ayse Demet, Cobanoglu Ferit, Tunalioglu Renan, et al.Barriers and benefits of the implementation of food safety management systems among the Turkish dairy industry:A case study[J]. Food Control, 2012, 25(2): 9-32.
④ Sampers Imca,Toyofuku Hajime, Luning Pieternel A,et al.Semi-quantitative study to evaluate the performance of a HACCP-based food safety management system in Japanese milk processing plants[J]. Food Control, 2012, 23(1): 9-32.
⑤ Jaffee Steve, Masakure Oliver. Strategic use of private standards to enhance international competitiveness: vegetable Exports from Kenya and Elsewhere[J]. Food Policy, 2005, 30(3): 316-333.

市场竞争工具和回应利益相关者诉求的战略管理工具。然而，Sodano 等[①]基于社会学的网络理论和信任理论研究发现，企业的食品安全标准存在诸多缺陷，主要是缺乏透明度与民主性、排斥小微型食品企业于全球供应链之外、认证机制缺乏可靠性和对欠发达国家不公正等问题，可能导致全球食品供应链由关系型向权力型转化，造成全球性的社会福利损失。

（3）食品安全治理新工具的探索。Luning 等[②]设计了一套诊断工具，用于评价食品企业实施食品安全管理系统（FSMS）的绩效，其中企业保障 FSMS 有效性的能力是诊断 FSMS 持续改进绩效的首要指标。Marion 等[③]提出将社会责任影响评价（SIA）整合到食品安全治理中去，并建议欧盟基于成员国多元化的政治历史背景采取初步框架构建、关系评估、社会影响评价三个阶段逐步实施整合，其中保障公众参与和风险沟通是成功整合的关键。Zhang[④]根据三鹿奶粉事件引发国际社会对中国食品质量安全市场准入系统的忧虑，运用层次分析法和平衡计分卡，根据完整性、可测量性、可行性原则构建了一套由系统成本指数（认证与检验费、监控支出、研发费等）、系统绩效指数（政府满意度、顾客满意度、合格率等）、系统管理内部运行指数（用料出错率、网站评价满意度、公告及时性等）和系统发展指数（培训有效性、管理者学位率、科技创新成果率等）构成的食品质量安全市场准入系统的有效性评价指数体系。White[⑤]提议在美国食品及药物管理局（FDA）自 2011 年推行食品安全现代化法案的背景下，美国企业需要加强有关危害分析与风险基础预防控制工具的研发和责任保险工具的创新与推广。目前，国际政府组织（IGO）建议各国食品安全管理当局运用适当保障机制（ALOP）和食品安全目标（FSO）作为增强食品安全信息透明度和可量化性的两种治理工具。

---

① Valeria Sodano, Martin Hingley, Adam Lindgreen. The usefulness of social capital in assessing the welfare effects of private and third-party certification food safety policy standards: trust and networks[J]. British Food Journal, 2008, 110(4): 493-513.
② Luning PA, Marcelis WJ, RoviraJ, et al. Systematic assessment of core assurance activities in a company specific food safety management system[J]. Trends in Food Science & Technology, 2009, 20(6): 300-312.
③ Dreyer Marion, Renn Ortwin, Cope Shannon, et al. Including social impact assessment in food safety governance[J]. Food Control, 2010, 21(12): 1620-1628.
④ Zhang Xiangrong. Research on the evaluation index system of the effectiveness of food quality safety market admittance system[J]. Journal of Agricultural Science, 2011, 3(3): 240-245.
⑤ Gelse Roseanne White.Risk management key to food safety[J]. Business Insurance, 2012, 46(25): 12-13.

Gkogka 等[①]根据荷兰熟食店生产的肉制品存在含有李斯特氏菌的风险案例，采用随机效应模型检验发现 ALOP 与 FSO 存在显著的正相关关系，并对二者在企业实践中的结合运用进行了探索。

5. 简　评

（1）逐步向共同治理模式或综合治理模式转型。2009 年实施的《食品安全法》明确了我国食品安全监管采用"多部门分段监管模式"，2010 年我国设立了国务院食品安全委员会，作为国务院食品安全工作的高层次议事协调机构，2013 年新成立的国家食品药品监督管理总局将原过于分散的监管主体进行了部分合并。可见，目前我国尚处于自上而下的以食品安全监管改革为核心的阶段，代表公众利益的消费者协会、食品行业协会、专家团体等非政府力量共同参与治理的作用还未能得到充分体现，可能会导致监管政策的民主性、科学性与可行性不足。前述文献表明，西方发达国家采用的共同治理模式或综合治理模式均重视政府、非政府组织和公众团体等利益相关者在风险评价、标准制定、安全监管等各环节、全过程、全方位的参与，而非单一片面的政府监管。因此，建议基于我国的人文环境，借鉴同属大陆法系的欧洲经验，在法规政策的制定和机构设置中充分保障消费者协会、食品行业协会、龙头企业、专家团体、公众团体等非政府利益相关者的权益，引导他们与政府部门共同参与食品安全形势分析、研究部署和统筹指导食品安全工作、提出食品安全监管的政策措施，以及督促落实食品安全监管责任等决策，促进我国目前以监管为重心的食品治理模式逐步向共同治理模式或综合治理模式转型。

（2）开展对我国多重消费者理性的调研工作并制定实施配套政策。前述文献显示，国外学者发现由于消费者所处的经济与社会文化环境、个体偏好、信息需求等存在差异，因此对食品质量、食品安全、食品伦理等问题的理解存在诸多甚至重大差异，即消费者对食品具有多重理性。我国幅员辽阔、地域经济与文化差异大、多民族文化共存、饮食文化种类丰富，消费者多重理性客观存在。但是，目前对我国多重消费者理性的研究尚为空白，也无相应的政策措施。因此，建议政府组织力量根据经济发达与欠发达地区，城市与

[①] Gkogka E, Reij MW, Gorris L GM, et al.The application of the appropriate level of protection (ALOP) and Food safety objective (FSO) concepts in food safety management, using listeria monocytogenes in deli meats as a case study[J]. Food Control, 2013, 29(2): 382-393.

农村地区，以及不同民族、不同信仰的消费者进行大样本的实地调研工作，摸清我国多重消费者理性的基本大类、主要特征和演化规律等，为我国的食品安全法规与标准制定、风险监测与评估、食品检验等政策制定与完善提供科学可行的依据，以及为恢复当前我国低迷的消费者食品安全信心提供参考。

（3）创新实施国家食品安全信息平台建设。《国家食品安全监管体系"十二五"规划》提出国家食品安全信息平台建设框架由一个主系统（国家、省、市、县四级平台）和各食品安全监管部门的相关子系统通过建立横向联系网络构成，主要发布监测检验、监管执法、法规标准、风险预警等方面的信息，发布方式为信息统一公布制度。根据前述文献分析可见，欧美国家运用食品安全网络治理和媒体治理的主要服务对象是消费者，目前其网络治理低效的原因是对消费者的信息需求、信息解读能力、信息获取渠道等认知不清。然而，从我国食品安全信息平台的框架、信息内容和发布渠道来看，目前服务的主要目的是国家监管部门之间的信息共享，并且信息的专业性强且相对零散，公布渠道的便利性与有效性不足。因此，建议在国家食品安全信息平台中整合由食品企业提供的食品安全信息、可追溯信息、诚信信息和消费者及其他组织的反馈信息等相对系统的信息；既要披露原生的专业术语信息，也要提供广大非专业人员能够解读的解释性信息；既要保持现行的"黑名单"制度，还需实施"红榜单"制度，让消费者采用"用脚投票""弃暗投明""惩黑奖红"等方式对食品安全进行实效性治理；在保障信息的一致性和权威性的前提下，采用政府官网、企业网站、主流网络媒体、食品类主流大众报刊等进行多渠道传播信息。

（三）启　示

回顾已有文献可以发现，目前国内外有关学者对食品企业社会责任的理论研究已日趋完善，在食品企业特殊的社会责任维度（食品安全责任）治理方面取得了丰硕成果，为今后开展更深入的研究提供了条件。然而，现有文献还并不完备，有些问题需要进一步探讨，主要表现在以下几个方面：

1. 缺乏针对食品行业的专门研究

现有文献在研究企业社会责任与财务绩效的关系时缺少对特定行业的关注，而不同行业的社会责任侧重不同，可能导致社会责任与财务绩效的关系有所差别。Brammer 等人（2006）①的研究也表明，行业的差异会对两者间关系产生较大影响。当前食品安全问题颇为严峻，食品企业肩负着食品安全这一特殊的社会责任，我国《食品安全法》也将食品企业界定为食品安全第一责任人，因此有必要针对该行业的社会责任进行专门的研究。

2. 缺乏针对食品企业文化的定量测量研究

这表现在以下几个方面：一是现有的企业文化测量还处于构建具有普适性的企业文化测量工具，缺少分行业研究，在食品行业陷入食品安全信任危机的当下，有必要针对该行业进行专门的研究；二是对食品行业的企业文化研究尚处于定性分析阶段，缺少定量研究；三是具有影响力的企业文化测量模型多是以组织有效性、文化层次结构或个体与组织契合等角度作为切入点，虽然已有学者开始针对我国现状寻求新的研究角度，但是尚未有文献从社会责任理论角度构建企业文化测量模型。

3. 缺乏对企业社会责任伦理动因的研究

目前，国内外学者在研究促进企业社会责任机制的时候，更多考虑的是制度动因或经济动因，鲜有学者从伦理动因的角度进行分析，因此企业文化与企业社会责任之间关系的实证研究较少。

4. 对企业文化、社会责任、财务绩效三者的作用机制缺乏系统的、整体的研究

现有文献多是针对企业文化与财务绩效、企业社会责任与财务绩效两方面关系的研究，缺少对这三者间作用关系的整体探讨。

基于以上研究空间，我们将首先从社会责任理论出发，以我国食品饮料业上市公司（含酒类公司）和非上市公司（主要是广大中小食品企业）为样本，利用扎根理论等方法来构建食品行业的企业社会责任与企业经济绩效等重要因素的作用机制模型，并在此基础上设计测量量表和开展问卷调研，使重要变量得以客观量化；其次，构建食品企业"企业社会责任—企业荣誉—企业经济绩效"作用框架来分析三者之间的作用关系；最后，根据研究结论提出相关政策建议。

---

① Brammer S., Williams G., & Zinkin J. Religion and attitudes to corporate social responsibility in a large cross-country sample[J]. Journal of Business Ethics, 2007, 71(3): 229-243.

第三章 理论分析

企业社会责任（Corporate Social Responsibility，CSR）是20世纪初以来凸现于西方国家诸多学科领域的一个重要关键词，是建构企业与社会和谐发展、共生互动的一种基本思想。企业社会责任理论蕴涵丰富，观点分歧较多，至今未能形成相对一致的共识。"企业社会责任"概念于1924年由美国学者谢尔顿（Oliver Shldon，1924）在其著作《管理哲学》中首次提出。[1]美国佐治亚大学教授、该领域著名学者卡罗尔（Carroll，1998）认为最早可查证的论述企业社会责任的文献是巴纳德（Chester Barnard，1938）的《管理者的职能》，以及克拉克（J. M. Clark，1939）的《商业的社会控制》和索德（Theodore Kreps，1940）的《商业社会质量的衡量》。[2]对企业社会责任的正式研究是由博文（Howard R. Bowen）在1953年出版的《商人的社会责任》一书开始的，该书提出了"商人应该为社会承担什么责任"的问题，开创了现代企业社会责任研究的先河，被学者们认为是第一本关于企业社会责任的权威著作，卡罗尔据此认为博文是"企业社会责任之父"。该书的出版引发了学界对企业社会责任研究的热潮。[3]企业社会责任成本是企业社会责任行为的必然结果，因此，企业社会责任理论是企业社会责任成本理论的动因理论，是企业社会责任成本的源流性、基础性理论，对企业社会责任理论进行梳理并结合成本问题进行创新是研究企业社会责任成本问题的必要前提。

---

[1] Oliver Sheldon. The philosophy of managment[M]. London, Sir Isaae PitmanandSons Ltd, 1924: 70-99.
[2] ArchieB. Carroll. Stakeholderthinking in Three Models of Management Morality: A perspeetive with strategic implieations. The corporate and its stakeholders: classie and contem porary readings[C]. University of Toronto Press, 1998: 139-170.
[3] A. B Carroll. A three dimensional conceptual model of corporate social performance[J]. Academy of Management Review, 1979, 4(4): 497-505.

一、企业社会责任的含义

目前理论界对企业社会责任的含义认识分歧较大，归纳起来，主要有经济责任论、非经济责任论和多元责任论三种观点。

（一）经济责任论

经济责任论认为，企业唯一的社会责任就是在追求股东利益最大化的过程中向社会提供物质产品和劳务。企业社会责任研究史上经典的"贝-多"论战和"弗-萨"论战正是以企业社会责任是否赞同经济责任论观点为焦点展开的。

1."贝-多"论战（"哈佛论战"）

1931年，贝利（Adolf A. Berle）在《哈佛法律评论》上发表了著名论文——《作为信托中权力的公司权力》，其中提出了公司的管理者是谁的受托人问题。他认为，企业管理者只能是企业股东的受托人，企业管理者的权力有必要加以规范和限制，他们的一切权力只有在能够为股东带来可判定的利益时，才是适当的，法律应当保护股东的利益，防止管理人员放弃追求股东利益的任何可能性。贝利的论文发表后立即引起了多德（E. Merrick Dodd,1931）的激烈回应，他也在《哈佛法律评论》上发表论文《公司的管理者是谁的受托人》，认为企业是既具有盈利功能，又具有社会服务职能的经济机构，企业管理者不仅受托于股东，还受托于雇员、消费者和广大公众。企业应当树立对雇员、消费者和广大公众的社会责任观，企业的权力来自企业所有的利益相关者的委托，因此应当以兼顾实现股东利益和社会利益为目的，企业管理者应当自觉地履行这种责任。贝利在1954年承认，"笔者与已故的多德教授展开了一场争论……笔者认为公司的权力是为股东利益设定的信托权力，多德教授则主张这些权力是为全社会的利益而拥有。显然，这场争论以多德教授的观点获胜告终。"[①]

2."弗-萨"论战

作为企业社会责任问题的早期研究者，诺贝尔奖得主弗里德曼

---

① 卢代富. 企业社会责任的经济学与法学分析[M]. 北京：法律出版社，2002：96-137.

（Friedman，1970）在《资本与自由》一书中明确指出，"企业有且只有一个社会责任——使用它的资源，按照游戏规则，从事增加利润的活动，只要它存在一天它就如此……如果企业管理者接受这种社会责任的观念，而不是尽可能地为股东创造价值的话，那就几乎没有什么倾向能如此彻底地破坏我们这个自由社会的基础了。"弗里德曼（1970）还认为，企业仅有的社会责任就是通过合法途径去增加利润，因此捐助慈善事业等行为，将会减少企业的利润或提高产品的售价，对企业发展不利，不应当被认可。简言之，弗里德曼（1970）认为"企业社会责任就是对股东的经济责任"。另一诺贝尔奖得主萨缪尔森则持与前述多德相同的观点与弗里德曼展开了激烈的论战。[1]

此外，诺贝尔奖得主哈耶克也主张经济责任论，他认为企业社会责任是有悖于自由的，因为企业广泛频繁地参与社会活动将会引起政府干预的不断强化，企业履行社会责任的结果将会扭曲为不得不按照政府的权威指令行事，从而损害自由，他在著作《致命的自负》中把企业的社会责任和社会义务归入"被毒化的语言"之列而大加批驳，认为任何对利润最大化目标的偏离都将危及公司的生存，并使董事获得无休止追求社会目标的难以控制的权力。[2]

（二）非经济责任论

非经济责任论是一个将企业社会责任作为与企业经济责任相区分的概念，它认为企业社会责任行为涵盖了不包括利润最大化目标的所有促进社会进步和增进社会公益的行为。非经济责任论是企业社会责任论的传统观点。

企业社会责任之父博文在1953年出版的著作《企业家的社会责任》中指出，企业界的义务是追求所有符合社会价值观和满足社会公益的所有活动。[3]布鲁梅尔将"企业经济责任"与"企业社会责任"作为平行的概念，一起归在"企业责任"概念之下，表明他对此二者是加以严格区分的。[4]美国经济发展委员会（CED）在1971年发表的《商业企业的社会责任》报告中列举了10类共58种增进社会利益的企业社会责任行为，并要求企业付诸实施。这

---

[1] F reedom, Philanthrony. An Interview with milton firedman[J]. Business and Soeiety Rview, 1989: 71.
[2] 哈耶克著. 致命的自负[M]. 冯克利, 胡晋华, 译. 北京: 中国社会科学出版社，2005: 33.
[3] Howard R. Bowen. Soeial rersonsibility of the businessman[M]. New York: Harper, 1953: 6.
[4] 卢代富. 企业社会责任的经济学与法学分析[M]. 北京: 法律出版社: 96-137.

些企业社会责任行为涵盖了雇员、消费者、债权人、社区、政府等诸多方面的利益。同时，美国经济发展委员会在该报告中还明确指出，这份报告的宗旨是讨论当代美国社会中商业企业的社会责任问题，该报告主要关注企业责任中的社会方面而非经济方面。

我国学者卢代富（2001）认为，确立企业社会责任，分清企业社会责任与企业经济责任的边界，揭示二者的矛盾统一关系，在此基础上寻求二者的平衡与良性互动，是早期企业社会责任倡导者孜孜以求的目标。他还认为，将"企业经济责任"归作"企业社会责任"子维度的做法（即多元责任论），与其说是对企业社会责任的发展，不如说是对企业社会责任反对者的妥协，因为它试图在"企业社会责任"之中装入"企业经济责任"的内容，以此博得企业社会责任反对者的同情、支持或接受。其进一步的结果，是改变了企业社会责任应有的、本来的意义，背离了企业社会责任理论建构的初衷，同时，使"企业社会责任"成为一种无所不包的"大杂烩"，进而不仅使"企业社会责任"作为一种理论构架基本概念的科学性和生命力存在疑问，模糊甚至掩盖了企业社会责任与企业经济责任的冲突，也使解决这种冲突的努力可以轻易地被忽略。为了更好地朝着这一目标走下去，学术界应当正视企业社会责任与企业经济责任的不同与冲突。[①] 此外，李正、向锐（2007）也与卢代富持相同观点。[②]

（三）多元责任论

多元责任论者认为，企业在谋求股东利益最大化之外还负有维护与增进社会公共利益的义务。企业社会责任是一个涵盖各种企业责任从而与企业责任几乎等同的概念。例如，迈克奎尔（McGuire，1963）将企业社会责任定义为公司不仅应当承担经济责任与法律责任，还应对社会承担一些其他责任。[③] 戴维斯和布鲁士（Davis & Blomstrom，1971）提出的"同心圆理论"认为：企业社会责任由三个同心圆构成，其中内圈是经济功能的基本责任，主要是产品、工作和经济增长；中圈是改变社会价值和优先权的反应意识以执行经济功能的责任，主要是环境保护、雇佣、员工联系等；外圈是新出现的

[①] 卢代富. 国外企业社会责任界说述评[J]. 现代法学，2001年第6期，137-144.

[②] 李正，向锐. 中国企业企业社会责任信息披露的内容界定、计量方法和现状研究[J]. 会计研究，2007（7）：3-11.

[③] Mc Guire J. W. Business and Society[M]. New York, Mc Graw Hill, 1963.

和未确定的责任,即公司应重点关注的贫困、自然灾害、疾病等社会问题。①卡罗尔(Carroll,1979)认为,完整的企业社会责任应当是经济责任、法律责任、道德责任和自由决定的责任(或慈善责任)之和。其中,经济责任要求企业在盈利的同时提供社会需要的产品或服务;法律责任要求企业负有依法生产经营、依法追求利润的义务;道德责任要求企业的行为模式遵循道德标准;自由决定的责任要求企业的活动在超越其经济、法律、道德责任要求的同时,能够做有利于社会的事。卡罗尔认为这四种社会责任的构成关系是一种金字塔结构,经济责任是"塔基",占的比重最大,法律、伦理以及自由决定的责任的地位和比例依次向上递减。②卡罗尔的多元社会责任理论在学术界相当流行,被引证的频率非常高,国内学者宋献中、龚明晓、沈洪涛、颜剩勇、陈留彬、张明、李艳华等也是多元社会责任论的支持者。

施瓦茨与卡隆(Schwartz & Carron,2003)提出企业社会责任的经济、法律、道德"三领域模型",认为这三个领域同等重要,由卡隆所提出的慈善责任包含在道德或经济领域中。在这三个领域中,经济领域是"那些意图对企业有直接或间接正面经济影响的活动",法律领域是"商业企业对反映社会统治者意愿的法律规范的响应",道德领域是"普通大众和利益相关者期望的企业道德责任"。伍德(Wood,1991)在卡罗尔的企业社会责任四成分说的基础之上,提出了新的企业社会表现模型。他认为企业社会表现是一个由企业的社会责任原则、社会响应过程、与企业社会关系有关的可观察到的结果总和。因此,企业社会表现包含三个层次:第一层次为社会责任原则,其应用是制度化的,是以作为商业组织的企业的基本义务为基础的;第二层次为社会响应过程,企业的社会响应是企业对社会压力的反应能力,它表明一个商业组织能否适应环境变化的生存能力;第三层次为社会责任的结果,它包含内部利益相关者效果、外部利益相关者效果与外部机构效果三个要素。③社会责任的结果只有通过利益相关者的评价才有意义,为了断定企业社会责任是否带来差异,在任何社会表现评估体系当中都应该将其包括在内。

---

① 郑若娟. 西方企业社会责任理论研究进展——基于概念演进的视角[J]. 国外社会科学, 2006, (2): 34-39.

② Carroll A. B. A three-dimensional conceptualmodel of corporate social performance[J]. Academy of Management Review, 1979, (4): 497-505.

③ Wood Donna J. Corporate social performance revisited[J]. Academy of Management Review, 1991, 16(4): 691-718.

管理学界对于企业社会责任的看法并无大的分歧，从早期的泰罗、法约尔、梅奥、巴纳德、孔茨、德鲁克到近期的明茨伯格、科特、波特、科特勒、哈默、普拉哈拉德、哈梅尔、沃勒菲尔特、肯特等，大多支持多元责任论。彼得·德鲁克的观点最具代表性，他指出：无论是有意还是无意，人们都必须对他们所造成的影响负责，这是第一条规则；管理当局无疑要对他们的组织所造成的社会影响负责，这是他们的义务；无论是一个企业、一家医院或一所大学，它对社会所要承担的责任可能在两个领域中产生：一个领域是机构对社会的影响，另一个领域是社会本身的问题。这两个领域中产生的问题都与管理密切相关，因为管理人员所管理的机构必须生存于社会之中。当然，彼得·德鲁克也指出：社会责任的要求并不像绝大多数书籍、文章所讲的那么简单，但也不能像弗里德曼所极力主张的那样对它置之不理。企业履行社会责任是有限度的，首先是最低限度的利润要求，这是管理当局的首要职责；其次是能力的限度，不要去做无能为力的事；最后是职权的限度，责任与职权是同一硬币的两面，履行社会责任的职权应该合法，否则就是篡权和不负责任。①

二、企业社会责任与企业经济绩效关系的理论基础

企业社会责任问题是目前法学、经济学、管理学、伦理学、环境学等诸多学科研究的交叉性热点问题，这些不同学科领域的学者基于不同的理论视角，结合各自的学科特点对企业社会责任与企业经济绩效作用关系的理论与方法进行了日益广泛深入的研究。目前，具有代表性的理论基础主要有以下几种：

（一）利益相关者理论

真正意义上的利益相关者理论研究开始于20世纪70年代，研究高潮出现在1984年弗里曼（Freman，1984）出版的名著《战略管理：利益相关者方法》之后。弗里曼运用利益相关者理论回答了企业的经营活动应该对谁承

---

① P. F. 德鲁克. 管理：任务、责任、实践[M]. 北京：中国社会科学出版社，1987：88-103.

担社会责任的问题。在他看来,"企业的利益相关者是指那些能够影响企业目标的实现或被企业目标的实现所影响的个人或群体",具体包括出资者、供应商、客户、雇员、社区、自然环境等。①这一概念除了突破股东利益至上的传统观点,更重要的是,为企业社会责任的实施提供了一个有解释力的分析工具。不同于关注一般回应、特定议题或公共责任原则,利益相关者理论清晰地提出了企业社会责任管理的对象及相关责任,由于其具有较强的可操作性,在管理学中得到了广泛的应用。自从利益相关者理论提出后,利益相关者管理与企业绩效的关系问题成为该理论研究的一个重要领域。理论研究方面,学者们主要是从交易成本理论、企业资源基础理论、企业核心竞争力理论、知识管理理论等不同的理论视角揭示和阐述有效的利益相关者管理推动企业绩效提高的机制与规律;实证研究方面,学者们沿着两种不同的研究思路展开:一种思路是运用案例研究方法考察企业利益相关者管理政策对企业绩效的影响,另一种思路则是将利益相关者管理等同于企业履行社会责任,通过研究企业社会绩效(即履行社会责任的状况)对经济绩效的影响来揭示利益相关者管理与企业绩效的内在联系。我国学者陈宏辉、贾生华、沈洪涛、龚明晓、陈立勇等也从管理学、会计学等方面作了相关实证研究。

(二)资源依赖理论

20世纪60年代以来,组织与环境的关系成为组织理论研究的重要课题,将组织问题与环境问题联系起来的资源依赖理论逐渐盛行。该理论的基本假设是,没有任何一个组织是自给自足的,所有组织都必须为了生存而与外部环境进行交换,组织对资源的需求产生了其对外部环境的依赖。组织所需要的资源包括人员、资金、社会合法性、顾客、技术和物资投入等。而在今天有形资源日益趋同、易被模仿的环境中,诸如社会合法性、良好信誉等无形资源的获得成为企业绩效差异化的重要来源。由于资源培植具有路径依赖性和累积性,企业在长时间内建立的积极声誉不可能被竞争对手轻易地破坏,并且无形资源的获得途径不只局限于市场,更多的是通过企业与利益相关者的互动交易过程来获得的。只有那些被利益相关者认可,即具有优质无形资源的企业才可能获得资金、人才等有形资源,从而更好地生存和发展。这样,

---

① Friedman, Milton. The Social Responsibility of Business is to Increase Its Profits[N]. New York Times Magazine, 1970(9): 13, 122-126.

无形资源促进了有形资源的有效获得，良好的企业社会绩效有助于企业获得更多的资源，由此给企业带来良好的经济效益。

（三）经济伦理理论

20世纪70年代，一批哲学家开始从伦理学视角研究企业社会责任，他们的研究得益于早期生物医药伦理的启发，尝试将系统的伦理理论、哲学分析方法与经济学相结合，试图建立一种经济伦理框架，弥补企业社会责任研究中存在基本概念模糊和理论基础薄弱的不足。从20世纪80年代起，来自管理学、经济学、法学及其他领域的研究者也开始涉足经济伦理议题，他们基于不同的学科视角，提出不同的观点，采用不同的方法进一步推进该领域的研究，逐步从原来零散的、个别议题的研究，转向具有内在一致性的系统性、综合性的研究，最终使经济伦理独立为一个重要的学术领域。20世纪90年代初，经济伦理的研究更加注重将适当的伦理政策与战略融入到企业的组织管理中，并开始在实践中广泛应用，许多公司通过建立公司行为规范、实施伦理培训项目、指派公司伦理官员、建立伦理委员会等措施来实施企业的伦理管理。目前，经济伦理在西方国家尤其是美国已经成为一个被广为接受的经营概念与管理实践活动。

（四）企业公民理论

20世纪80年代企业公民概念在企业社会责任研究领域开始出现，20世纪90年代以后，随着全球性的企业公民运动的普及，企业公民概念的应用日趋广泛，但仍然缺乏统一的含义。目前有三种代表性的企业公民含义：第一种企业公民的含义与企业慈善活动、社会投资活动或对当地社区承担的某些责任行为相近；第二种企业公民的含义与企业社会责任类似，已成为目前最普遍的观点，其中卡罗尔的观点最具有代表性，他认为"有社会责任的公司应该努力创造利润，但必须遵守法律、遵循道德，成为一个好的企业公民"；第三种企业公民的含义认为企业对社区、合作者、环境等都应当履行一定的责任和义务，责任的范围甚至可以延伸至全球。[1]当今，"企业公民"不仅是一个理论研究的课题，而且已经成为一种全球性的社会运动，它将经济行为

---

[1] The Center for Corporate Citizenship at Boston College.The value proposition for corporate citizenship[R]. http://www.bcccc.net.2005.

与更广泛的社会信任相联系，为所有利益相关者服务。企业公民理论特别强调企业作为社会中的经济实体必须承担与个人类似的义务，同时拥有相应的权利。

（五）新制度经济学理论

一些学者认为，新制度经济学理论是企业社会责任重要的理论依据。该理论认为，企业是作为一个"统一的交易管理"的制度形式出现的，其目的是为了改进授予不同资产主体之间交易关系契约的不完美性。由于受市场、时机、资金等条件的约束，企业与消费者所掌握的信息必然不完全，交易双方之间存在着严重的信息不对称，加之各方的认知能力不同，所以获得信息的权利和渠道也不同。因此，机会主义行为和市场上的"逆向选择"行为可能存在，企业失信和欺诈等违反商业道德的行为就有了存在的空间。诺奖得主、新制度经济学派代表人物之一诺思认为，"制度是一个社会的游戏规则，或者更正式地说，是定义人类交往的人为的约束。"[1]制度的存在虽然与市场完全竞争的条件相悖，但是其目的正是为了降低交易费用，帮助交易主体稳定，促使交易能够有效顺利地进行。制度既包括法律、公司规章制度等正式制度，也包括文化、民间习俗、道德伦理、意识形态等非正式制度。根据新制度经济学理论，企业社会责任也是一种制度，它包含正式制度和非正式制度，二者均有结合企业社会责任特点的理论解释和实践指导。阿尔钦和德姆塞茨等经济学家在新制度经济学框架下提出了契约理论，其核心概念"契约"是指人们用来界定契约双方的责任与权利的手段，但受企业内外部市场中的不确定性、信息不对称性的制约，在签订、履行契约过程中往往暗含着许多缺陷，会造成"契约"失灵，存在有限理性、机会主义动机的参与者很可能"搭便车"。因此，在企业社会责任活动中，法律、契约等正式制度和伦理道德等非正式制度都是十分必要的。

三、企业社会责任与企业经济绩效关系的实证研究

对企业社会责任的实证研究主要集中在企业社会责任绩效与企业财务业

---

[1] 卢现祥. 西方新制度经济学[M]. 北京：中国发展出版社，2003：39-42.

绩的关系方面，其主要意义在于为企业社会责任思想的实践提供有力的经验证据。根据格里芬和马罗（Griffinn & Mallno，1997）的考证，最早提出关于企业社会责任与财务绩效关系问题的是巴顿和马林（Bargdon & Marlin，1972）。[①]迄今为止在国际级期刊上发表的实证论文约有100余篇，这些论文得出了三种不同的结论：企业履行的社会责任（或产生的社会绩效）与企业财务绩效可能具有正相关、负相关或不相关关系，其中支持正相关的论文占了大多数。格里芬和马罗（Griffinn & Mallno，1997）发表了题为"公司社会责任与公司财务业绩之争"的文章，对从1972年到1994年间该领域经过同行评审发表的51篇论文进行了回顾。结果发现，支持正相关的文献有33篇，支持负相关的有20篇，支持不相关的有9篇。这51篇论文中，部分论文因为采用了多种实证研究方法还同时得出正相关和负相关，或正相关和不相关，或负相关和不相关等不确定的结论。罗曼、海伊博和阿格尔（Roman et al，1999）在格里芬和马罗的基础上，对相同的51篇论文加上后来新发表的4篇论文，采用了实质性的分类方法重新进行了分类，得出了与格里分和马罗不同的结论。具体为：企业社会责任与企业财务业绩正相关的有33篇，企业社会责任与企业财务业绩不相关的有14篇，企业社会责任与企业财务业绩负相关的有5篇。在采用了更加科学的分类方法之后，发现更多结论支持企业社会责任与企业财务业绩具有正相关关系的结论。[②]国内学者李正（2005）、沈洪涛（2005）、宋献忠和龚明晓（2007）、郭红玲（2006）、陈玉清和马丽丽（2005）等选用不同的样本、采取不同的方法、设置不同的变量对企业社会责任与企业财务业绩的关系进行了实证研究，也得出正相关、负相关和不相关三种结论。[③]

四、企业社会责任的实践进展

实业界开展的企业社会责任运动多以保护劳工权利为主线，早在18世

---

① Griffin J, Mahon J. The corporate social performance and corporate financial performance debate: Twenty FiveYears of Incomparable Research[J]. Business and Society, 1997(3): 361.
② 郭红玲. 国外企业社会责任与企业财务绩效关联性研究[J]. 生态经济, 2006（4）: 83-86.
③ 李正. 公司社会责任与公司价值相关性研究[J]. 中国工业经济, 2006（2）: 77-83.

纪 90 年代英国消费者抵制东印度公司强迫奴隶超负荷劳动生产糖制品的运动，就产生了历史上第一次企业社会责任行动。20 世纪 80 年代以后，企业社会责任运动在欧美发达国家逐渐兴起，其主要内容包括环境保护、劳工权益保护和人权保护等方面，其主要导向是引导消费者将关注焦点由单一的产品质量，转向产品质量、环境、职业健康和劳动保障等多个方面的综合效果。20 世纪 90 年代初，美国劳工及人权组织开展的"企业生产守则运动"，2000 年后国际标准化组织（ISO）制定的 ISO9000 质量体系和 ISO14000 环境体系，经济优先权委员会（CEP）制定的 SA8000 劳工认证标准等，为保证产品质量、生态环境、劳工权益等提供了指南。2001 年爆发的安然事件等系列公司财务丑闻事件不仅将企业社会责任运动引入了史无前例的企业诚信领域，还将政府的立法管制首次纳入企业社会责任运动中，例如，美国于 2002 年通过的《萨宾斯——奥克斯利法案》，就是用于规制上市公司的内部管理，增强资本市场的信息透明度。2002 年，中国证监会和国家经贸委联合制定并颁布了我国《上市公司治理准则》，该准则首次对上市公司提出了社会责任的要求，明确了公司要尊重和维护利益相关者的利益，重视社会责任，并要求上市公司应按照法律、法规及其他有关规定，披露公司治理的相关信息。深圳证券交易所于 2006 年发布施行的《深圳证券交易所上市公司社会责任指引》，要求上市公司在财务报告中披露对国家和社会的全面发展、自然环境和资源，以及股东、债权人、职工、客户、消费者、供应商、社区等利益相关者所应承担的社会责任信息，对我国上市公司履行企业社会责任、披露企业社会责任信息起了重要的推动作用。

　　20 世纪 80 年代末，欧美发达国家的多数企业面临着越来越大的环境压力，各国政府开始制定法规要求企业披露必要的环境信息，投资者也逐步意识到企业的环境绩效会影响到自己的投资收益。从此以后，环境信息开始出现在企业的年度报告中，其在企业年度报告中所占的比重日益增大，内容逐步延伸到企业的其他非财务活动领域。在这一过程中，有的企业还采取编制一份独立报告的方式，更系统、更详细地披露企业的环境活动信息，这就是企业社会责任会计的重要分支——环境会计的独立报告的雏形。据统计，至 1998 年，全球《财富》排名前 250 强的企业中有 35% 的企业发布了独立的环境报告，日本到 2000 年累计有 430 家企业发布了独立的环境报告。这一时期，除了环境报告外，也有企业发布反映企业社会责任的其他种类的非财务报告，比如，有不少能源、化工企业编报了企业环境、健康与安全报告（简称 EHS 报告），主要用于披露企业在环境保护、职业健康维持、生产安全保障等方面的绩效；也有企业编制企业社会报告，主要用于披露企业的生产经营活动对社会发展的影响。①

2000 年以来，反映企业社会责任的非财务报告的名称和内容又发生了新的变化，该变化得益于企业公民理念和企业社会责任思想的迅速深化。有的企业将社会责任报告在形式上和内容上改为企业公民报告，有的企业虽然在名称上仍然称为社会责任报告，但内容上有了新的变化。更重要的是，报告的内容从单一的生态环境信息、劳工权益责任信息或产品质量信息，变为多种信息的综合，有的还加上一些企业经济绩效方面的内容；报告的作用也由原来主要向投资者提供环境信息，变为向全部利益相关者披露企业全方位的社会责任信息。同期诞生的企业社会责任报告形式还有企业可持续发展报告，倡导这一名称的是成立于 1997 年的全球报告倡议组织（GRI）。可持续发展报告鼓励企业从经济、环境、社会三个方面全面披露相关的非财务信息。全球报告倡议组织于 2000 年发布了第一版可持续发展报告指南，并逐步在全球多数地区推广，并于 2002 年、2005 年分别发布了第二版、第三版可持续发展报告指南，其中第三版可持续发展报告指南得到了更多大企业的支持，这些企业纷纷改用可持续发展报告作为企业社会责任报告，目前已经成为一种主流方式。截止 2005 年，在发布可持续发展报告的全球前 250 强公司中，有 68% 的企业使用了可持续发展报告。①

我国企业编报可持续发展报告的起步较晚。第一份报告可追溯至 1999 年，壳牌中国公司率先发布企业可持续发展报告，其后是中国石油天然气股份有限公司于 2001 年发布的企业健康安全环境报告。后来，福特汽车、宝钢股份、中国平安、东芝中国、江西移动等也先后加入到这一行列中来，但这些企业采用的报告名称与形式差异较大。例如，福特汽车和中国平安的报告名称为企业公民报告，宝钢股份的报告名称为企业环境报告，东芝中国的报

---

① 该数据摘自毕马威（KPMG）2005 年发布的全球调查报告 KPMG International Survey of Corporate Responsibility Reporting 2005. 该调查从 1993 年开始，每三年一次，2005 年的调查报告为第五次，内容涉及了全球 1600 多家领先企业的责任报告，其中包括全球 500 强企业的 250 家（G250），共 16 个国家的企业参与调查，并且都是该国的前 100 强企业（N100）。报告中定义的企业责任报告是广义上的可持续发展报告，它包括了企业发布的环境报告、社会责任报告、环境健康与安全报告、可持续发展报告以及整合了财务和非财务信息的企业年度报表等各种形式的报告，这些报告的内容都反映了可持续发展中经济、环境和社会业绩中的一个方面或几个方面。

告名称为企业社会责任报告，江西移动的报告名称为企业责任报告。截至2005年年底，在中国发布实质上是企业可持续发展报告的企业仅有7家，在市场上并未引起较大的反响。2006年3月，国家电网发布内资企业的首份可持续发展报告（原报告名称为企业社会责任报告），受到中央政府的充分肯定，此后有多家企业编报了企业可持续发展报告，2006年共发布报告18份。截至2007年年底，在中国发布可持续发展报告（或社会责任报告）的内外资企业共有83家。①

五、简评与启示

目前，对企业社会责任含义的认识未达成共识，长期进行广泛深入的理论争辩虽然有利于探寻企业社会责任的本质，但也延缓了企业社会责任由理论探讨向实践推广的进程，这对企业社会责任的研究反而是不利的，因为从企业的实践活动中去验证各种理论是不可或缺的。基于利益相关者理论等多种理论视角对企业社会责任进行研究，是与企业社会责任本身具有多种价值观基础、多学科综合性等特征相适应的，但目前基于这些视角的理论基础与企业社会责任的概念体系缺少联系，并且基于联系的视角对企业社会责任进行深入的理论研究与实证研究成果较少。对于企业社会责任与财务绩效关系的实证研究，目前国内外文献均未取得一致的研究结论，有正相关、负相关、不相关三种结论并存，这使得学界仍然未能回答"污染有利可图吗？"这一经典难题，所以还需要从更广泛、更深入、更实际的视角进行实证检验。

本书的重点不在于探讨企业社会责任的本质含义，因此不对经济责任观、非经济责任观、多元责任观等企业社会责任的本质观作详尽的区别与取舍探讨，而是在企业社会责任的研究中坚持当前的主流观点，认为企业应当承担社会责任，即赞同非经济责任观和多元责任观，不赞同经济责任观。目前有关企业社会责任的实证研究文献大多采用"企业社会责任""企业社会责任水平""企业社会责任供给"等含义与内容笼统模糊的指标设置变量，或采用将

---

① 商道纵横. 中国企业可持续发展报告研究——价值发现之旅[R]. http://www.syntao.com.

企业责任成本与企业社会责任绩效混在一起的"企业社会绩效"等指标进行企业社会责任与企业财务绩效关系的实证研究，结果很难发现二者的关系规律，无法回答企业社会责任成本包含哪些类别和内容。企业社会成本的发生是否能够得到经济补偿，我国企业社会责任敏感的主要行业补偿的平均周期是多长，企业社会成本与企业财务绩效可能的相关曲线轨迹大致是怎样的，等等。我们在克服以上不足的基础上对这些问题进行探索。

第四章 食品企业社会责任评价

一、企业社会责任评价的主要理论依据

很多学者认为企业社会责任不应再仅仅局限于传统的经济目标范畴内，而是要超越经济目标以实现社会的整体福利（Frederiek, 1960; Davis, 1960; McGuire, 1963）[1]。为了更深入的了解企业社会责任的概念、来源和内容，学者们分别引入了企业公民理论、利益相关者理论（Johnson, 1971; Wood, 1991）和社会契约理论（Donnaldson 和 Dunfee, 1999）等，以从不同视角对企业社会责任的理论基础进行探讨。另外，Carroll（1979）[2] 提出了层次责任理论，并构建了颇有影响力的"金字塔模型"，经济责任在模型的底部，向上依次是法律责任、伦理责任和慈善责任（Carroll, 1991）[3]。Elkington（2000）[4] 提出了著名的三重底线理论，将经济表现、环境表现和社会表现看作企业贡献的三个基本维度，对企业本质和企业目标定位提出了新的要求。学术界主要基于利益相关者理论、"金字塔"理论、"三重底线"理论三大理论对企业社会责任进行评价研究。

（一）利益相关者理论

根据 Freeman（1984）[5]最具代表性的观点，利益相关者包括企业的股东、债权人、雇员、消费者、供应商等交易伙伴，也包括政府部门、本地居民、本地社区、媒体、环保主义等压力集团，甚至包括自然环境、人类

---

[1] Frederiek. The growing concern over business responsibility[J]. California Management Review, 1960, 2(4): 54-61.
[2] Carroll, A. B. A three-dimensional conceptual model of corporate social performance[J]. Academy of Management Review, 1979(4): 497-505.
[3] Carroll, A. B. The pyramid of corporate social responsibility: toward the moral management of organizational stakeholders[J]. Business Horizons, 1991, 34(4).
[4] John Elkington, Cannibals with forks: The triple bottom line of 21st century business[J]. Journal of Business Ethics, 2000, 23(2): 229-231.
[5] Freeman R. E. Strategic Management: A Stakeholder Approach[M]. Boston: Pitman/Ballinger, 1984.

后代等受到企业经营活动直接或间接影响的客体。这些利益相关者与企业的生存和发展密切相关，他们有的分担了企业的经营风险，有的为企业的经营活动付出了代价，有的对企业进行监督和制约，企业的经营决策必须要考虑他们的利益或接受他们的约束。企业社会责任及其评价的研究，与企业利益相关者紧密相关，自然成为学术界研究企业社会责任评价运用最广泛的理论依据。

李珂（2014）[①]基于利益相关者理论，以建立企业社会责任的外部评价机制为研究视角，针对企业承担社会责任的内在动力不足和外部监督评价不力的问题，考虑将外部监督评价对企业的影响力与企业履行社会责任的内生动力结合起来考察，探究一种能够激发企业主动履行社会责任的利益相关者评价机制；以此为基点来探寻企业社会责任的有效实现途径，在学术界将利益相关者作为一个整体概念来讨论其如何参与公司治理的研究基础上将利益相关者之中的消费者群体单独分离出来作为专门研究对象，以消费者参与企业品牌的监督和评价为突破口，探究有效激励企业产生承担社会责任之内生动力的外部监督评价机制，使这种评价又能进一步影响潜在消费者的购买意向，最终对企业的远期经济利益产生正面激励或负面削减的实质性影响，以有效监督和约束企业的市场行为。

杨春方（2013）[②]认为，评价企业是否承担了社会责任不能仅从企业是否进行了慈善捐赠，是否进入企业社会责任排行榜，是否满足利益相关者的期望等来进行判断，而应从整个社会视角出发，看企业是否增进了社会的整体价值和福利，是否促进了生产力的良性发展来看。就整体社会分工与企业的功能定位来看，企业的基本功能在于为社会创造更多的财富，同时为消费者创造价值、增加就业、促进增长和推动创新等，其主要责任在于经济领域问题的解决，而非政府组织与政府则在企业提供的税收与捐赠的基础上致力于社会问题与政治问题的解决，三者在各自的领域发挥自己独特的功能，各尽所长，相互合作，共同致力社会价值的最大化。对企业来说，评价其是否承担了社会责任应该主要以其经济功能的实现为依据，而不能将其对社会问题与政治问题的解决作为标准。就中小企业经济功能的实现及其对经济发展

---

① 李珂.消费者参与企业品牌监督评价问题研究——以建立企业社会责任利益相关者评价机制为研究视角[J].理论月刊，2014（1）.
② 杨春方.中小企业社会责任的评价模式及其影响测度[J].改革，2013（10）：135-141.

的贡献来看，大多数中小企业已经承担了最基本的社会责任，特别是在就业方面，中小企业以其更低的资本有机构成提供了大部分的就业岗位。由于经济能力的限制，其在道德责任或自愿性社会责任方面与大企业存在一定的差距，但不能因此断定其社会责任缺失。此外，赵杨、孔祥纬（2010）[①]构建了一套基于利益相关者的企业社会责任理论框架与评价模型，得出了以"分项评价"替代"总体评价"才能使评价结果更加科学和客观的结论，并根据向专家调研的结果，设计了"三位一体"的企业社会责任评价计量指标体系。

（二）"金字塔"理论

企业社会责任"金字塔"理论是由 Carroll（1991）提出的，社会责任"金字塔"从下至上分别代表经济责任、法律责任、伦理道德和慈善捐赠，四者共同构成、层层递进；经济责任在金字塔的最底层，印证了获利是所有事物的基础；法律责任在金字塔的第二层，表明企业需要遵守法律，法律是对与错的社会法典，企业要遵守这一强制性的"游戏规则"；道理责任是金字塔的第三层，企业讲道德，有义务做正确、公正、平等的事情，避免伤害；慈善责任在金字塔的顶层，表明需要做一个优秀的企业公民，企业要向社会贡献资源，提高生活质量。如果说，上述四者的比例总数是10，则从下至上的比例依次是4：3：2：1。"金字塔"理论是企业社会责任研究领域原生的理论基础，在理论界和实务界得到广泛认同，是研究企业社会责任评价的重要理论基础。

2007年以来，《WTO经济导刊》杂志社结合金字塔理论与战略管理理论研究并发布了"金蜜蜂企业社会责任·中国榜"，每年公布社会责任履行优秀的中国企业榜单。该榜单主要以调研问卷取得的信息（包括企业社会责任战略与治理、企业与利益相关者的关系、信息披露、责任竞争力案例四大部分）反映企业法律责任、经济责任、道德责任和慈善责任四个维度的履行情况。买生等（2012）[②]基于科学发展观构建了企业社会责任的评价模型，认为科学发展观内涵中所包含的企业间接利益相关诉求可能对企业社会责任评价产生一定的影响作用，并且代表性的社会责任行为结果客观评价标准和评价方法更能表征企业社会责任的绩效；他们以现有的企业社会责任研究框架

[①] 赵杨,孔祥纬.我国企业社会责任履行绩效评价体系构建研究——基于利益相关者理论及分项评价模式[J].北京工商大学学报：社会科学版，2010（6）：48-55.
[②] 买生.企业社会责任绩效评价研究[D].大连：大连理工大学，2012.

为基础，从经济、社会和环境的全面协调与可持续发展角度引入了基于科学发展观的企业社会责任分析框架（包括社会责任、环境责任和市场责任三个维度），构建企业社会责任的客观评价方法和评价指标体系。

王露璐（2011）[①]提出了应当基于经济与伦理内在统一的"经济-伦理"社会责任评价框架。她认为，企业社会责任金字塔理论和三个同心圆理论对企业社会责任划分和担当次序提出了不尽相同的阐释，尽管两者都没有否认企业经济责任和伦理责任可能存在的融合，但两者在实践层面都被理解甚至误读为：经济责任是企业的首要责任，伦理责任是企业的次要责任，企业可以将伦理责任放置于经济责任之外或之后。正是这种企业经济责任和伦理责任的层序错位导致两种认识误区：其一，既然经济责任是处于"塔基"或"核心"的企业最基本、最重要的社会责任，那么，一个尚未在市场竞争中解决生存问题的企业自然无需承担任何形式的伦理责任；其二，既然伦理责任是存在于"塔尖"或"外层"的非基本责任，那么，一个履行伦理责任的企业必定是一个已经履行好经济责任的企业。这两种认识上的误区，必然使企业在社会责任实践中，将伦理责任视为解决企业生存问题之后的奢侈品而暂且搁置，而公众、媒体对企业的社会责任评价也因此陷入了以企业慈善捐赠数量作为主要判断标准的误区。由此，企业社会责任实践中出现两种怪象：一是一些企业因企业社会责任评价标准的"道德绑架"而陷入"被慈善"；二是一些企业将捐赠作为掩盖非法经营行为、猎取媒体和公众信任的粉饰手段而走向"伪慈善"。

（三）"三重底线"理论

John Elkington（1994）最早提出"三重底线"社会责任理论，即企业社会责任可以分为经济责任、环境责任和社会责任。经济责任主要体现为提高利润、纳税责任和对股东投资者的分红；环境责任就是环境保护；社会责任就是对于社会其他利益相关方的责任。企业在进行企业社会责任实践时必须履行上述三个领域的责任。

2006年，北京大学民营经济研究院发布了《中国企业社会责任调查评价体系与标准》，这是国内推出的首个由研究机构制定的权威性企业社会责任绩效评价指引。该评价体系以"三重底线"理论和可持续发展理论为基础，涉

---

① 王露璐. 经济伦理视野中的企业社会责任及其担当与评价次序[J]. 伦理学研究，2011（3）：91-94.

及经济、社会、环境三个方面，具体包括股东权益责任、社会经济责任、员工权益责任、法律责任、诚信经营责任、公益责任、环境保护责任等 7 项一级指标和 19 项二级指标，较全面地考虑了企业社会责任的多个方面。此外，由第一财经传媒有限公司、兴业全球基金以及巨潮指数有限公司三方联合推出的"CBN-兴业全球基金社会责任指数"是首个跨沪深两市的社会责任指数。该指数是基于"三重底线"理论和公司治理理论的结合运用视角构建的，主要从经济、社会、环保、公益、公司治理等五个维度构建了系列企业社会责任指标来考察上市公司的投资价值，但其评价范围仅限于已经披露社会责任报告、可持续发展报告等社会责任信息的上市公司。

中国社会科学院企业社会责任研究中心以"三重底线"为基础，结合利益相关者理论构建了一个由责任管理、市场责任、社会责任、环境责任构成的"四位一体"的企业社会责任理论模型，通过国际社会责任指数、国内社会责任倡议文件和世界 500 强企业社会责任报告进行对标分析，构建了一个分行业的社会责任评价指标体系。该体系以企业社会责任报告、企业年报、企业官方网站为信息来源，评价我国 100 强企业的社会责任管理体系建设现状和责任信息披露水平（黄群慧等，2009）[1]。此外，徐泓、朱秀霞（2011）[2]结合利益相关者理论、企业竞争力理论和可持续发展理论，采用 Carroll 提出的企业社会责任"金字塔"理论所含的经济责任、法律责任、伦理责任和慈善责任四个维度构建了企业社会责任评价指标体系。王璇、辛春林（2013）[3]通过三重底线理论确定企业社会责任的核心内容（经济责任、社会责任和环境责任），再结合利益相关者理论，对三重底线进行了进一步的细分，构建了一个以三重底线理论为核心、以利益相关者为导向的评价体系理论模型，并以我国石化行业企业为样本进行了社会责任评价。宋建波和盛春艳（2009）[4]、王竹泉和王凤华（2011）[5]以利益相关者理论所涉及的投资者、员工、客户、

---

[1] 黄群慧, 彭华岗, 钟宏武, 等. 中国 100 强企业社会责任发展状况评价[J]. 中国工业经济, 2009（10）: 23-35.

[2] 徐泓, 朱秀霞. 低碳经济视角下企业社会责任评价指标分析[J]. 中国软科学, 2012（1）: 153-159.

[3] 王璇, 辛春林. 基于结构方程模型的企业社会责任评价——以石化行业为例[J]. 中国流通经济, 2013（6）: 74-79.

[4] 宋建波, 盛春艳. 基于利益相关者的企业社会责任评价研究——以制造业上市公司为例[J]. 中国软科学, 2009（10）: 153-163.

[5] 王凤华. 基于利益相关者理论的企业社会责任评价指标体系设计[J]. 商业会计, 2011（35）: 8-9.

商业合作伙伴、政府、社区和自然环境为横向维度，以 Carroll 提出的企业社会责任金字塔理论所含的经济责任、法律责任、伦理责任和慈善责任为纵向维度构建了一个二维网格企业社会责任评价模型。

综上所述，现有文献对企业社会责任评价理论依据的研究日渐丰富，形成了以利益相关者理论为主体，"金字塔"理论等其他多种理论并存发展、相辅相成的局面。其中，基于对多种理论进行整合的研究更具代表性，如中国社科院企业社会责任研究中心研制发布的我国 100 强企业社会责任发展指数等。这些研究成果为企业社会责任评价的后续研究奠定了基础。但现有文献所依据的理论大多是从管理学研究领域借鉴过来的经典理论，缺少从经济学、社会学、文化学，特别缺乏针对不同行业特殊性的行业特质理论的借鉴与整合研究，使得最终的评价指标始终是带有"企业管理"目标的特征，并且一些指标缺乏代表性和深度，与某些特殊行业的情况也相符合，指标难以客观地做出评价。

二、企业社会责任评价的方法

企业社会责任评价必然涉及企业社会责任的度量这个复杂问题，据 Reed（1990）[1]统计，关于企业社会责任的计量方法至少出现了 14 种以上，而目前，国内外常用的方法主要有声誉指数法、内容分析法（如 Anderson 和 FranLkle，1980；李正，2006；沈洪涛，2007；宋献中，2008）[2][3][4][5]、指数法（Boothet al.，1987；汤亚莉等，2006）[6]和层次分析法（中国社会科学院经济学部企业社会责任研究中心，2009，2010，2011，2012）[7]。社会责任指

---

[1] Reed, L., GetZ. K. & Collins, D. et al. Theoretical Models and Empirical Results: A Review and Synthesis of JAI Volumes 1-10, In J.Post(ed.), Corporate and Society Research:Studies in Theory and Measurement[C]. Greenwich: CT: JAI, 1990: 27-62.

[2] Anderson John C, Frankle␣w. Voluntary Social Reporting: An Iso-Beta Portfolio Analysis. The Accounting Review, 1980, 55(3): 467-479.

[3] 李正. 企业社会责任与企业价值的相关性研究——来自沪市上市公司的经验证据[J]. 中国工业经济，2006（2）：77-83.

[4] 沈洪涛. 国外公司社会责任报告主要模式述评[J]. 证券市场导报，2007（8）：7-13.

[5] 宋献中，刘振. 高新技术企业技术创新融资效率研究[J]. 财会月刊，2008（8）：10-12

[6] 汤亚莉，陈自力，刘星，李文红. 我国上市公司环境信息披露状况及影响因素的实证研究[J]. 管理世界，2006（1）：158-159.

[7] 陈佳贵，黄群慧，彭华岗. 中国企业社会责任研究报告（2010）[M]. 北京：社会科学文献出版社，2009-2012.

标体系的构建同样是度量企业社会责任的关键，较有影响力的指标体系有：KLD 公司构建的 KLD 指标体系、第三方评级机构——润灵环球（RKS）开发的 RKS 社会责任报告评级系统（包含 MCT 社会责任报告评价体系和评级转换体系两个主要工具）、中国社会科学院经济学部企业社会责任研究中心（简称社科院 CSR 研究中心）构建的"中国 100 强企业社会责任指标体系"。基于不同的度量方法，学术界采用的企业社会责任评价方法较多，主要有层次分析法、模糊评价法、结构方程模型法、熵权法等多种方法，有些文献采用了整合性方法。

（一）层次分析法

张立军等（2013）[1]基于低碳经济背景对企业社会责任的构成因素进行分析，据此构建了一个由资源利用、环境保护、基础设施、社区贡献四个层次构成的企业社会责任评价指标体系，并采用层次分析法确定各层次的权重。贺正楚、张训（2011）[2]基于低碳经济形势，结合电力企业的特点，采用层次分析法建立了企业社会责任评价模型和指标体系，分析了电力企业的社会责任绩效，并对广东电力发展股份有限公司进行了案例分析。董淑兰、严秀丽（2013）[3]选取 2012 年中国 500 强企业为样本，基于利益相关者理论构建了包括初级、中级、高级三层次和投资者、员工、消费者、供应商、政府、环境、弱势与公益群体七个方面的企业社会责任评价指标体系，运用层次分析法对国有企业与民营企业的社会责任履行情况进行了评价。周兰、肖琼宇（2012）[4]运用层次分析法构建了以 4 个定性指标和 23 个定量指标为框架的企业社会责任评价指标体系，并选取 50 家上市公司发布的社会责任报告作为研究样本，检验了评价体系的全面性、可行性和可比性。刘淑华、孙志梅（2013）[5]基于利益相关者理论，从股东、员工、消费者、供应商、债权人、

---

[1] 汤亚莉，陈自力，刘星，李文红. 我国上市公司环境信息披露状况及影响因素的实证研究[J]. 管理世界，2006（1）：158-159.

[2] 贺正楚，张训. 电力企业社会责任评价体系及实例分析[J]. 财经理论与实践，2011（4）：119-123.

[3] 董淑兰，严秀丽. 国有企业与民营企业社会责任评价比较——来自中国 500 强企业的经验数据[J]. 财会月刊，2013（24）：22-24.

[4] 周兰，肖琼宇. 基于信息披露视角的企业社会责任评价体系设计[J]. 北京工商大学学报（社会科学版），2012（3）：10-16.

[5] 刘淑华，孙志梅. 企业社会责任绩效评价模型构建[J]. 统计与决策，2013（12）：182-185.

社区、政府、社会公众和环境资源等九个维度构建企业社会责任绩效评价指标体系，评价方法为专家访谈、问卷调查与层次分析法相结合。赵越春、王怀明（2013）[①]根据ISO26000，结合食品企业的特点，从股东、债权人、消费者、员工、供应商、政府及社区等利益相关者维度构建了社会责任评价指标体系，应用层次分析方法确定各指标权重，对我国沪深两市食品上市公司的社会责任表现进行评价。

（二）模糊评价法

张彩庆等（2011）[②]根据《国家电网公司2009社会责任报告》发布的12项社会责任指标，在运用专家估计法确定各项指标权重的基础上，提出了电网企业社会责任的模糊综合评价模型，并应用实例验证了该模型的可行性。朱永明、许锦锦（2013）[③]从9个方面对我国国有大中型企业社会责任评价体系进行了设计，并对38个二级指标进行了定量和定性分析，采用模糊综合评价方法和二元对比层次分析法设计了一个国有大中型企业社会责任综合评价体系。王竹泉、王凤华（2011）[④]根据企业社会责任绩效评价的特点，分六个步骤构建了一个企业社会责任绩效模糊综合评价模型，并采用案例分析验证了评价结果的有效性。陈永清（2009）[⑤]基于利益相关者视角分析了企业社会责任的内容，运用灰色模糊理论，建立了一个企业社会责任灰色模糊综合评价模型，并通过实例验证了该模型的可行性和实用性。那保国（2012）[⑥]根据企业社会责任评价的特点，将粗糙集理论中的属性重要度方法引入到指标权重的设定中，将基于模糊测度的模糊积分方法引入到评价综合得分的计算，以此为基础，归纳出一个"粗糙集—模糊积分企业社会责任评价模型"。

[①] 赵越春,王怀明.食品企业社会责任表现与消费者响应——基于江苏消费者的问卷调查[J].福建论坛：人文社会科学版,2013,（7）：57-63.

[②] 张彩庆,曹萌萌,谢萍.电网企业社会责任的模糊综合评价[J].中国电业（技术版）,2011（8）：62-64.

[③] 朱永明,许锦锦.国有大中型企业社会责任评价体系研究——以中国银行为例[J].工业技术经济,2013（2）：27-32.

[④] 王凤华.基于利益相关者理论的企业社会责任评价指标体系设计[J].商业会计,2011（35）：8-9.

[⑤] 陈永清.利益相关者视角下企业社会责任的灰色模糊综合评价[J].技术经济与管理研究,2009（6）：11-13.

[⑥] 那保国.粗糙集-模糊积分模型：一种评价企业社会责任的新方法[J].统计与决策,2012（3）：103-106.

（三）结构方程模型法

齐丽云、魏婷婷（2013）[①]以 G3 标准和 ISO26000 为基础，界定了企业社会责任绩效评价的八个社会期望主题：责任治理、经济发展、人权、劳动实践、环境、公平运营、消费者问题和社区发展。在此基础上，他们通过访谈和问卷调查收集数据，采用结构方程模型构建了一个企业社会责任绩效评价模型。王璇、辛春林（2013）[②]结合三重底线理论和利益相关者理论建立了一个企业社会责任综合评价模型，运用结构方程模型方法，验证了该理论模型与石化行业数据结构的适配度与合理性，并采用验证性因素分析方法对评价模型各层次指标的因子载荷量进行估计检验，通过归一化确定了评价体系的权重。廖建军（2014）[③]基于垄断企业竞争力视角，在对我国烟草行业进行实地调研的基础上采用结构方程模型进行实证分析，对股东责任、员工责任、消费者责任、商业伙伴责任、法规责任、环境责任、慈善责任、社区责任等维度进行了评价。

（四）熵权法

买生等（2012）[④]将科学发展观引入企业社会责任评价体系，构建了包含表征科学发展指标的企业社会责任客观评价指标体系，选用熵权法确定了评价指标的客观权重，采用 TOPSIS 法对企业社会责任进行综合评价，构建了一个"熵权-TOPSIS 评价模型"，对样本公司的社会责任实践进行了评价。尤嘉勋等（2013）[⑤]搜集整理了国内主要汽车企业相关数据，据此构建了一套汽车企业社会责任评价指标体系，并应用"熵权-TOPSIS"法对构建的评价指标体系进行了实证分析。张坤、章辉美（2013）[⑥]设计了一套客观

[①] 齐丽云，魏婷婷. 基于 ISO26000 的企业社会责任绩效评价模型研究[J]. 科研管理，2013（3）：84-92.

[②] 王璇，辛春林. 基于结构方程模型的企业社会责任评价——以石化行业为例[J]. 中国流通经济，2013（6）：74-79.

[③] 廖建军. 垄断行业企业社会责任评价体系研究——以烟草行业为例[J]. 产经评论，2014（3）：82-94.

[④] 买生. 企业社会责任绩效评价研究[D]. 大连：大连理工大学，2012.

[⑤] 尤嘉勋，么丽欣，白辰. 基于熵权 TOPSIS 法的中国汽车企业社会责任评价研究[J]. 汽车工业研究，2013（7）：21-25.

[⑥] 张坤，章辉美. 基于熵权基点理论的企业社会责任评价实证研究[J]. 系统工程，2013（8）：118-122.

性和可操作性较强的企业社会责任指标体系，并利用"熵"和基点理论相结合的方法赋予各层次指标的权重，对我国汽车制造公司的社会责任进行了评价。王丹、朱波强（2014）[1]基于利益相关者理论构建了一个企业社会责任评价指标体系，也采用熵值法评价了矿产资源型企业的社会责任履行情况。

（五）其他方法

庞永师、王莹（2012）[2]构建了一个建筑企业社会责任指标体，应用粗糙集理论的遗传算法对该指标体系进行了归一化处理，并将各属性重要度转化为指标权重，得到企业社会责任的一级指标和二级指标的权重分配情况。董淑兰、李卓奭（2013）[3]选取30家食品行业上市公司为样本，运用投影寻踪模型对食品企业社会责任信息披露水平进行了综合评价，从消费者问题类、环境问题类、员工问题类、社区问题类、一般社会问题类等五大模块构建了食品企业社会责任信息披露评价指标体系。曾平等（2012）[4]将平衡计分卡引入到社会责任绩效评价模型中，将平衡计分卡的四个维度（财务、顾客、内部流程、学习与成长）和社会责任信息类别进行了有机联系和转换，构建出一种新的企业社会责任评价体系。徐光华（2007）[5]认为企业社会责任是企业战略绩效评价体系构建的重要基石，企业社会责任与经营绩效、财务绩效和社会绩效共同构成了企业战略绩效体系的三个板块，形成一个循环闭合系统——时钟绩效模型，并基于该模型设计了一个企业社会责任评价指标体系。王璟珉等（2010）[6]通过对低碳经济发展模式下我国企业社会责任的绩效评价进行了模型研究，在传统指标分析模型基础上进行了数据包络分析

---

[1] 王丹，朱波强. 基于熵值法的我国企业社会责任评价研究——以矿产资源型企业为例[J]. 会计之友，2014（30）：8-12.

[2] 庞永师，王莹. 基于粗糙集的建筑企业社会责任评价指标权重确定[J]. 工程管理学报，2012（3）：109-113.

[3] 董淑兰，李卓奭. 基于投影寻踪模型的食品企业社会责任信息披露评价[J]. 生产力研究，2013（9）：162-164+167.

[4] 曾平，许岩，曾繁荣. 平衡计分卡下企业社会责任绩效评价体系构建[J]. 财会通讯，2012（5）：48-49.

[5] 徐光华. 企业社会责任的战略绩效评价体系研究[J]. 现代经济探讨，2007（5）：71-74.

[6] 王璟珉，魏东，岳杰. 中国企业社会责任财务绩效评价模型研究[J]. 中国人口·资源与环境，2010（2）：162-166.

（DEA）和可持续计量的双重模型修正，弥补了传统财务绩效模型在企业有效投入分析和动态性评价方面的缺陷。

（六）整合类方法

梁星、张雅军（2011）[①]结合层次分析法和模糊综合评价法，确定了我国煤炭企业社会责任各项指标的权重并对企业社会责任的履行情况进行了综合评价。齐二石等（2011）[②]运用灰色系统理论中的聚类分析和层次分析法集成的新方法建立了一个企业社会责任评价模型，分析结果表明安全、社会保障、可持续发展、创新和环保对煤炭企业社会责任的履行起着重要的作用，该方法的优点是有利于各煤炭企业之间社会责任履行效果的比较。李正辉、李春艳（2010）[③]基于两型社会（环境友好型、资源节约型）视角界定了企业社会责任的范畴，在该范畴内建立了一个企业社会责任评价指标体系，并结合运用主成分分析方法和系统聚类分析方法评价了我国工业企业社会责任的履行现状。

综上可见，学者们已经采用丰富的研究方法对企业社会责任评价问题进行了大量研究，这些研究方法以定量为主、定性为辅，以主观性较强的层次分析法运用最多，客观性较强的方法由于受数据采集限制运用较少，因此需要加强对定性研究方法和客观性研究方法的运用。一个较好的趋势是，不少学者开始注重多种方法的整合运用，以充分利用不同方法的优点，克服其缺点，但在对各种方法所受的约束条件、整合运用的结合点、数据标准的统一性等方面还有待改进。

三、企业社会责任评价的指标体系

企业社会责任评价的主体有第一方评价、第二方评价和第三方评价三种

[①] 梁星，张雅军. 基于环境协调发展的煤炭企业社会责任综合评价研究[J]. 煤炭经济研究，2011（3）：31-34，48.
[②] 齐二石，朱永明，焦馨锐. 基于灰色理论的煤炭企业社会责任绩效评价研究[J]. 商业研究，2011（10）：12-16.
[③] 李正辉，李春艳. 两型社会视角下工业企业社会责任的评价模型研究[J]. 统计与信息论坛，2010（6）：32-38.

情况。第一方评价即为企业自评,其评价结果通常以企业社会责任报告、可持续发展报告、环境报告等形式呈现;第二方评价是由企业的利益相关者进行的评价,通常以社会责任投资评估报告等形式呈现;第三方评价是由独立的第三方研究团队或专业组织进行的专业性评价,通常以企业社会责任指数、企业社会责任排名等方式呈现。一般意义上的企业社会责任评价是指第三方评价,其专业性、科学性、可信性和权威性较另外两种主体的评价高。学术界基于不同的理论基础、采用不用的方法,甚至针对不同行业的特殊性及时代发展背景,构建了丰富的企业社会责任指标体系。

(一)代表性的企业社会责任指数

国际上有全球报告倡议组织(GRI)的《可持续发展报告指南》、道琼斯可持续发展指数、多米尼社会责任投资指数(KLD 指数)、《跨国公司行为准则》、《财富》100 强责任排名指数、英国企业商会(BITC)企业责任指数、ISO26000 对企业社会责任的系统性评价等代表强、权威性较高的企业社会责任评价指数。国内相关机构或组织研究制定的企业社会责任评价标准主要有《中国纺织企业社会责任管理体系》《中国工业企业及工业协会社会责任指南》《中国企业社会责任推荐标准和实施范例》《深圳证券交易所上市公司社会责任指引》《中央企业履行社会责任的指导意见》《中国企业社会责任研究报告(2011)》《中国企业社会责任发展指数报告(2011)》等。

《可持续发展报告指南》(G4 版)从经济、环境、社会三个维度构建了企业社会责任评价指标体系。其中,经济业绩包括经济绩效、市场表现、间接经济影响、采购实践等四个方面共 9 个指标;环境业绩包括包含材料、能源、水、生物多样性、排放、废水和废物、产品和服务、承诺、运输、供应商环境评估、环境投诉机制等 12 个方面共 34 个指标;社会业绩包括劳工实践和体面工作业绩效(具体包括雇佣、劳动、管理、职业健康与安全、培训和教育、多样化与机会均等、男女同工同酬、供应商劳工实践评估、劳工实践投诉机制等 8 个方面共 16 个指标);人权业绩(包含投资、非歧视、结社自由和集体谈判、童工、强迫或强制性劳动、安全、原住民和本国居民权利、评估、供应商人权评估、人权投诉机制等 10 个方面共 12 个指标);社会业绩(包含社区、反腐败、公共政策、反竞争行为、合作、供应商社会影响评估、社会影响投诉机制等 7 个方面共 11 个指标);产品责任业绩(包含消费者健康与安全、产品和服务标示、营销传播、消费者隐私、合作等5个方面共9个指标)。

多米尼社会责任投资指数（KLD指数）。KLD指数采用八个与企业社会绩效相关的变量评价公司对其利益相关者的责任履行绩效，这些变量表征了公司对员工、顾客、环境、社区和整个社会的责任。这八个变量为产品安全、社区关系、环境保护、妇女及少数民族问题、员工关系、核能、军事削减和南非问题。KLD指数反映了社会投资者的关注，上市公司是独立于其他企业而由相关的社会标准进行评价，这样就可以在一定程度上增加评价的公正性和客观性；同时，KLD指数涵盖了诸多行业的公司，允许研究者跨越时间纬度对公司社会责任进行连续评价，可以较好地评估公司社会责任状况的变化。因此，KLD指数被认为是一种科学性较强的企业社会责任评价方法，其评价数据被研究文献广泛采用。

道琼斯可持续发展评价指标体系是从经济、环境、社会三个责任维度构建的。其中，经济责任维度包括行为守则、执行力、贪污贿赂状况、企业治理、风险和危机管理及产业特定等方面的指标；环境责任维度包括环境报告、产业特定指标等方面的指标；社会责任维度包括企业公民、慈善、劳工实践、人力资源开发、社会报告、人才吸引与稳定和产业特定因素等方面的指标。

中国社科院经济学部企业社会责任研究中心（2009）根据社会责任理论和国内外代表性评价体系，结合我国的实情研制并发布了"中国100强系列企业社会责任发展指数"。该指数分别对我国国有企业100强、民营企业100强、外资企业100强的社会责任管理现状和信息披露水平进行了评价。该指标体系包括责任管理、市场责任、社会责任和环境责任四个板块的一级指标，各个板块的权重通过层次分析法来确认，企业社会责任指数的初始得分为各个板块的权重乘以各个责任板块的得分，再加上调整项得分计算出企业社会责任发展指数的最终得分。调整项主要是对相关奖励、惩罚的处理以及对企业社会责任管理创新实践的特别加分。

中国企业评价协会联合清华大学社会科学学院（2014）发布了《中国企业社会责任评价准则》，这是我国首个企业社会责任评价准则，它在借鉴和改进国内外已有经验和实践的基础上，制定了法律道德、质量安全、科技创新、诚实守信、消费者权益、股东权益、员工权益、能源环境、和谐社区、责任管理等10个一级评价标准、63个二级和三级评价指标，并根据企业履行社会责任的情况，对各项指标进行打分，最后基于企业在各项指标的总得分进行企业社会责任评级，等级由低到高分为 C、B、BB、BBB、A、AA、AAA 等七个等级。

巨潮社会责任指数采用经济、社会、环保、公益、公司治理等方面的企业社会责任指标来考察上市公司的投资价值。其中，经济指标包括公司在为股东创造净利润、公司年内为国家创造的税收、向员工支付的工资、向银行等债权人支付的借款利息等；社会指标包括公司在劳动者权益保护、诚信经营、产品质量与服务等方面的表现；环境指标包括公司在节约能源、资源利用、环境保护等方面的表现；公司治理指标包括公司在股东权利、权利制衡、约束与激励机制、信息披露等方面的表现；综合指标包括公司开展的和谐社区建设以及公益事业中的贡献。

商务部《WTO经济导刊》杂志社为促进中国企业社会责任发展，持续开展自愿性、非盈利性的企业社会责任评价活动，于2007年开始发布"金蜜蜂企业社会责任中国榜"。该评价以调查评估问卷为主要信息来源，选项的设置反映了企业所需承担的法律责任、经济责任、道德责任和慈善责任。问卷分为企业社会责任战略与治理、企业与利益相关者的关系、信息披露、责任竞争力案例四个部分；其中，企业社会责任战略与治理部分主要关注企业战略、治理和绩效管理；企业与利益相关者的关系部分主要通过考察企业与股东、员工、客户、供应商、环境、政府、社区、同行和社会组织之间的关系，反映企业与利益相关方之间的法律责任、经济责任、道德责任和慈善责任；信息披露部分主要关注企业社会责任报告的发布情况，即除财务报告以外，是否编制了含有企业社会责任内容的其他报告，以及利益相关方是否可以便捷地获取报告；责任竞争力案例部分包括企业简介、需要解决的问题、解决方案、成效和展望等。

（二）基于利益相关者理论构建企业社会责任评价指标

陈永清（2009）[①]基于利益相关者理论构建了一个企业社会责任评价指标体系。其中，一二级指标（括号内为二级指标）包括股东责任（净资产收益率、总资产报酬率、资产负债率和销售净利率）；员工责任（工作环境、员工收入、员工培训投入和员工福利保险）；消费者责任（产品质量案例、产品

---

① 陈永清.利益相关者视角下企业社会责任的灰色模糊综合评价[J].技术经济与管理研究，2009（6）：11-13.

价格、产品售后服务和对消费者需求的反应）；自然环境责任（单位收入能源消耗、环境保护投入）；社区责任（社区建设投入、缴纳税款和慈善捐赠）；商业伙伴责任（与对手公平竞争的程度、对供应商的忠诚度和对销售商的信用度）。

骆南峰、周祖城（2009）[①]以利益相关者理论为指导构建了一个企业社会责任评价的三级指标体系。其中，一、二级指标（括号内为二级指标）包括：投资者（红利、信息披露、公司治理和长期回报）；员工（雇佣、纪律与处罚、工作环境、工作时间、薪酬福利及利润分享、沟通与决策、员工发展和终止劳动关系）；顾客（市场调研、产品服务、价格、销售渠道、促销和客户关系管理）；供应商（供应商选择、与供应商的沟通和与供应商的关系）；政府（纳税、获得政府的优惠政策、参与制定及贯彻公共政策、国家尊严和国家利益）；竞争者（公平竞争、行业建设与发展）；社区（公益事业、公共安全与卫生和社区活动）；环境（环境保护、资源利用）。

谭杰、杨立社（2010）[②]以利益相关者理论为基础，从股东、员工、消费者、供应商、竞争者、社区、政府、环境保护等八个维度构建了一个CRS评价量表。其中：股东责任包括分红收益、公司管理发言权、公司财务报表透明度3个二级指标；员工责任包括就业公平、健康及工作安全、合理的薪酬待遇、技能开发与培训机制、尊重员工的主体地位5个二级指标；消费者责任包括尊重消费者的知情权和选择权、提供实用的产品或服务、杜绝假冒伪劣产品、价格无歧视、不做虚假广告、注重对消费者隐私保护、良好的售后服务、及时处理客户投诉等9个二级指标；供应商责任包括合理的经济报酬、正常履行与供应商的相应合约、共同承担经营风险、对于企业的忠诚度4个二级指标；竞争者责任包括公司诚信守法经营、公平竞争、尊重竞争对手3个二级指标；社区责任包括为社区提供就业机会、保护社区环境、支持社区基础设施建设3个二级指标；政府责任包括遵纪守法、依法纳税、提供就业机会3个二级指标；环境保护责任包括清洁生产、减少三废排放、提供绿色环保产品或服务、废旧产品的回收利用、积极参与环境保护活动4个二级指标。

[①] 骆南峰，周祖城.企业社会业绩评价体系研究[J].统计与决策，2009（22）：36-39.
[②] 谭杰，杨立社.基于利益相关者理论的企业社会责任评价量表的构建与检验[J].现代物业，2010（10）：16-19.

赵杨、孔祥纬（2010）[①]基于利益相关者理论设计了一个"三位一体"的企业社会责任评价指标体系。其中，对投资者的责任包括收益性、安全性、成长性、信息披露等一级指标；对雇员的责任包括劳动报酬权、雇佣与提拔公平权、劳动保障权、休息休假权、安全及健康权、发展权、谈判权、隐私权等一级指标；对消费者的责任包括安全及质量保障权、知情权、自由选择权、求偿权、售前售后服务等一级指标；对债权人的责任包括偿债能力、付息能力、合作伙伴、竞争对手等一级指标；对政府的责任包括纳税、遵守法律法规、反腐败、响应政府政策等一级指标；对公众与社区的责任包括慈善性捐赠、公益事业、促进就业、社区建设等一级指标；对环境方面的责任包括环境管理、降污减排、能源节约等一级指标。

张坤、章辉美（2013）[②]基于利益相关者理论构建了一个企业社会责任指标体系，该指标体系的准则层（括号内为评价指标）包括：对股东的责任（成本费用率、利润率、应收账款周转率、总资产周转率、资产负债率、资产速动比率、净资产收益率和资本平均增长率）；对员工的责任（人均工资及福利、人均年教育经费和全员劳动生产率）；对顾客的责任（顾客满意度、产品价格率和销售额增长率）；对供应商的责任（应付款周转率、现金应付账款比）；对政府的责任（资产纳税率、就业贡献率和单位收入研发费投入）；环境保护责任（单位收入材料、能耗"三废"排放达标率和环境保护投资率）；慈善责任（捐赠与赞助支出、捐赠收入比）。

徐泓、董雪雁（2013）[③]依据利益相关者理论设计的企业社会责任绩效评价指标体系包括：对股东承担责任的绩效以每股收益、净资产收益率和产品合格变动率等指标评价；对债权人承担责任的绩效以资产负债率、速动比率、现金流动负债比率、已获利息倍数等指标评价；对员工承担责任的绩效以工资支付率、员工人均工资、员工工资增长率、职工伤亡率、劳动合同签订率、员工人均教育经费等指标评价；对政府承担责任的绩效以资产纳税率、税款上缴率等指标评价；对公益事业承担责任的绩效以捐赠支出额、捐赠收入比、就业贡献率等指标评价；对自然环境承担责任的绩效以环保经费额、

---

① 赵杨，孔祥纬. 我国企业社会责任履行绩效评价体系构建研究——基于利益相关者理论及分项评价模式[J]. 北京工商大学学报：社会科学版，2010（6）：48-55.
② 张坤，章辉美. 基于熵权基点理论的企业社会责任评价实证研究[J]. 系统工程，2013（8）：118-122.
③ 徐泓，董雪雁. 企业社会责任绩效评价指标研究[J]. 甘肃社会科学，2013（3）：187-190.

环保经费比率、环保经费增长率、单位产值能耗降低率、单位产值排废降低率等指标评价。

王丹、朱波强（2014）[①]基于利益相关者理论构建的企业社会责任评价指标体系包括：对股东的责任包括企业成长（托宾Q值、可持续增长率）、投资回报（股利分配率）、决策权（参与企业决策）和信息披露（信息披露及时、违规披露）等二、三级指标（括号内为三级指标，下同）；对债权人的责任包括短期偿债能力（速动比率）、长期偿债能力（资产负债率）等指标；对员工的责任包括健康与安全（职工健康安全认证体系、员工日常安检）、员工提升（员工培训）、员工待遇（员工报酬率）、公平性（女性高管占比）等指标；对客户的责任包括市场认可（主营业务收入增长率）、产品和服务质量（质量管理体系和产品认证）；对供应商的责任包括占用供应商资金状况（应付账款周转率）和公平竞争（供应商公平竞争、反商业贿赂培训）等指标；对政府的责任包括守法（税费支出比率、罚款支出比率）指标；对社区、公益事业的责任包括社区服务和公益活动（捐赠支出占营业收入比、社区活动参与）指标；对环境的责任包括环境管理（环境管理体系认证）、环保投入强度（环保投入强度）和环保行为（废物利用）等指标。

李云宏等（2014）[②]基于利益相关者理论，从财务学视角构建了一个企业社会责任评价指标体系（括号内为二级指标）。该指标体系包括：股东责任（包括总资产收益率、净资产收益率、资本收益率、资本保值增值率、每股股利和股利支付率）；债权人责任（包括流动比率、速度比率、资产负债率、股东权益比率、利息保障倍数和总资产报酬率）；员工责任（包括职工安全事故比率、职工薪酬支付率、劳动合同签订率、"五险一金"覆盖率、职工培训期数、职工的人均教育经费、员工满意度、女性员工比率、员工辞职率、非致死性职业病发病率、员工流失率和体检及健康档案覆盖率）；消费者责任（包括客户满意度或投诉率、产品返修率、主营业务成本率、单位收入售后服务费、产品质量合格率和消费者再次消费率）；社区责任（包括捐赠收入比率、就业贡献率、本地化雇佣比例、本地化采购比例和支持志愿者活动）；政府责任（包括资产纳税率、税款上交率和社保提取率）；资源环境责任（包括环保

[①] 王丹，朱波强. 基于熵值法的我国企业社会责任评价研究——以矿产资源型企业为例[J]. 会计之友，2014（30）：8-12.
[②] 李云宏，逄淑丽，王莹，米磊. 钢铁企业社会责任评价指标的测定分析[J]. 会计之友，2014（3）：56-60.

培训绩效、绿色办公绩效、单位营业利润资源消耗率、可再生资源利用率、环保资金投入增长率、单位净利润排放量、污染治理投资率和污染排放达标）。

（三）基于"金字塔"理论构建企业社会责任评价指标

徐泓、朱秀霞（2012）[①]根据"金字塔"理论构建了由经济责任、法律责任、伦理责任和慈善责任四个维度构成的企业社会责任评价指标体系。其中经济责任维度包括每股收益、资产收益率、净资产收益率、资本保值增值率、销售净利率、总资产报酬率、流动比率、速动比率和现金比率等8项二级指标；法律责任维度包括资产纳税率、税款上缴率、工资支付率、职工伤亡率、企业员工人均工资、劳动合同签订率、营业成本率、产品合格率和产品退货率等9项二级指标；伦理责任维度包括员工工资增长率、就业贡献率、员工人均年教育经费、员工教育经费比率、社会贡献率、社会积累率、环保经费额、环保经费比率、环保经费增长率、单位产值能耗量和单位产值排废量等11项二级指标；慈善责任维度包括捐赠支出额、捐赠收入2个二级指标。

周兰、肖琼宇（2012）[②]构建了包括4个定性指标和23个定量指标的评价指标体系。其中，定性指标从社会责任管理、社会责任认知、企业战略、企业声誉四方面来强调宏观性；定量指标设置了如下一、二、三级指标（括号内为三级指标）：员工权益保护一级指标包括员工雇用（职工数量、残疾人就业数量和侵犯员工权利个案数）、健康安全（工伤事故率、职业病发病率、医疗保险支出和安全保障支出）、培训教育（培训经费支出、培训次数和培训小时数）、业绩考核（产量、销售额和出勤率）、薪酬福利（最低工资标准值、实际工资支付率、法定福利支付率、社保提取率和工资增长率）等指标；环境与资源一级指标包括环境保护与可持续发展（环保投资率、污染治理支出、三废循环利用率、环保收入率和回收再利用支出）、能源（主要能源消耗、单位收入耗能量、单位收入材料消耗量和单位收入不可再生资源消耗量）、排放物（三废排放量、排废达标率和材料用费率）等指标；股东及债权人一级指标包括一般指标（资本保值增值率、净资产收益率、每股收益、每股净资产、总资产利润率、盈利现金比率和可持续增长率）、中小股东保护（大股东抽

[①] 徐泓，朱秀霞. 低碳经济视角下企业社会责任评价指标分析[J]. 中国软科学，2012（1）：153-159.

[②] 周兰，肖琼宇. 基于信息披露视角的企业社会责任评价体系设计[J]. 北京工商大学学报：社会科学版，2012（3）：10-16.

逃、挪用资本金额及次数和股东所得率)、债权人保护(资产负债率、利息保障倍数、逾期债务比率、流动比率、速动比率、现金比率、现金流动比率、产权比率和现金流量流动负债比率)等指标;社会公益一级指标包括社区(社区活动贡献率、社会纠纷诉讼次数和社会积累率)、公益或其他捐赠(捐赠收入比、志愿服务人次比、捐赠金额、公益领域活跃度和公益事业透明度)、非政府公益事业(社会公共基础设施建设率、内部扶助率、社会扶贫率、社会救灾率和创造就业岗位比率)等指标;客户及消费者一级指标包括客户及消费者反应(消费者投诉率、违反消费者健康与安全相关规定的事件类型、发生次数和客户满意度)、产品责任(产品质量合格率、产品诉讼次数、诉讼及赔偿支出、质量控制支出)、定价(价格欺诈次数、违规定价诉讼次数)、创新(研发人员比例、新产品所占比例)等指标;政府一级指标包括遵守法纪(罚项支出比率、行政贿赂金额及次数、贪污金额及次数)、纳税增长(纳税总额、纳税收入比、资产纳税率、企业纳税金额、员工纳税金额、按期纳税次数和应纳税次数的比例)、产业导向(引资规模增长率、重大项目数量和招商推介次数)等指标;供应链及商业伙伴一级指标包括合作关系(拖欠或无故克扣供应商货款次数、供应商法律纠纷次数、与经销商及代理商诉讼纠纷次数、应付账款周转率、现金与应付账款比率、结算性债务偿还率、违反合同被告次数和蓄意欺诈行为被公布次数)、竞争(侵犯他人商标、专利和著作权等知识产权诉讼次数、不良竞争诉讼次数和是否垄断)等指标。

(四)基于理论整合视角构建企业社会责任评价指标

李立清(2006)[①]设计了一套涵盖SA 8000主要内容的企业社会责任指标体系。该指标体系包括5项一级指标、13项二级指标和38项三级指标。其中,一、二级指标(括号内为二级指标)为:劳工权益(童工、劳动补偿、安全卫生和工作时间);人权保障(集体谈判权利、禁止强制劳动、禁止歧视和劳动纪律);社会责任管理(管理系统);商业道德(消费者权益、债权人权益和公众权益);社会公益行为(主要公益活动)。

徐光华(2007)基于企业社会责任理论和战略管理理论构建了一个时钟模型,该模型包括经营绩效(经营管理战略)、财务绩效(战略结果)、

---

① 李立清. 企业社会责任评价理论与实证研究:以湖南省为例[J]. 南方经济,2006(1):105-118.

社会绩效（社会责任战略）三个方面。其中，经营绩效由领导与战略、员工及创新、组织与流程、顾客与市场等四个方面组成，是整个企业战略绩效评价体系的首要环节，也是企业绩效的最根本驱动因素；财务绩效由偿债能力、营运能力、盈利能力和发展能力等四个方面组成，它是整个企业战略绩效评价体系的中间环节，对企业社会绩效将产生完全不同于经营绩效的外在驱动力；社会绩效由劳动就业、商业道德、环境保护和社会公益等四个方面组成，是整个企业战略绩效评价体系的最终环节，直接影响下一经营周期的经营绩效。

黄群慧等（2009）[①]结合"三重底线"理论和利益相关者理论构建了中国100强企业社会责任指标体系。该体系由3个层级构成，各行业的一级指标和二级指标均相同，但三级指标因行业特性而有所区别。一级指标包括责任管理、市场责任、社会责任和环境责任；其中，责任管理包括责任治理、责任推进、责任沟通和守法合规4个二级指标；市场责任包括股东责任、客户责任和伙伴责任3个二级指标；社会责任包括政府责任、员工责任和社区责任3个二级指标；环境责任由环境管理、节约资源能源和降污减排构成。这13个二级指标具体分解为130多个三级指标。根据各行业履行社会责任的内容和重点，客户责任、员工责任和整个环境责任板块下的三级指标在各行业之间有所差别。

周祖城、王旭（2010）[②]认为企业社会责任评价体系应由理念层面评价（企业关于社会责任的看法评价）、行为层面评价（企业社会责任管理及企业行为评价）、结果层面评价（企业对社会的影响评价）、战略性评价（从企业战略角度对企业社会业绩的总体评价）等4部分组成，并据此设计了一个一般性企业社会责任评价指标体系。

王竹泉、王风华（2011）[③]结合"金字塔"理论和利益相关者理论，构建了一个纵横轴二维企业社会责任评价指标体系。其中，经济责任包括净资产收益率、销售收入增长率、年均职工工资、职工工资年增长率、股利支付率和资本保值增值率等6项指标；法律责任包括社保提取率、社保支付率、资

[①] 黄群慧，彭华岗，钟宏武，等. 中国100强企业社会责任发展状况评价[J]. 中国工业经济，2009（10）：23-35.

[②] 周祖城，王旭. 企业社会业绩内部评价体系研究[J]. 管理学报，2010（3）：338-343.

[③] 王风华. 基于利益相关者理论的企业社会责任评价指标体系设计[J]. 商业会计，2011（35）：8-9.

产纳税率、税款上交率、罚项支出比率和劳动合同签订率等6项指标；伦理责任包括企业信用等级、消费者满意度、环保投资率、资源利用率、安全事故发生频率和污染物排放合格率等6项指标；慈善责任包括社会捐赠支出率、社会发展经费支出、参与公益事业频率、社区居民对企业满意度和吸纳残疾人就业人数比例等6项指标。

曾平等（2012）[①]结合"金字塔"理论与平衡计分卡理论构建了一个企业社会责任绩效评价体系，其四个维度为：财务维度（环境方面）包括污染控制、修复环境和能源节约等二级指标；顾客维度（产品、客户方面）包括产品质量、循环利用等二级指标；内部控制流程维度（社区方面）包括社区公益慈善活动等二级指标；学习成长维度（人力资源方面）包括雇佣提升、员工健康、工作环境和员工培训等二级指标。

董淑兰、严秀丽（2013）[②]以2012年中国500强企业为样本，基于社会责任"金字塔"理论和利益相关者理论，从七个方面构建了一个社会责任指标体系。该体系将企业社会责任划分为基本社会责任、中级社会责任和高级社会责任三个层次。其中，基本社会责任涉及投资者和员工两大利益相关者，用每股收益、净资产收益率、资产负债率、流动比率、工资福利率、人均职工薪酬和社保提取率等指标加以测度；中级社会责任涉及消费者、供应商、政府、环境等利益相关者，以主营业务成本率、销售增值率、应付账款周转率、现金应付账款比率、资产税费率、罚款支出比率、环保投资及费用支出率和是否通过ISO环境认证等指标测度；高级社会责任涉及弱势与公益群体，以捐赠收入比率、就业贡献率等指标测度。

苏蕊芯、仲伟周（2014）[③]构建了一个综合性的企业社会责任评价指标体系。该指标体系由如下一、二级指标（括号内为二级指标）构成：企业社会责任动机（道德驱动、价值增值驱动、代理驱动和政治驱动）；企业社会责任特征（慈善责任、经济责任、法律责任、道德责任和政治责任）；企业社会责任与利益相关者关系（股东权益、社区、文化教育、生活、居住安全、环境保护、均等权利、健康与安全、产品与服务质量、纳税和就业）。

[①] 曾平,许岩,曾繁荣.平衡计分卡下企业社会责任绩效评价体系构建[J].财会通讯,2012（5）:48-49.
[②] 董淑兰,严秀丽.国有企业与民营企业社会责任评价比较——来自中国500强企业的经验数据[J].财会月刊,2013（24）:22-24.
[③] 苏蕊芯,仲伟周.中国企业社会责任测量维度识别与评价——基于因子分析法[J].华东经济管理,2014（3）:109-113.

（五）基于两型社会发展背景构建企业社会责任评价指标

李正辉、李春艳（2010）[①]基于"金字塔"理论构建了一个两型社会视角下的中国工业企业社会责任评价指标体系。其中：经济责任维度以工业总产值增长率、工业增加值率、工业成本费用利润率、所有者权益报酬率、单位工业增加值能耗和 R&D 经费支出强度等指标度量；法律责任维度以税收贡献率、就业人员报酬占工业增加值比重、基本养老保险参保率、失业保险参保率和医疗保险参保率等指标度量；生态责任维度以工业废水排放达标率、工业废气去除率、工业固体废物综合利用率和工业污染治理投入等指标度量；道德责任维度以优等品率、工业企业就业率、生育保险参保率和工伤保险参保率等指标度量。

阳秋林、代金云（2012）[②]遵循代表性、可测性、获得性、可靠性和系统性原则，在充分考虑我国两型社会特色的基础上，设计了一个适合评价我国企业社会责任的指标体系。其中，一级指标包括责任管理、社会责任、环境责任、资源责任和市场责任；二级指标包括责任管理维度下的责任治理、责任推进、责任沟通和责任改进等 4 项指标，社会责任维度包括员工劳动合同、员工薪酬体系、教育与文化、产品或服务安全等 20 项指标；环境责任包括环保设备投资率、环保支出占销售收入的比重、三废排放达标率、环境责任机制和污染物排放等 9 项指标；资源责任维度包括销售收入综合能源消耗比、销售收入水费用比、废水回收利用率、资源节约和资源循环利用等 7 项指标；市场责任维度包括资本保值增值率、资产负债率、销售利润率和市场责任机制等 7 项指标。

张立军等（2012）[③]从目标层、准则层和指标层三个层次设计了一个企业社会责任指标体系。其中，目标层为低碳经济背景下的企业社会责任指标，准则层（括号内为指标层）包括资源利用（再生资源利用率、水资源循环利用率、非化石能源占总能源比例、原料投入产出率和低碳材料使用率）、环境保护（环保投资率、单位资产碳排放量、单位收入排废量、能源环保经费占

[①] 李正辉、李春艳. 两型社会视角下工业企业社会责任的评价模型研究[J]. 统计与信息论坛, 2010（6）: 32-38.
[②] 阳秋林、代金云. "两型社会"背景下的企业社会责任评价指标体系及其运用研究——以湖南企业为例[J]. 湖南社会科学, 2012（3）: 114-117.
[③] 张立军、陈跃、袁能文. 基于信度分析的加权组合评价模型研究[J]. 管理评论, 2012（5）: 170-176.

产值的比重、企业绿化率和低碳生产技术)、基础设施(污水处理技术、废弃物处理率和节能减排技术等指标)、社区贡献(社区慈善和福利投入、社区就业增长率、对社区服务的参与程度和社区教育文化投入)四个方面。

买生等(2012)[①]构建了一个包含科学发展的评价体系。其中,准则层包括社会责任、市场责任、环境责任、科学发展四个维度。社会责任维度包括政府责任(企业年利税率)、员工责任(员工工资福利水平)和社区责任(对社区支出占利润的比率)三个指标层;市场责任维度包括客户责任(销售利润率)、股东责任(权益报酬率)、伙伴责任(应付账款周转率)三个指标层;环境责任维度包括环境保护(非生产环保投入占销售收入的比率)、能源节约(节能投资与能耗比)、降污减排(减排投资与排放比)三个指标层;科学发展维度包括生态可持续(生态可持续指数)、技术创新(R&D支出总额)、人的全面发展(人均职业发展投入)三个指标层。

齐丽云、魏婷婷(2013)[②]将社会期望主题分解为若干议题(二级指标),再进一步分解为表征相应议题的利益相关者利益和社会预期要素(三级指标)。其中一、二级指标(括号内为二级指标)包括:责任治理(责任决策、责任识别和责任推进)、经济发展(经济增长、经济结构和经济质量)、人权(人权管理、基本权利保障)、劳动实践(雇佣和劳动关系、薪酬和社会保障、社会对话、劳动健康和安全和职业规划和教育)、环境(环境管理、污染防治、可持续资源利用、减缓和适应气候变化)、公平运营(依法合规、反腐败及政治参与、公平竞争、促进价值链和尊重产权)、消费者问题(公平营销、消费者健康与安全、可持续消费、售后服务和信息安全)、社区发展(社区参与和社区发展)。

(六)食品行业企业社会责任指标体系构建

齐文浩、刘禹君(2012)[③]结合"金字塔"理论和利益相关者理论,从经济责任、法规责任、食品安全责任、环境责任和公益慈善责任五个维度构

[①] 买生,匡海波,张笑楠. 基于科学发展观的企业社会责任评价模型及实证[J]. 科研管理,2012(3):148-154.

[②] 齐丽云,魏婷婷. 基于ISO26000的企业社会责任绩效评价模型研究[J]. 科研管理,2013(3):84-92.

[③] 齐文浩,刘禹君. 食品类企业社会责任评价指标体系构建及其实证检验——以沪深股市中食品类上市公司为分析对象[J]. 科学与管理,2012(6):34-43.

建了一个食品企业社会责任评价指标体系。其中：经济责任以股东所得率、每股股利、资本保值增值率、股利支付率、利润增长率、流动比率、现金流量比率、资产负债率、利息保障率、员工工资增长率、员工所得率、销售利润率、纳税增长率、税款上缴率、政府所得率和资产纳税率等指标评价；法规责任以是否遵守《世界人权宣言》、是否遵守《中华人民共和国劳动法》、是否遵守《中华人民共和国消费者权益保护法》等指标评价；食品安全责任以是否遵守工伤保险条例、是否建立守法合规体系、是否进行守法合规培训、是否披露守法合规方面的负面信息、是否对供应商进行原材料安全卫生控制、广告宣传是否合规、是否通过 ISO9000 认证、是否通过 HACCP 管理体系认证、是否建立食品安全事故应急机制、是否注重特殊人群的营养关爱、是否有确保食品健康与营养均衡的制度或措施等指标评价；环境责任以是否有减少温室气体排放的技术或措施、是否制定碳信息披露制度、是否通过 ISO14000 认证等指标评价；公益慈善责任以捐赠收入比率、福利员工比率、企业参与公益活动次数、是否进行企业社会责任项目建设等指标评价。

　　王怀明、姜涛（2013）[①]基于利益相关者理论，采用内容分析法设计了一个食品企业社会责任评价指标体系，该指标体系分为目标层、准则层、实施层三个层次。具体为：对股东和债权人的社会责任——投资者回报、投资者利益保障——长期稳定的利润分配政策、投资者关系管理、公司成长性及发展潜力、接受股东对企业的监督和公司债务风险及相关措施；对消费者的社会责任——信用维护、食品质量、食品安全、食品信息和售后服务——原材料质量控制机制、生产过程质量监控机制、流通市场食品质量抽检制度、食品安全保障和管理体系、绿色安全食品研发投入、提供正确的食品信息、售后服务体系和妥善处理消费者投诉；对员工的社会责任——健康安全、公平保障——员工的健康及生产安全、企业用工制度、员工业绩考核机制、员工教育培训制度和员工业余生活组织安排；对供应商及经销商的社会责任——公平性、诚信——保证公平交易机制、供应商选择机制和建立与供应商及经销商的合作伙伴关系；对环境的社会责任——环境管理、资源与生态保护——环境保护政策的制定与落实、污染控制与环境恢复措施、综合利用资源、维护生态平衡和对农业生态环境的保护；对社区的社会责任——促进就业、公

---

① 王怀明，姜涛. 食品企业社会责任分析与评价——基于利益相关者理论[J]. 南京农业大学学报：社会科学版，2013（4）：104-110.

益事业、社区福利——为社区增加就业机会、社区公益活动、公益设施捐赠、增进社会福利和保护农村和农民利益。

赵越春（2013）[①]基于利益相关者理论构建了一个食品企业社会责任评价指标体系。其中：对股东的责任以盈利能力、股利支付、成长性和风险可控性等指标评价；对债权人的责任以偿债能力、利息支付能力和风险性等指标评价；对消费者的责任以食品安全、食品质量、消费者服务和食品信息等指标评价；对员工的责任以员工权益保障、员工工资及福利、员工培训及发展、员工健康及安全等指标评价；对供应商的责任以及时偿付货款、供应商管理、遵纪守法和税费交纳等指标评价；对社区的责任以环境保护、就业创造、三农帮扶情况和慈善捐助等指标评价。

李年琴、姜启军（2014）[②]结合利益相关者理论与"金字塔"理论对食品供应链上核心企业的社会责任进行了评价。其一、二级评价指标（括号内为二级指标）为经济责任（盈利能力、股利发放）、员工责任（工资和福利、员工加班、休假、工作环境、培训及晋升机会）、产品责任（合法经营、依法纳税）、消费者责任（食品安全、食品信息与知识传递、绿色健康食品）、供应链责任（合理定价、供应商社会责任的指导监督管理、动物福利、生物技术）、环境责任（环境污染、生态平衡、环保投入）和自愿责任（社区公益、慈善捐助）。

董淑兰、王思盈（2014）[③]结合食品行业特殊性，结合三重底线理论和利益相关者理论构建了一个食品企业社会责任评价指标体系。该体系包括如下三级指标：食品安全责任——消费者责任（主营业务收入增长率）、供应商责任（应付账款周转率）、经济责任——投资者责任（流动比率、资产负债率、现金流量利息保障倍数、权益净利率和资本保值增值率）、员工责任（员工获利水平）；公共责任——政府责任（罚款支出率、税收贡献率）、社区公益责任；环境责任——环保贡献率。

[①] 赵越春，王怀明. 食品企业社会责任评价指标体系的构建及其应用——基于层次分析法[J]. 青海社会科学，2013（6）：47-53.
[②] 李年琴，姜启军. 基于食品供应链的核心企业社会责任评价指标及权重研究[J]. 中国农学通报，2014（3）：302-307.
[③] 董淑兰，王思盈. 食品企业社会责任评价体系的构建[J]. 中国农业会计，2014（2）：56-59.

（七）煤炭行业企业社会责任指标体系构建

侯晓红、岳文（2008）[①]针对煤炭企业发展中面临的重大社会责任问题，参考 SA8000 社会责任标准体系设计了一套煤炭企业社会责任评价指标体系。该指标体系由三级指标构成，具体为：对企业管理者和员工的责任——劳动补偿（以小时工资率、工资支付率、社保提取率和是否启用企业年金制度度量）、劳动时间（以周最多工作时数度量）；安全责任——安全认证（以是否通过 OHSMS18001 认证度量）、安全培训（以平均每个员工每年的安全培训时间度量）、安全生产（以百万吨死亡率度量）、环保责任——国际认证（以是否通过 ISO14000 体系认证度量）、资源合理利用（以煤炭回采率、土地复垦率度量）；对政府的责任——税收责任（以税款上缴率度量）；社会责任管理——管理系统（是否公开年度社会责任报告度量）。

梁星（2009）[②]结合煤炭产业的特点，基于"金字塔"理论构建了一个煤炭企业社会责任综合评价指标体系。该指标体系包括经济责任（以净资产收益率、销售利润率、资本保值增值率和总资产报酬率等指标度量）、法律责任（以社保提取率、资产纳税率和罚项支出比率等指标度量）、生态责任（以环保投资率、环保经费增长率等指标度量）、安全生产责任（以安全生产设备投入率、安全生产设备完好率和年度矿难死亡率等指标度量）四个维度及其统驭的系列二级指标。

李勇（2012）[③]基于利益相关者理论构建了一个煤炭企业社会责任评价指标体系。其中一、二级指标为（括号内为二级指标）：对股东的责任（净资产收益率、总资产报酬率和资产保值增值率）；对员工的责任（员工年人均收入、人均教育经费支出、工作条件满意率、劳动保护投入率、百万吨死亡率和年发生事故数量）；对社区的责任（就业人数增加率、捐赠赞助支出率）；对政府的责任（足额纳税率、违法违规数）；对债权人的责任（按时还债比率）；对消费者的责任（产品满意率、优质服务率）；对环境的责任（环保投资占工业产值比例、单位工业增加值新增水耗、单位工业增加值废气排放量、单位工业增加值固废排放量、单位工业增加值废水产生量、危险废物处理处置率、

[①] 侯晓红，岳文. 我国煤炭企业社会责任绩效评价体系设计[J]. 煤炭经济研究，2008（6）：22-25.
[②] 梁星. 基于模糊 AHP 的煤炭企业社会责任综合评价[J]. 会计之友，2009（11）：95-97.
[③] 李勇. 煤炭企业社会责任评价研究[J]. 煤炭经济研究，2012（3）：39-41.

破坏土地综合治理率、煤矸石综合利用率、矿井水综合利用率、煤层气利用率、工业用水重复利用率、共伴生矿开采利用率、工业固体废物综合利用和环境噪声达标率)。

(八)其他行业企业社会责任指标体系构建

1．电力企业社会责任评价指标研究

贺正楚、张训(2011)[①]选择了电力供应、经济法规、环保节能和社会和谐4个一级指标评价我国电力企业的社会责任履行情况,并在这4个一级指标下设置了安全生产、可靠供电、服务管理、交易者利益、股东及债权人利益、法律义务、绿色电能、绿色工作、员工利益、社会公益和合作交流等11个二级指标;再在这11个二级指标下设置了设备安全运行、设备安全管理、应急事件管理、居民供电、企业供电和电网维护等38个三级指标。李永臣、曹希(2013)[②]以利益相关者理论为主要依据,将供电企业社会责任划分为如下4个一级和12个二级指标(括号内为二级指标):责任管理(责任治理、责任沟通和合规管理)、市场责任(股东责任、客户责任和商业伙伴责任)、环境责任(环境管理和环境保护)和社会责任(包括政府责任、员工责任、安全生产和社区参与),并在这些二级指标下再设立了27个三级指标。

2．房地产与建筑企业社会责任评价指标研究

我国房地产企业社会责任评价委员会(2011)为重塑企业社会形象,促进房地产企业承担社会责任,对房地产企业履行社会责任情况进行了评价并发布了排行榜。该指标体系以定量指标为主、定性指标为辅,所涉及的一级指标主要有目标管理、企业运营、员工、消费者、社会贡献、合作企业、公共利益、节能环保、社会评价和特别评价等二级指标100余项。庞永师、王莹(2012)[③]依据利益相关者理论构建了一个建筑企业社会责任评价指标体系,该指标体系涵盖了如下7个一级指标和57个二级指标(括号内为二级指标):投资者责任(主营业务收入、主营业务利润率、净资产收益率和主营业

---

① 贺正楚,张训.电力企业社会责任评价体系及实例分析[J].财经理论与实践,2011(4):119-123.
② 李永臣,曹希.供电企业社会责任评价指标体系研究[J].环境工程,2013(S1):677-680.
③ 庞永师,王莹.基于粗糙集的建筑企业社会责任评价指标权重确定[J].工程管理学报,2012(3):109-113.

务增长率）；客户责任（投资者关系管理、企业资质、质量管理体系、交工合格率、国家级奖项个数、科研经费投入、在研科研项目项数、技术专利项数、国家级工法数量、合同履约率和客户满意率）；员工责任（劳动合同签订率、社保参保率、人均工资增长率、工会入会率、职代会议案采纳率、农民工权益保护、培训经费投入、培训体系建设、参加培训人次、职业健康保护措施、安全管理体系建设、施工安全事故、帮困救助资金投入和文化生活多样性）；合作伙伴责任（流动比率、速动比率、资产负债率、利息保障倍数、信用评级、合同履约率、采购机制建设、分包商管理和产研合作单位数量）；政府责任（依法经营情况、纳税额、从业人数和参与保障房建设）；社区责任（社区建设投入、社区建设参与情况、公益捐赠额、抗震救灾援建项目和员工本地化）；环境责任（环境管理体系、环保经费投入、环保培训人次、环保产品采购率、万元产值综合能耗、环评通过率、建筑垃圾处置利用率和绿色理念和措施）。

3．汽车生产企业社会责任评价指标研究

尤嘉勋等（2013）[①]构建了一个包括企业经营、产品质量、安全生产、技术创新、利益相关者和环境责任观等一级指标的汽车生产企业社会责任评价指标体系。该体系的二、三级指标为（括号内为三级指标）：企业经营以经营创收（营业收入、营业利润）等指标度量；产品质量及安全生产以产品质量与市场占有率（汽车产品满意度、汽车产品市场占有率）、安全生产（全年累计完成固定资产投资、安全制度等级、安全培训频次、急救知识了解情况、工伤情况和安全事故情况）等指标度量；技术创新以技术创新及投入（年末研究与试验发展人员、研究与试验发展经费支出和专利发明个数）等指标度量；利益相关者以员工（全年从业人员平均人数、全年从业人员平均工资、法定福利个数、货币福利个数、实物福利个数、服务福利个数、福利占比情况、员工能力是否满足工作需要、员工个人优势是否得到发挥、企业是否关心员工个人成长、员工是否有机会面对新挑战和工作氛围是否良好）、顾客（汽车产品销售满意度、汽车产品售后满意度）、政府（本年应交增值税、政策跟踪情况、政策了解情况和政策对企业的影响）等指标度量；环境责任观以节约资源（单位产品能耗）、环保（每年环保投入）、社会责任理念（是否

---

① 尤嘉勋，么丽欣，白辰. 基于熵权TOPSIS法的中国汽车企业社会责任评价研究[J]. 汽车工业研究，2013（7）：21-25.

有明确社会责任观、是否有专门机构履行社会责任)、公益事业(公益捐助形式种类数、公益平台种类数和慈善捐赠额度)等级指标度量。

4. 石油企业社会责任评价指标研究

杨嵘、沈幸(2011)[①]将石油企业的利益相关者分为主要社会性利益相关者、主要非社会性利益相关者、次要社会性利益相关者和次要非社会性利益相关者四类。其中:对主要社会性利益相关者如消费者应承担的社会责任为:保障油气供应、稳定石油市场价格和不断提高产品质量并关注消费者利益;对投资者承担的责任为:稳定增长的报酬率、保持股票价格的稳定和资本的保值增值以及油气资源的稳定供应;对业务合作伙伴承担的责任为:共同遵守商业道德和国家法律法规、遵守合同约定和实现互利共赢;对员工应承担的责任为:员工职业发展规划、生活工作环境的改善和工作技能培训的投入等。对主要非社会性利益相关者(自然环境)承担的主要是安全环保的责任,包括油田开采地、运输管线及销售地全程的环保安全管理,避免漏油事件的发生。对次要社会性利益相关者如政府、开采地居民、新闻媒体、科研机构和普通公众的责任主要是通过交纳税收、与开采地居民进行社区共建、对外信息的及时披露、对科研项目的投入和对社会的慈善捐赠等公益事业来实现。对次要非社会性利益相关者如非人类物种承担的社会责任主要是通过石油企业对开采地的生态环境恢复程度和减少对开采地非人类物种的破坏来实现。

5. 烟草企业社会责任评价指标研究

廖建军(2014)[②]构建了一个烟草行业的企业社会责任评价指标体系。该指标体系将企业社会责任分解为内部责任、外部责任和公共责任三个部分。其中:内部责任部分涵盖了2个一级指标(括号内为二级指标,下同):股东责任(持续协调全面发展、高额利润回报、企业经营风险小、良好的企业形象、经营信息透明度高和管理者及员工忠诚);烟草企业员工责任(工资福利较好、保障职业健康与安全、企业认同感、良好的工作环境与工作条件、融洽的组织气氛与人际关系、有机会参与企业管理有发展空间和企业政策决策程序公正)。外部责任包括3个一级指标:消费者责任(合格的产品质量、

---

① 杨嵘,沈幸. 利益相关者视角的石油企业社会责任评价指标选择[J]. 商业会计,2011(3):33-35.
② 廖建军. 垄断行业企业社会责任评价体系研究——以烟草行业为例[J]. 产经评论,2014(3):82-94.

适当的产品价格、良好的销售服务、企业产品能够长期保证和发展）；供应商责任（产品具有稳定的需求、能够及时付款、能够长期生存与发展、沟通交流方便顺畅和能够及时供货）；法律责任（交纳稳定的税收、守法经营与维持稳定的社会秩序、提供稳定的就业、诚信经营和提升社会道德水平）。公共责任包括3个一级指标：社区责任（当地社会提供就业、改善当地经济状况、促进社会文化与教育发展活动、收到社区投诉并迅速做出反应和主动参与社会发展规划行动）；环境责任（环保制度建立、产品或服务尽量采用环保材料、减少对水和空气以及对自然资源和环境的污染、减少不可再生及不可回收资源的使用率、建立并施行企业年度社会责任报告）；烟草企业慈善责任（设立慈善基金、常态化慈善捐助、建立年度慈善捐赠款项预算、帮助弱势群体、开展和参与社会公益活动）。

6. 网络媒体、林业、保险业等行业的企业社会责任评价指标研究

田虹、姜雨峰（2014）[①]从与网络媒体企业关系最为密切的利益相关者视角出发构建了一个企业社会责任评价指标体系。其中：对政府的责任以法律履行、国家使命和社会贡献等指标度量；对消费者的责任以信息内容、媒体设计、信息可用性及可获得性、信息安全和信息交互方式等指标度量；对社区及社会的责任以社区建设、社会进步、价值引导、文化传承与教化、舆论监督等指标度量；对投资者的责任以成长性、收益性、安全性、公司治理和信息披露等指标度量；对员工的责任以基本权利、合同与薪酬福利、员工成长和安全健康等指标度量。刘雯雯等（2013）[②]基于利益相关者理论提炼了一个林业企业社会责任评价指标体系，该指标体系由如下一、二级指标（括号内为二级指标）构成：对股东和债权人的责任（企业盈利情况、鼓励政策与分红、资产利用效率、及时偿债能力和贷款安全程度）；对员工的责任（薪酬和福利、全面的职业发展、健康与安全生产和平等的升迁机会）；对消费者及客户的责任（产品生命周期、产品生产及营销、应付账款的周转和利息支付能力）；对社区的责任（创造就业岗位、关注慈善及公益）；对政府的责任（依法诚信纳税、违规经营接受惩罚等指标）。王蕾（2010）[③]依据利益相关

[①] 田虹，姜雨峰. 网络媒体企业社会责任评价研究[J]. 吉林大学社会科学学报，2014（1）：150-158，176.

[②] 刘雯雯，赵远，管乐. 中国林业企业社会责任评价实证研究——基于利益相关者视角[J]. 林业经济，2013（8）：60-64，79.

[③] 王蕾. 保险企业社会责任绩效评价体系的构建[J]. 南方金融，2010（1）：66-70.

者理论，对我国保险企业的社会责任从股东、被保险人、员工、客户、竞争者、政府、社会、环境和全体利益相关者等9个维度建立指标进行评价，基本涵盖了保险企业的重要利益相关者，再结合保险企业社会责任的特点，将这9个维度进一步划分为21个二级指标和36个三级指标。

7．国有与民营企业社会责任评价指标研究

朱永明、许锦锦（2013）[①]基于国有大中型企业社会责任的内涵和特性，构建了一个包括9个维度共38个二级指标的企业社会责任评价指标体系。这9个维度为（括号内为二级指标）：市场责任（企业总资产纳税率、企业就业岗位增长率、商业信用违约情况、公平竞争状况和消费者权益保护情况）、经济责任（净资产收益率、企业销售总增长率和企业当期研发新产品销售额占销售总额的比重）、公益责任（慈善捐款、福利就业、扶贫支持和公益活动）、环境保护责任（违法环境污染次数、环保投资率、污染物减少率、废物回收利用率和企业能源使用率）、文化责任（企业培训支出、社会责任管理情况、建议采纳率、员工满意度、规章制度公开化程度和职工参加工会组织状况）、法律责任（企业罚款率、企业遭到诉讼情况）、质量保障责任（产品和服务被投诉次数、产品返修率和产品合格率）、劳工权益责任（使用童工情况、执行最低工资标准状况、平等就业、劳工合同签订率、生产事故死亡率、职业病发生情况和加班率）、创新责任（产品创新、技术创新和知识创新）。陈旭东、余逊达（2007）[②]在对浙江省民营企业社会责任进行抽样调查的基础上，采用因子分析法构建了一个评价指标体系，该指标体系（括号内为二级指标）包括：特殊群体责任（平等培训机会、平等升迁机会、职业发展特别帮助、生活特别帮助、同工同酬、反歧视政策和尊重宗教信仰）；社区责任（支持经济发展、支持教育发展、支持其他社会发展和良好的社区关系）；公益责任（参与扶贫、慈善捐赠和支持政府工作）；消费者责任（积极回应消费者、自觉披露相关信息和保证产品性能安全）；诚信责任（依法纳税、不违约、不欺诈和诚实广告）；环境责任（自觉使用可回收资源、避免浪费资源和使用对环境无害的包装）；员工责任（提高员工福利、提供职业培训和按时缴纳社会保险费）；经济责任（为社会创造财富、产业报国）；投资者责任（按要求披露经营信

[①] 朱永明，许锦锦．国有大中型企业社会责任评价体系研究——以中国银行为例[J]．工业技术经济，2013（2）：27-32．
[②] 陈旭东，余逊达．民营企业社会责任意识的现状与评价[J]．浙江大学学报：人文社会科学版，2007（2）：69-78．

息、按要求披露分配信息和股票增值保值)。

综上可见,现有文献对企业社会责任评价指标研究十分丰富,研究视角多种化。这些研究主要是从两种思路展开的,一种思路是力求获得对所有企业具有普适性的企业社会责任评价指标,这种研究成果大多不考虑不同企业所处行业、地区、规模等差异性;另一种思路是针对不同行业的特殊性,分行业研究企业社会责任问题,形成不同行业特色的企业社会责任评价指标体系,这无疑加强了评价指标的实用性,但目前这类研究成果数量较少,在研究过程中对具有基础意义的理论和研究方法通常有所忽视,其科学性尚待增强。

四、我国食品企业社会责任评价

(一)食品企业社会责任评价的理论依据

为兼顾经典理论的指导作用和食品企业的特殊性,我们结合利益相关者理论与"金字塔"理论,并结合我国食品企业的特点引入食品安全理论,基于这三种理论的整合运用以指导食品企业社会责任评价方法的选取和评价指标的构建。利益相关者理论和"金字塔"理论前已述及,以下简要介绍食品安全理论。

食品安全包括食品数量安全和质量安全两大方面,通常意义上是指食品质量安全。大量食品具有经验品和信用品特征,导致食品市场信息严重不对称而产生食品安全问题。为解决食品市场的信息不对称,不少学者开始关注食品安全的制度环境议题。Nesveet et al.(2008)运用比较法律框架理论分析了英美食品安全治理框架不同的原因,发现英国主要依靠议会立法治理食品安全,法院执法处于次要地位,这一议会主权制度环境决定了英国采用立法导向的食品安全治理框架;美国宪法遵循"人民主权"原则,其食品安全治理的重心在于切实保护消费者和企业的合法利益,这一宪法至上的制度环境决定美国采用了执法导向的食品安全治理框架。由此表明,处于不同制度环境的国家照搬他国的食品安全治理模式与机制将会招致低效甚至无效。Alinetal(2003)认为,食品安全是食品供应链中各成员协同努力的结果,是各成员就食品生产、加工、销售等形成的委托代理矛盾,虽然目前流行的运用代理理论研究食品安全的供应链治理十分重要,但由于食品供应链内嵌于广泛复杂的制度环境中,有效的食品安全治理模式与机制应当首先基于其所处的法律环境、经济环境和文化环境等制度环境进行现实性和系统化的构建。

国内外学者对企业责任维度划分的主要观点有：一是四维度论（Carroll，1991；wartick&cochran，1985；黄群慧等，2009；陈志昂，陆伟，2003）。Carroll 将 CSR 细分为经济责任、法律责任、伦理责任和慈善责任，之后的一些研究都是建立在 Carroll 的四层次金字塔模型基础之上的[1]。wartick 和 cochran 把企业社会责任定义为：经济责任、法律责任、道德责任、其他责任[2]。黄群慧等构建出一个责任管理、市场责任、社会责任、环境责任"四位一体"的理论模型[3]。陈志昂和陆伟将企业社会责任分为法规区、习俗和社会规范区、企业战略区和道义区[4]。二是三维度论（John. Elkington，1997；全球报告倡议 GRI，2002；Davis & Blomstrom，1971；Lantos，2001；陈迅、韩亚琴，2007；金碚、李钢，2006）。John. Elkington 和全球报告倡议提出的企业的经济责任、社会责任和环境责任三重底线[5]。Davis 和 Blomstrom 提出的同心圆责任说将 CSR 分为内中外三圈，其中内圈责任包括履行最基本的经济责任，中圈是指在内圈的基础上，实现社会价值的改变，外圈包括未来可能出现的一切与社会发展相关的责任[6]。Lantos 从性质和动机两个方面将 CSR 分为战略责任、伦理责任和利他责任[7]。陈迅和韩亚琴依据社会责任对公司的重要性将 CSR 分为基本、中级以及高级企业社会责任[8]。金碚和李钢（2006）基于调查问卷认为，生产性环保支出、劳工社会保障投入以及纳税额可以作为衡量 CSR 的三个标准[9]。三是多维度论。Yuhei Inoue 和 Seoki Lee（2011）认为企业社会责任活动要从雇员的关系、产品质量、社会关系、环境问题、

---

[1] Carroll, A. B. The Pyramid of Corporate Social Responsibility: Toward the Moral Management of Organizational Stakeholders[J]. Business Horizons, 1991, 34(4): 39-48.
[2] Wartick, S. L, Cochran, P. L. The Evolution of the Corporate Social Performance Model[J]. Acdemic of Management Review, 1985, 10(4): 758-769.
[3] 黄群慧，彭华岗，钟宏武，张蒽.中国100强企业社会责任发展状况评价[J]. 中国工业经济，2009（10）：23-35.
[4] 陈志昂，陆伟.企业社会责任二角模型[J]. 经济与管理，2003（11）：60-61.
[5] Elkingtond.Partnerships from cannibals with forks the triple bottom line of 21st century business[J]. Environmental Quality Management, 1998, 8(1): 37-51.
[6] Davis, k & Blomstrom, R. L., Business and society: Environment and responsibility[M]. New York: McGraw Hill, 1971.
[7] Lantos, G. P. The boundaries of strategic corporate social responsibility[J]. Journal of Consumer Marketing, 2001, 18(7): 595-630.
[8] 陈迅，韩亚琴.企业社会责任分级模型及其应用[J]. 中国工业经济，2005（9）：99-105.
[9] 金碚，李钢.企业社会责任公众调查的初步报告[J]. 经济管理研究，2006（3）：13-16.

多样性问题五个方面来实施[①]。Porter 和 Kramer（2006）在 Lantos 研究基础上，从企业战略层面考虑，根据主被动性将社会责任划分为战略性和回应性两种类型[②]。徐尚昆和杨汝岱（2007）归纳总结出中西方共有的 CSR 维度为经济增长、合规合法、环境保护、顾客至上、慈善捐助和以人为本，而中国特有的维度为就业、商业道德以及社会稳定和进步[③]。

由于食品行业的特殊重要性，食品安全事件频繁发生，所以对食品公司社会责任的研究显得尤其重要。Monika Hartmann（2011）认为社会环境和社会经济会对食品公司产生重大影响[④]。随着社会经济的发展，食品公司企业社会责任的挑战与威胁已从单一公司水平逐渐转移到食品供应链及食品网络上来，又因公司的异质性和 CSR 方法的相关多样性，将导致未来食品行业社会责任面临很大挑战。CSR 与食品公司息息相关，食品公司社会责任意味着食品行业不仅要履行基本的社会责任，而且还要履行其特有的责任。国内外学者也纷纷开始了对食品企业社会责任进行探究和思考，目前也取得一些成果。如 Michael J. Maloni（2006）提出了食品企业应承担的社会责任包括健康和安全、生物技术、公平贸易和采购、劳工和人权、社区、环境、动物福利八个方面。Maloni 和 Brown（2006）从食品供应链的角度将食品企业社会责任分为健康与安全、动物保护、生物技术、社区福利、环境保护、贸易公平、员工与人权及采购公正八大类[⑤]。

理论界很多学者认为，保证食品安全是作为一个食品企业应当履行的最基本的也是最重要的社会责任（刘霞，2007；王晓丽、李磊，2009；刘艳，2010；骆蕾，2010）[⑥][⑦][⑧]。王邦兆和邓婷婷（2012）通过调查问卷分析得出

---

① Yuhei Inoue. Seoki Lee Effects of different dimensions of corporate social responsibility on corporate financial performance in tourism-related industries[J]. Tourism Management, 2011, 32(4): 790-804.
② Porter, M. E., M. R. Kramer. The Link between competitive Advantage and Corporate Social Responsibility[J]. Harvard Business Review, 2006, 80(12): 78-92.
③ 徐尚昆，杨汝岱. 企业社会责任概念范畴的归纳性分析[J]. 中国工业经济，2007（5）: 71-79.
④ Monika Hartmann.Corporate Social Responsibility in the Food Sector [J]. European Review of Agricultural Economics, 2011, 38(3): 297-324.
⑤ Michael J Maloni, Michael E Brown. Corporate Social Responsibility in the Supply Chain: An Application in theFood Industry[J]. Journal of Business Ethics, 2006, 68(1): 35-52.
⑥ 刘霞. 基于企业社会责任视角的食品安全问题浅析[J]. 商场现代化，2007（2）.
⑦ 王晓丽，李磊. 基于食品安全视角的食品企业社会责任浅析[J]. 价值工程，2009（11）: 22-24.
⑧ 刘艳. 论食品企业的社会责任[J]. 现代商贸工业，2010（11）: 79.

诚信责任和道德责任是消费者认为对于食品公司重要的两个责任[①]。王怀明和姜涛（2013）、赵越春和王怀明（2013）认为食品企业社会责任不仅应包括对全体利益相关者的责任，还应将环境、社区考虑在内。刘伟玲（2013）在对比研究大量文献和查阅资料的基础上，将食品企业社会责任分为了安全生产、食品质量、生态环境、员工责任、社会公益责任五个指标。

综合利益相关者理论、"金字塔"理论和食品安全理论，采取以下的扎根理论方法，借鉴前人对一般企业及食品企业社会责任的维度划分，我们将食品企业社会责任划分为食品安全责任、经济责任、法律责任、环境责任、责任治理五个维度，每个维度侧重面向不同的利益相关者履行相应的社会责任，其中，至少在当前较长的时期内，食品安全责任维度是食品企业首要的社会责任。

（二）食品企业社会责任评价方法

我们将结合源自社会学研究领域的扎根理论方法、社会责任研究中运用较多的内容分析和财务学中经典的财务指标法对食品企业的社会责任履行情况进行评价。

1. 基于扎根理论提取质性评价维度

（1）扎根理论简介与样本选取。

Glaser 和 Strauss（1967）提出了一种可以不受理论假设约束的质性研究方法——扎根理论。这种方法强调从原始资料中探索现象背后的核心概念，通过对原始资料进行反复的比较、分析和编码，从而探寻出若干概念、范畴及内在联系，并最终构建出可以扎根实践的理论模型。扎根理论具体包括四个步骤，分别是：开放式编码（初始编码和聚焦编码）、主轴编码、理论编码和理论饱和度检验。

本书选取我国 64 家食品饮料业上市公司为研究样本，以各公司官网披露的有关企业文化的文字描述作为资料来源，根据扎根理论，利用 NVivo8 软件对该 64 家样本公司进行分析处理。

（2）概念、范畴的提取与模型构建。

首先，进行开放式编码。开放式编码是指对原始资料进行逐词逐句地分析、标签与编码，以从中获得初始概念（初始编码），并进而从初始概念中提

---

① 王邦兆，邓婷婷. 消费者视角下的食品企业社会责任[J]. 科技管理研究，2012（19）：191-194.

炼若干范畴（聚焦编码）的过程。为了尽量避免个体偏好、专业背景等主观影响，本研究以样本公司官网中披露的有关企业文化的原生词句作为标签，从中发掘初始概念。根据 NVivo 8 软件的统计，本研究一共参考了 1 059 条原始语句，从中提取了 482 个初始概念，考虑到不同企业在对企业文化进行描述时运用了很多概念相似的词语，因而对相似概念进行了初步合并。本书在得到 134 个不重复的初始概念后，又将出现频次少于 2 次的初始概念剔除，最终得到 89 个初始概念。由于初始概念的层级较低且数量庞杂，一定程度上存在概念交叉，因此将相关的概念进行提炼并分类组合，以实现概念范畴化。本研究最终归纳出 24 个范畴，为节省篇幅，表 4-1 仅列出了 24 个范畴及出现频次较高的 3 个初始概念。

表 4-1 开放式编码产生的初始概念与范畴

范　畴	初始概念（出现频次）
产品质量理念	注重质量（17）、追求优质品质（14）、质量管理观（10）
绿色健康理念	健康理念（20）、安全食品理念（15）、健康食品理念（11）
关注利益相关者	关注员工利益（32）、关注消费者利益（22）、关注客户利益（19）
关注社会与民生	回报社会（35）、关注民生（10）
国家与民族意识	爱国兴邦（10）、振兴民族经济（4）
和谐共赢理念	和谐（19）、共赢（12）
保护环境理念	保护环境（9）、关注环境（6）
节能减排理念	节约能源（9）、减排降污（7）、循环经济（4）
绿色低碳理念	低碳意识（6）、绿色理念（5）、追求环境效益（3）
遵纪守法理念	遵纪守法（7）、对政府负责（3）
经济效益理念	追求效益（23）、注重效率（16）、降低成本（4）
持续发展理念	注重发展（13）、可持续发展（6）、忧患意识（6）
内部管理理念	人才理念（21）、精艺理念（13）、管理理念（12）
外部市场理念	服务理念（24）、注重市场导向（14）、营销理念（7）
敬业奉献精神	爱岗敬业（20）、奉献精神（13）、实干精神（9）
卓越进取精神	开拓进取（23）、追求卓越（19）、拼搏精神（8）
改革创新精神	创新（44）、科技（12）、改革精神（5）
求真务实精神	求真务实（16）、与时俱进（6）
团结协作精神	团结（26）、协作（7）、沟通（3）
道德理念	道德观念（10）、忠诚（8）、真诚（5）
诚信理念	重视诚信（35）、讲求信誉（3）
追求荣誉的愿景	成为行业领导者（7）、成为一流企业（7）、成就卓越的品牌（5）
持续经营的愿景	百年企业（8）
具有使命感的愿景	传承文化（6）、弘扬中华美食（3）

注：表中资料数据手工收集自各上市公司官方网站、《企业社会责任报告》《可持续发展报告》等信息载体。

(3)主轴编码。

Strauss 和 Corbin（1990）在早期扎根理论的基础上设计出一种编码类型——主轴编码。它通过分析范畴间的内在联系，来寻求可以作为"范畴之轴"的主范畴，从而形成更大类属的维度。本研究基于社会责任理论，通过探究 24 个范畴在性质、结构、内容等方面的逻辑关系，比较归纳后，最终确定出 7 个主范畴。表 4-2 详细列示了各主范畴、对应副范畴及主副范畴间的内在联系。

表 4-2 主轴编码产生的主、副范畴及其内在联系

主范畴	副范畴	主、副范畴间的内在联系
食品安全责任	FS1 产品质量理念	产品质量理念为食品安全提供最基础的质量保障
	FS2 绿色健康理念	绿色健康理念是食品安全更高层次的要求
	FS3 追求荣誉愿景	致力于成为行业领导者、国际知名企业的愿景
	FS4 关注社会与民生	关注社会与民生是共赢观在社会层面上的体现
	FS5 具有使命感愿景	致力于传承中华文明、弘扬中华美食或创建美好生活的愿景
经济责任	EC1 经济效益理念	经济效益理念是企业对于业绩、效益、经济利益的追求
	EC2 持续经营愿景	致力于永续经营、创建百年企业的愿景
	EC3 内部管理理念	加强内部管理为企业经营发展提供内在保障
	EC4 外部市场理念	注重外部市场为企业经营发展提供外部导向
法律责任	LA1 遵纪守法理念	遵纪守法是企业经营发展的基础
	LA2 关注利益相关者	关注员工、消费者、股东等相关者的利益是共赢观在企业层面上的体现
	LA3 国家与民族意识	兴邦、振兴民族是共赢观在国家层面上的体现
	LA4 和谐共赢理念	和谐共赢理念为实现社会共赢提供精神支持
	LA5 道德建设理念	在员工层面、企业层面提倡道德观念
	LA6 诚信经营理念	诚信理念是企业经营最基本的信条
环境责任	EN1 保护环境理念	保护环境理念是环保节能观的基础
	EN2 节能减排理念	节能减排理念是环保节能观在能源节约方面的体现
	EN3 绿色低碳理念	绿色低碳理念是环保节能观在清洁、无污染方面的体现
	EN4 持续发展理念	持续发展理念是企业对于永续的、可持续发展的追求
责任治理	RG1 敬业奉献精神	敬业奉献精神是企业经营发展的基本精神理念
	RG2 卓越进取精神	卓越进取精神为企业经营发展提供不竭动力
	RG3 求真务实精神	求真务实精神使企业在经营发展过程中保持清醒的认识
	RG4 团结协作精神	团结协作精神为企业经营发展提供向心力和凝聚力
	RG5 改革创新精神	改革创新精神为企业经营发展提供智力与科技支持

注：表中资料数据手工收集自各上市公司官方网站、《企业社会责任报告》《可持续发展报告》等信息载体。

（4）理论编码与模型发展。

通过理论编码可以从主范畴中提炼出核心范畴，同时探索核心范畴与主范畴、副范畴之间的内在联系，继而以"故事"形式呈现出研究对象的整体脉络及潜在因果关系，最终发展出新的理论模型。经过理论编码，本研究得出的核心范畴为"食品企业社会责任维度及其作用关系"，围绕该核心范畴的"故事"概要为：食品安全责任是食品企业最基本、最起码的社会责任，它是食品企业整个社会责任的起点和基石；经济责任是食品企业社会责任的目标，因为食品企业作为市场经济中的主体，和其他企业一样，其本质都是"价格机制的替代物，是一种替代市场进行资源配置的组织"，目标就是节省交易费用并创造价值，因此，至少在当前的社会经济背景下，履行经济责任是食品企业得以持续经营的前提，是食品企业社会责任的主要目标；法律责任和环境责任则是在履行食品安全的基础上承担经济责任过程中的两大不可或缺的制约因素；责任治理则是食品安全责任、经济责任、法律责任和环境责任之间作用关系的关键调节因素，科学有效的责任治理机制将促进这四种社会责任的共同履行、相互促进。以该"故事"为基础，我们构建出一个"食品企业社会责任维度及其作用关系模型"（见图4-1）。

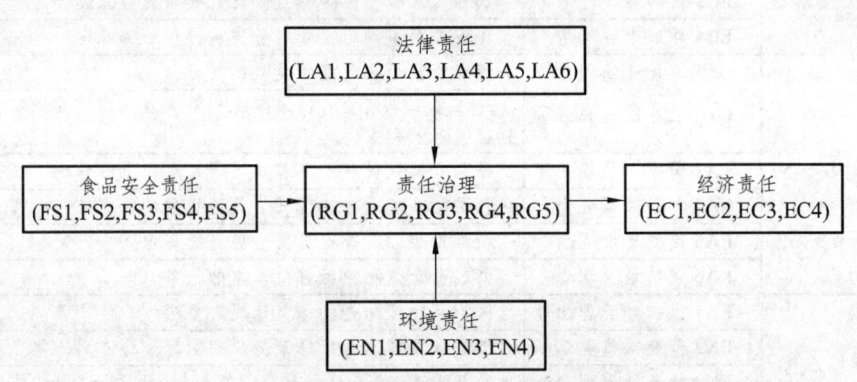

图4-1　食品企业社会责任维度及其作用关系模型

2. 结合财务指标法与内容分析法设计量化指标并计分

基于通过扎根理论构建的"食品企业社会责任维度及其作用关系模型"的五个主范畴及各个维度下的副范畴，我们将其分别设定一级指标和二级指标；由于三级指标涉及各个食品企业社会责任的具体执行层面，其中一些社会责任绩效是可以通过货币计量的，我们借鉴前人采用较多的财务指标法设计兼顾全面性和重要性的财务指标进行评价，另一些社会责任绩效可能是不能通过货币计量的或是定性的,我们采用已有文献中的内容分析法加以量化,但不同之处是,我们首先对社会责任的披露内容进行正面与负面的性质分析以确定加减分,再进行内容分析。内容分析根据关键词、关键句或与关键词、关键句实质相同的内容进行计分,没有计 0 分,有一条加 1 分(正面信息)或扣 1 分(负面信息),加减分不设限制;最后,采用因子分析法去量纲处理,同时对财务指标与非财务指标两个方面进行综合计分,最终完成对食品企业社会责任的评价(见表 4-3、表 4-4)。

表 4-3　食品企业社会责任评价指标体系

一级指标	二级指标	三级指标
食品安全责任	FS1 产品质量理念	财务指标:因食品质量问题及安全事故交纳的罚金(或承担的预计负债)占当期营业收入的比例、因食品质量问题及安全事故交纳的违约金(或承担的预计负债)占当期营业收入的比例、质量成本(内部缺失成本、外部损失成本、预防成本、鉴定成本)投入占总投入的比例 非财务指标:是否遵守工伤保险条例、是否依法制定保障制度,是否进行守法合规培训、是否披露守法合规方面的负面信息、广告宣传是否合规、是否通过 ISO9000 等相关认证、是否通过 HACCP 管理体系认证、是否建立食品安全事故应急机制、是否注重特殊人群的营养关爱、是否有确保食品健康与营养均衡的制度措施、消费者每月投诉次数占销售量的比例
	FS2 绿色健康理念	财务指标:绿色安全食品研发投入、绿色采购支出、绿色认证支出、绿色生产支出、绿色营销支出 非财务指标:是否建立执行绿色食品材料及相关设备的绿色采购制度、是否对供应商进行安全卫生或绿色生产控制、是否在生产过程中进行绿色生产监控机制、是否建立了绿色或有机食品相关的生产基地、是否通过了绿色食品或有机食品认证
	FS3 追求荣誉愿景	财务指标:参与各类与食品质量相关的评奖活动支出、获得政府与行业协会的各种奖金 非财务指标:政府组织机构评选颁发的各类奖项、行业颁发的各种奖励、媒体和市场研究机构的奖项、公众通过正式和非正式渠道对企业的赞许表达(如信件数和网络好评数)、董事长的个人声誉
	FS4 关注社会与民生	财务指标:对社会公众食品需求或评价的调研支出、公益性捐赠支出、对贫困弱势群体的扶贫支出 非财务指标:参加食品企业民生宣誓活动情况、食品工业企业诚信体系建设活动情况、企业参加食品安全知识教育的情况、在贫困地区建立扶贫性产业化基地情况

续表

一级指标	二级指标	三级指标
食品安全责任	FS5 具有使命感愿景	财务指标：无 非财务指标：是否提出传承中华饮食文化、创造营养美味和膳食养生的产品、推进绿色食品、标准化的绿色农产品种植、提供"生命之食品"，是否始终如一的关注食品安全，将食品安全作为公司发展和企业形象的坚实基础，成为深受消费者欢迎与信赖的食品企业等
经济责任	EC1 经济效益理念	财务指标：每股收益、总资产收益率、托宾q值、资本保值增值率、销售净利率、流动比率、速动比率、资产负债率、现金流量点净利润的比例、利息保障倍数、权益净利率等。 非财务指标：无
	EC2 持续经营愿景	财务指标：经济增加值、销售收入增长率、资产增长率、投资增长率 非财务指标：是否符合国家产业政策和人类的可持续发展、是否具有经营所需的核心资源要素、是否具有优秀领导团队和核心职员、是否在较长时期内具有稳定增长性
	EC3 内部管理理念	财务指标：内部控制的机构投入支出、内容控制的人员薪酬支出、内部控制失败造成的损失 非财务指标：内部环境、风险评估、控制活动、信息与沟通、内部监督等要素的管控情况
	EC4 外部市场理念	财务指标：广告费支出占销售收入的比率、营销人员薪酬占全体职工薪酬的比率、产品与劳务售后服务支出占销售收入的比率 非财务指标：市场预测能力、市场营销能力、市场竞争能力、市场增长潜在能力、市场时机把握能力、市场负面事件处理能力
法律责任	LA1 遵纪守法理念	财务指标：罚没支出占营业收入的比率、企业所得税上交额占资产总额的比率、流转税上交额占营业收入的比率 非财务指标：企业经营性违法违规次数、企业因社会责任负面事件被处罚次数、对《合同法》《劳动法》等与职员权益相关的法律法规的遵守情况
	LA2 关注利益相关者	财务指标：对供应商、销售商的支助占交易的比率、对供应商、销售商的担保占交易额的比率、对社区的支助金额、对外捐赠金额占营业利益的比率、员工培训支出占职工薪酬的比率 非财务指标：解决当地就业人数占职工总人数的比率、处理消费者投诉事件的满意度、供应商与销售商的评价、同业竞争对手的评价、参与政府相关部门活动的情况

续表

一级指标	二级指标	三级指标
法律责任	LA3 国家与民族意识	财务指标：无 非财务指标：企业树立国家意识、公民意识、中华民族共同体意识的活动情况，涉及多民族的企业的统一战线共建工作开展情况，推动建立各民族相互嵌入式的社会结构和社区环境活动情况
	LA4 和谐共赢理念	财务指标：无 非财务指标：培育员工的"归属感、成长感、成就感、自豪感、责任感"教育活动情况，激发和调动员工的主动性、积极性、创造性，提升团队的凝聚力、号召力和战斗力活动情况
	LA5 道德建设理念	财务指标：无 非财务指标：开展道德外部环境建设情况（加强法制建设、改善政府行为、提高消费者素质、发挥压力团体的作用、在全社会加强宣传教育树立道德观念、加强职业道德研究等），开展内部道德环境建设情况（培育道德型的企业核心管理层、优秀的企业道德文化、持续进行道德创新等）
	LA6 诚信经营理念	财务指标：因失信产生的商业性违约金占销售收入的比率、因失信经营对消费者等利益相关者的赔偿金额占交易额的比率 非财务指标：是否制定企业信用体系制度建设，是否参加诚信经营教育与宣传行动，是否签订诚信经营承诺书，是否存在制假售假、商业欺诈、逃债骗贷等失信记录
环境责任	EN1 保护环境理念	财务指标：环保支出占总投入的比率、环保罚款占销售收入的比率、排污费占营业成本的比率、各种污染治理的投入占总投入的比率 非财务指标：在关注气候、促进生态文明、实现可持续发展方面的实践行动和成功经验情况、绿色环保宣传教育情况
	EN2 节能减排理念	财务指标：在国家节能减排十大重点工程中所投入的专项支出占总投入的比率 非财务指标：在发展先进环保技术和装备、环保产品、环保服务、再生资源回收利用等方面的行动情况
	EN3 绿色低碳理念	财务指标：在低碳技术创新、制度创新、产业转型、新能源开发等方面发生的支出与投资支出的比率 非财务指标：在低能耗、低污染、低排放等方面的教育活动、培训活动、宣传活动的开展情况
	EN4 持续发展理念	财务指标：无 非财务指标：企业在创新可持续发展、文化持续发展、制度持续发展、核心竞争力可持续发展、要素可持续发展等方面的行动情况

续表

一级指标	二级指标	三级指标
责任治理	RG1 敬业奉献精神	财务指标：无 非财务指标：敬业奉献制度的建立实施情况、敬业奉献精神的学习与宣传情况、敬业奉献评优秀活动开展情况、对失责员工的惩罚情况
	RG2 卓越进取精神	财务指标：无 非财务指标：是否具有自强不息、艰苦奋斗、勤俭节约、公平公正、廉洁奉公、自省自励、不断进取的精神，是否具有献身事业、追求更高的工作目标、勇于承担更重要的责任、掌握更高超的工作技能、培养精益求精的工作态度，是否具备与时俱进、勇争第一、永恒创新、一往无前、永不停步的精神
	RG3 求真务实精神	财务指标：无 非财务指标：企业对国家忠诚、员工对企业忠诚的情况，国有企业履行国有资产保值增值的使命、员工肩负企业兴旺、长富久安的责任情况
	RG4 团结协作精神	财务指标：无 非财务指标：是否具有发扬企业内部协作和配合精神的制度与行动，是否培育了提倡企业员工之间相互支持、关心、帮助、营造企业和谐健康的工作环境
	RG5 改革创新精神	财务指标：研发支出占企业总投入的比重、企业对职工学习新科技的专业管理费用的比重 非财务指标：获得专利数、获得科技奖项数、发表科技论文的数量与质量

表 4-4 食品饮料业上市公司社会责任评价结果（得分情况）

公司名称	食品安全责任	经济责任	法律责任	环境责任	责任治理	综合责任
贝因美	19	19	18	19	18	93
黑芝麻	19	18	18	19	18	92
迎驾贡酒	19	18	18	19	18	92
贵州茅台	18	18	19	19	17	91
金徽酒	18	18	19	18	18	91
泸州老窖	18	18	19	19	17	91
广州酒家	18	18	18	18	18	91
承德露露	18	17	18	18	18	89
广弘控股	18	18	18	18	17	89
今世缘	18	17	19	18	17	89

续表

公司名称	食品安全责任	经济责任	法律责任	环境责任	责任治理	综合责任
大北农	18	18	17	18	17	88
金新农	18	17	18	18	17	88
惠发股份	18	17	18	18	17	88
青青稞酒	17	17	18	17	18	87
金种子酒	17	17	18	18	17	87
双汇发展	17	17	17	18	17	86
正虹科技	17	17	17	18	17	86
冠农股份	16	17	17	17	17	84
爱普股份	16	17	16	17	17	83
天马科技	15	17	16	17	18	83
汤臣倍健	15	16	17	17	17	82
绝味食品	15	17	17	16	17	82
克明面业	16	17	16	16	16	81
三全食品	15	17	17	16	16	81
正邦科技	15	17	16	17	15	80
星湖科技	16	17	15	16	15	79
绿庭投资	14	17	16	15	16	78
绿庭B股	15	15	16	16	15	77
千禾味业	13	17	16	16	15	77
伊利股份	13	17	16	16	15	77
新希望	13	17	17	16	14	77
恒顺醋业	14	17	16	16	14	77
燕京啤酒	13	17	16	17	14	77
溢多利	14	16	17	16	14	77
维维股份	14	16	16	16	15	77
量子高科	14	17	16	16	14	77
加加食品	14	18	15	16	14	77
麦趣尔	14	17	16	15	14	76

续表

公司名称	食品安全责任	经济责任	法律责任	环境责任	责任治理	综合责任
同济堂	14	17	15	16	14	76
禾丰牧业	14	16	16	15	14	75
佳隆股份	14	16	16	15	14	75
宏辉果蔬	13	17	15	16	14	75
中粮糖业	13	16	16	15	14	74
道道全	13	16	16	15	14	74
海大集团	13	17	15	15	14	74
五粮液	13	15	16	15	15	74
燕塘乳业	13	16	15	16	14	74
金达威	13	15	16	15	14	73
天邦股份	13	16	16	15	13	73
华资实业	13	16	15	15	13	72
海欣食品	13	15	15	15	13	71
华统股份	13	16	14	15	13	71
会稽山	14	15	14	15	13	71
天润乳业	13	14	15	15	13	70
洋河股份	13	15	14	14	12	68
保龄宝	12	14	15	15	12	68
古越龙山	13	15	14	15	11	68
酒鬼酒	12	14	15	14	11	66
金枫酒业	13	13	15	14	11	66
唐人神	12	14	14	15	11	66
珠江啤酒	12	13	15	15	11	66
光明乳业	13	14	14	14	11	66
天康生物	12	15	13	15	11	66
张裕A	12	14	15	14	10	65
张裕B	12	14	14	15	10	65
重庆啤酒	11	14	14	14	10	63

续表

公司名称	食品安全责任	经济责任	法律责任	环境责任	责任治理	综合责任
通威股份	11	14	14	14	10	63
皇氏集团	11	14	14	14	10	63
威龙股份	12	13	13	14	10	62
青岛啤酒	12	13	13	14	10	62
安井食品	12	13	13	14	10	62
莲花健康	13	13	13	12	10	61
龙力生物	11	13	13	14	10	61
上海梅林	11	13	13	14	10	61
安琪酵母	12	12	13	13	11	61
三元股份	11	13	14	14	9	61
好想你	11	13	12	14	10	60
口子窖	11	12	13	13	10	59
西王食品	11	13	11	14	10	59
科迪乳业	12	12	13	12	10	59
煌上煌	11	13	13	12	10	59
康达尔	11	12	13	12	10	58
中粮生化	10	13	13	14	8	58
中葡股份	10	13	12	13	9	57
东凌国际	10	12	13	12	10	57
龙大肉食	11	12	12	12	10	57
洽洽食品	10	13	13	11	10	57
南宁糖业	9	12	13	12	11	57
梅花生物	9	13	12	12	11	57
桃李面包	9	13	13	12	10	57
伊力特	10	12	12	13	10	57
深深宝A	9	13	12	12	11	57
古井贡酒	10	14	12	13	8	57
西藏发展	10	13	14	12	8	57

续表

公司名称	食品安全责任	经济责任	法律责任	环境责任	责任治理	综合责任
兰州黄河	10	14	13	12	8	57
*ST中基	10	14	13	12	8	57
皇台酒业	11	13	12	12	9	57
天宝股份	10	13	13	12	9	57
得利斯	10	13	12	12	10	57
永安药业	10	14	13	12	8	57
黑牛食品	10	13	12	12	8	55
双塔食品	9	13	13	12	8	55
涪陵榨菜	9	13	13	12	8	55
金字火腿	9	13	12	12	9	55
桂发祥	8	14	13	12	7	54
盐津铺子	8	13	13	12	8	54
深深宝B	8	13	12	12	9	54
古井贡B	7	13	13	12	9	54
佳沃股份	8	12	13	12	9	54
花园生物	7	13	12	12	8	52
哈高科	8	12	13	12	7	52
金健米业	7	12	12	12	9	52
荣华实业	7	12	13	12	7	51
通葡股份	7	11	12	12	9	51
青海春天	7	12	13	12	7	51
莫高股份	8	12	12	12	7	51
老白干酒	7	11	13	12	8	51
惠泉啤酒	7	12	12	12	8	51
沱牌舍得	7	12	13	12	6	50
新华锦	7	12	12	12	6	50
水井坊	7	11	12	12	6	48
山西汾酒	7	11	11	12	5	46
海天味业	7	10	12	12	5	46
安记食品	7	11	10	12	5	45

注：表中计分取整数；食品安全责任、经济责任、法律责任、环境责任、责任治理的权重均为20%。

第五章 食品企业社会责任与经济绩效作用关系的实证研究

一、食品企业社会责任的影响因素：基于扎根理论的探索

食品企业社会责任的缺失是食品安全事件频发的前因。本部分以沪深股市 58 家食品饮料业上市公司为样本，采用扎根理论探索构建了食品企业社会责任的影响因素及其作用机制模型，发现企业文化是企业社会责任的内在前置驱动因素，质量改进和经济绩效是调节"文化—责任"关系的内部情境因素，企业荣誉是调节"文化—责任"关系的外部情境因素；阐释了驱动机制和调节机制，并为我国食品安全治理提供了相关政策建议。

近年来，食品安全事件频发成为全社会关注的焦点。有效实施食品安全治理、引导食品企业履行社会责任是当前亟待解决的问题。食品安全事件背后的实质是拷问我国食品安全治理面临的这些问题：为何有的食品企业坚持履行社会责任，但也有不少食品企业甚至是名牌或龙头企业违背社会责任？有哪些主要因素影响食品企业履行社会责任？其驱动机制和调节机制又是怎样发挥作用的？目前我国学术界和政府尚未深入研究和有效解决这些问题。我国政府日益重视食品安全治理。近几年已经施行了《食品安全法》《农产品质量安全法》《国务院关于加强食品安全工作的决定》等系列法律法规，并成立了国务院食品安全委员会作为食品安全工作的最高议事协调机构，十八大报告也提出今后需要改革和完善食品药品安全监管体制机制。然而，这些改革在近几年并未收到显著成效。根据复旦大学吴恒创办的"掷出窗外——面对食品安全危机，你应有的态度！"网站、国家食品安全中心网站"质量播报"栏目和国务院食品安全委员会办公室主办的中国食品安全论坛网站"食品安全问题曝光"栏目（未披露 2010 年的数据）的数据统计，我国 2010—2012 年度食品安全事件发生的数量与趋势如图 5-1 所示。图 5-1 表明，虽然三种

统计数据的差异较大，但均反应了我国自2009年实施《食品安全法》之后食品安全事件的发生数量仍然呈上升态势，并未明显扭转。为了克服单一政策监管的低效，2012年6月国务院召开了常务会议研究部署进一步加强食品安全工作，将"严格落实生产经营者主体责任"作为今后食品安全治理的六大任务之一。因此，只有明确食品企业的社会责任尤其是其影响因素和作用机制，才能制定实施政府监管强制性与企业履责主动性相协同的高效食品安全治理政策。

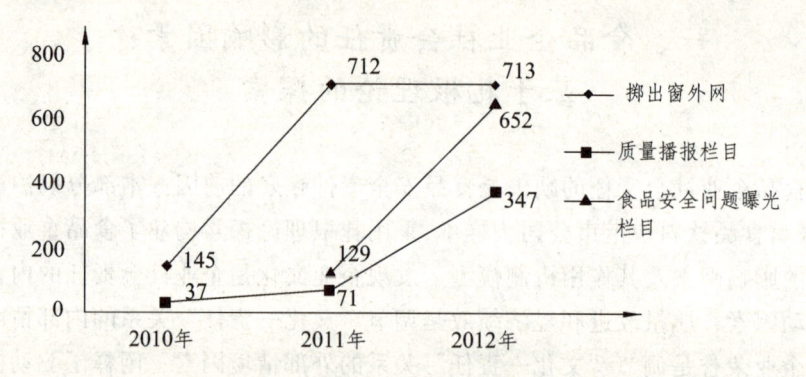

图 5-1　2010—2012年食品安全事件发生数量（件）

企业社会责任影响因素的研究视域广泛涉及企业社会责任的内容、过程、需求层次、宏微观主体和传导机制等方面，但尚存以下不足：一是目前的研究路径为探索对所有企业具有普适性的企业社会责任影响因素，缺少针对社会责任具有特殊性的食品企业、重污染企业等的专项研究。二是传导机制的研究结论差异很大，甚至存在一些矛盾。如前所述，前置驱动因素有国家与社会文化、企业经济基础等多种观点，中介或调节因素也有企业管理者的价值观、制度因素等多种观点，其原因可能是现有文献大多采用演绎法考虑到了影响企业社会责任的局部因素，缺少采用归纳法探索整体影响因素的研究成果。因此，我们以我国食品饮料业上市公司为样本，采用扎根理论质性归纳研究方法，对我国食品企业社会责任的影响因素及其作用机制进行整体性探测研究，以期为我国食品安全治理提供政策建议。

（一）资料来源与研究方法

目前尚无全面系统的有关食品企业社会责任影响因素的概念、范畴、测量量表和理论模型。中国企业家调查系统（2007）的调研结果显示，企业经营者对企业社会责任的理解不一致，甚至存在一些误解。因此，设计结构化问卷对企业管理层进行大样本调研未必有效，也受调研条件和成本的限制。由于食品企业的社会责任行为受诸多因素的影响，探测这些影响因素需要广泛深入的信息来源。公司网站具有内容广泛、信息量大、更新及时等优势，其信息蕴含着对企业社会责任产生影响的各种现实因素。因此，我们选取我国食品饮料业上市公司为样本，以各公司网站所有栏目披露的全部信息作为资料来源。剔除了生产白酒等特殊消费品的公司，最终得到58家样本公司，其中沪市17家、深市41家。

扎根理论是由Glaser和Strauss（1967）首创的一种不受理论假设限制的质性研究方法，它是从原始资料中探寻现象背后的核心概念，通过对资料进行反复比较分析和编码，探测出若干概念、范畴及其内在联系，最终构建出扎根于实践的理论模型。扎根理论包括开放式编码（初始编码和聚焦编码）、主轴编码、理论编码和理论饱和度检验四个步骤[26]。以下将运用扎根理论、采用NVivo 8软件对58家样本公司进行分析处理。

（二）概念、范畴的提取与模型构建

1. 开放式编码

开放式编码是对原始资料逐词逐句地进行分析、标签和编码，从原始资料中产生大量初始概念（初始编码），并进一步从初始概念中发掘提炼出若干范畴（聚焦编码）。为了尽量排除主观定见、专业背景和个体偏好的影响，我们采用公司网站披露的原生词句作为标签，从中发掘初始概念。根据NVivo 8软件的统计，一共参考了1 992条原始语句，从中提取了171个初始概念，在剔除出现频次少于3次的初始概念后，最终得到157个初始概念。由于初始概念数量多且存在一些交叉重复，进一步对初始概念进行分类组合，按其实质归纳为16个范畴。为了节省篇幅，表5-1仅列示了出现频次较高的前3个初始概念和16个范畴。

表 5-1　开放式编码产生的初始概念与范畴

范　畴	初始概念（出现频次）
食品安全	全国食品安全示范企业（19）、食品安全示范单位（5）、中国食品安全十强企业（4）
法律责任	诚信纳税企业（7）、纳税大户（4）、安全生产（3）
环境责任	循环经济（14）、环境保护（8）、节能减排（6）
慈善责任	汶川抗震救灾（33）、新农村建设（17）、公益事业（16）
企业文化	企业文化（41）、企业理念（32）、企业价值观（31）
企业战略	经营理念（17）、企业战略（15）、企业目标（9）
研究开发	博士后科研工作站（24）、国家高新技术企业（23）、国家级企业技术中心（20）
质量管理	全面质量管理（6）、从农田到餐桌（5）、可追溯管理系统（4）
经营模式	产业链（31）、农业产业化模式（16）生产基地（8）
销售绩效	出口（30）、销售网络（14）、销售收入（9）
治理结构	下属企业（42）、组织构架（25）、控股方式（7）
企业地位	国家农业产业化重点龙头企业（51）、省农业产业化重点龙头企业（22）、国家行业百强（11）
品牌荣誉	中国名牌产品（42）、省名牌产品（39）、中国驰名商标（38）
资质认证	ISO9001认证（45）、HACCP认证（42）、全国AAA级资信认证（25）
高管荣誉	国家级行业协会会长或副会长（15）、全国劳动模范（7）、全国人大代表（4）
领导视察	省领导调研（82）、全国人大委员长视察（18）、国务院总理视察（15）

注：括号中的数字为出现频次；初始概念出现频次相同时随机取舍。

2．主轴编码

主轴编码是由 Strauss 和 Corbin（1990）在早期扎根理论基础上创设的一种编码类型，它通过探寻范畴间的内在联系，发展出作为"范畴之轴"的主范畴，形成更大类属的维度[26]。根据表 1 中的 16 个范畴在性质、内容、结构、条件、行动、结果等方面的逻辑联系进行比较与归类提取，确定为 5 个主范畴。各主范畴、对应副范畴及其内在联系如表 5-2 所示。

表 5-2 主轴编码产生的主范畴及其副范畴与内在联系

主范畴	副范畴	主副范畴间的内在联系
企业社会责任	食品安全	保障食品安全是关涉公众健康和生命安全的首要企业社会责任
	法律责任	遵守法律法规和法定食品安全标准是强制性企业社会责任
	环境责任	履行清洁生产等环境责任是企业建设生态文明的必要社会责任
	慈善责任	从事救灾济贫等慈善事业是企业建设和谐社会的自愿性社会责任
企业文化	企业文化	企业的理念、价值观、使命等构成企业的软实力文化体系
	企业战略	企业战略是企业文化的实践而企业文化是企业战略的基石
质量改进	研究开发	加强自主研发、攻克科技壁垒是企业改进食品质量的第一生产力
	质量管理	实施"从农田到餐桌"的供应链管理是食品质量改进的重要途径
经济绩效	经营模式	推行农业产业化等经营模式能够实现规模经营、提高经济绩效
	销售绩效	销售绩效是企业经济绩效得以保障和提高的直接途径
	治理结构	治理结构是协调企业内外部关系、提高经济绩效的产权制度安排
企业荣誉	企业地位	企业在社会网络和产业中的地位与影响力是企业荣誉的整体体现
	品牌荣誉	品牌荣誉是企业产品质量与特色的荣誉体现
	资质认证	资质认证是企业技术能力、质量安全和信用水平等的荣誉体现
	高管荣誉	高管荣誉为企业赢得社会网络和社会资本而增强企业荣誉
	领导视察	政府领导人视察能够提升企业的社会关注度和政治声誉

3．理论编码与模型发展

理论编码是从主范畴中提炼、归纳出核心范畴，并探寻核心范畴与主范畴及相关副范畴间的内在联系，再以"故事"的形式呈现研究对象的整体连贯图景及其背后的因果脉络，最终发展出新的理论模型。经过理论编码，得出"食品企业社会责任的影响因素"核心范畴，围绕该核心范畴的"故事"概要为：企业文化、质量改进、经济绩效、企业荣誉四个主范畴对企业社会责任主范畴存在显著影响；其中，企业文化是内在前置驱动因素，是食品企业社会责任行为的根本动因，二者形成原生的"企业文化—企业社会责任"驱动关系（简称"文化—责任"关系）；质量改进、经济绩效、企业荣誉对"文化—责任"关系具有调节作用，属于情境条件因素；质量改进、经济绩效是内部情境因素，企业荣誉是外部情境因素，三者共同调节"文化—责任"关系的一致性程度和强度。以该"故事"为基础，建构出一个新的"食品企业社会责任的影响因素及其作用机制模型"（见图 5-2），按其构件简称为"文化—情境—责任"模型。

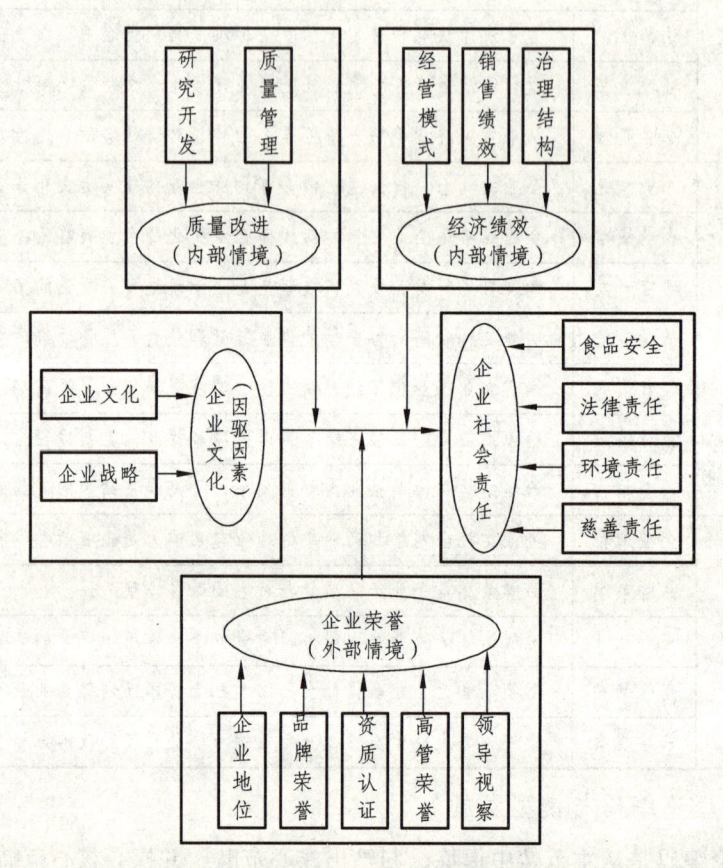

图 5-2 食品企业社会责任的影响因素及其作用机制模型

4．理论饱和度检验

为了保障理论构建依据的初始样本量足够大，初始概念和范畴提取参考的资料更具开放性，我们并未采取扎根理论常用的事先预留部分样本以备检验理论饱和度的抽样方法，而是采取由三位本课题组成员独立地对源自全部样本公司的初始概念、范畴、主范畴、核心范畴及其逻辑关系进行复查、质疑、增减，再进行集中辩论、取得共识的方法进行理论饱和度检验，结果并未发现存在实质分歧的范畴、主范畴、核心范畴和逻辑关系。此外，还对高金食品、涪陵榨菜两家食品上市公司的董事长、总裁及生产部、技术部、战略部、市场部、财务部的负责人进行了深度访谈，结果初步验证了模型逻辑关系的正确性。由此表明，"文化—情境—责任"模型基本达到理论饱和。

（三）"文化—情境—责任"模型的阐释

运用"文化—情境—责任"模型可以解释食品企业社会责任的形成机理。食品企业社会责任的影响因素包括企业文化、质量改进、经济绩效和企业荣誉四个主范畴，但它们对企业社会责任的作用机制（强度、方向等）存在差异。

1."文化—责任"驱动机制

企业文化由企业的理念、价值观、使命和愿景等因子决定，是企业社会责任的内在前置驱动因素，它通过影响食品企业领导层和员工的意识与行动驱动企业社会责任行为发生与否及履行程度大小。根据样本案例发现，"文化—责任"关系的一致性取决于企业文化的类型和强度。

（1）企业文化的类型影响"文化—责任"关系的一致性。由于企业的领导者特质、发展历程、所属产业、所处地域和宏观经济社会环境等存在差异，产生了多种类型的企业文化，不同类型的企业文化传达的理念、价值观、使命和愿景等具有差异，进而对企业社会责任行为的驱动产生不同的影响，发生作用的企业社会责任维度也可能不同，甚至出现维度间发生矛盾的情况。以双汇集团为例，其愿景是"做中国最大、世界领先的肉类供应商"，该企业文化驱使双汇强化企业社会责任的（经营型）慈善责任维度而弱化（质量型）食品安全维度。根据双汇网站公示的数据统计，截止2011年双汇累计捐赠达1.6亿元，但在2011年发生了"瘦肉精"恶性食品安全事件，即发生了"捐赠"与"掺假"并存的怪象。

（2）企业文化的强度影响"文化—责任"关系的一致性。当企业文化的影响力较弱时，如滞留于表层文化而未深入中间层和核心层文化，企业几乎不会主动承担社会责任。企业文化要能驱动企业社会责任行为的发生，其影响强度需要达到某个"阀值"，当影响强度超过该"阀值"后，随着其强度的持续增大，"文化—责任"关系一致性的程度会越高。因此，"文化—责任"关系并非简单的线性关系，而是复杂的非线性关系。例如，三元股份自1997年上市以来一直强化以"倡导绿色与健康的文化""质量立市、诚信为本"为核心的企业文化建设，即使在2008年我国乳品产业几乎全盘陷入"三聚氰胺"事件的形势下，三元仍能独善其身。

2. 情境因素对"文化—责任"关系一致性的调节机制

质量改进（由研究开发、质量管理两个范畴决定）和经济绩效（由经营模式、销售绩效和治理结构三个范畴决定）是影响食品企业社会责任行为的内部情境因素，这两大因素是"文化—责任"驱动关系的科技支持、经济基础和管理保障，是食品企业能否将社会责任动机付诸实践、保障食品安全的内在物质条件。企业荣誉（由企业地位、品牌荣誉、资质认证、高管荣誉和领导视察五个范畴决定）是影响食品企业社会责任行为的外部情境因素，是食品企业实现"文化—责任"驱动关系的外在动力和压力等精神条件。

质量改进、经济绩效和企业荣誉三个情境因素均通过影响"文化—责任"关系一致性的程度或强度发挥调节作用。当三个情境因素的综合影响微弱时，如三者的影响均微弱或三者的影响虽然较大但调节方向相反导致影响相互抵消，食品企业的社会责任行为主要由企业文化直接驱动，此时"文化—责任"驱动关系变得直接强烈；当三个情境因素的综合影响强烈时，如三者的影响强度和调节方向均非常积极或非常消极，将会大幅促进或抑制食品企业的社会责任行为，此时"文化—责任"驱动关系变得间接微弱。三个情境因素对"文化—责任"关系一致性的调节机制如图5-3所示。

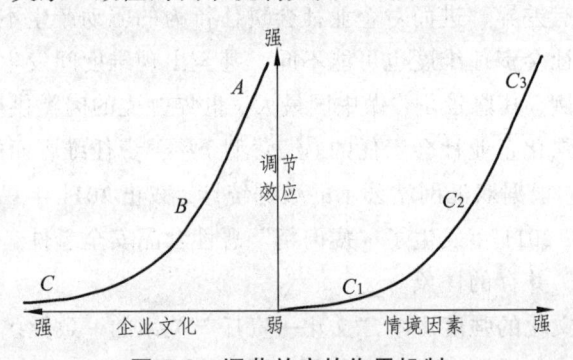

图5-3 调节效应的作用机制

图5-4为情境因素对"文化—责任"关系一致性的调节机制总结。图5-4中，A、B、C三条曲线分别代表企业文化类型和强度不同的三家食品企业，依次对应于图5-3（1）中的A、B、C三点；曲线C上的C_1、C_2、C_3点分别对应图5-3（2）中的C_1、C_2、C_3点。图5-4以C企业受到情境因素的正面影响为例解析了调节机制的基本原理：当C企业的"文化—责任"一致性程度最高时，情境因素的调节效应最小；当情境因素的影响最强时（见图5-4中的C_3点），"文化—责任"一致性程度最低，调节效应最大；反之，当情境因

素的影响最弱时（见图 5-4 中的点 C_1 点），"文化—责任"一致性程度最高，调节效应最小。

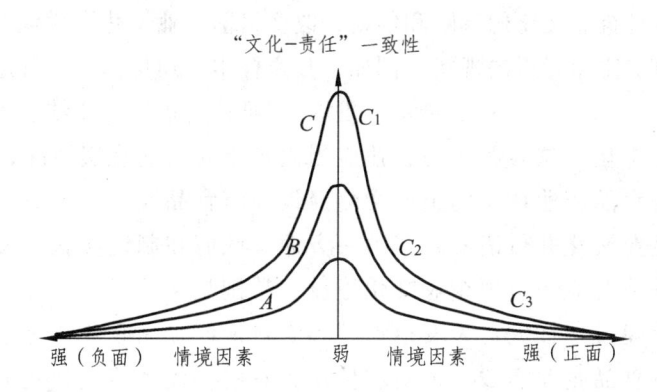

图 5-4 情境因素对"文化—责任"一致性的调节机制

（四）研究结论与政策建议

1. 研究结论

根据 58 家食品饮料业上市公司的网站资料运用扎根理论探测发现：企业文化、质量改进、经济绩效和企业荣誉是食品企业社会责任的影响因素；其中，企业文化是内在前置驱动因素，质量改进和经济绩效是内部情境因素，企业荣誉是外部情境因素。进一步构建了食品企业社会责任的影响因素及其作用机制模型（"文化—情境—责任"模型），分析了"文化—责任"关系的驱动机制和情境因素对"文化—责任"关系一致性的调节机制。其中，企业文化的类型和强度驱动食品企业的社会责任行为，三个情境因素的强度和方向调节"文化—责任"关系的一致性程度。此外，还探测出企业荣誉这一新的主范畴，它包括企业地位、品牌荣誉、资质认证、高管荣誉、领导视察五个范畴。其中，领导视察和高管荣誉是我国情境下的两个特色范畴，二者在我国食品安全治理中具有独特的作用。由于"文化—情境—责任"模型是基于扎根理论质性探测方法构建的，模型中的范畴、主范畴、核心范畴及其作用机制和路径等有待大样本定量实证检验。

2. 政策建议

（1）加强食品企业文化建设。文化建设是十八大提出的"五位一体"总布局之一，企业文化建设是社会主义文化强国建设战略在微观企业层面得以开展、创新和传承的重要阵地。我国当前的食品安全形势仍然十分严峻，加强食品企业文化（内在前置驱动因素）建设至关重要。一方面，食品企业应当加强对自身企业文化的诊断和创新，改变目前企业文化同质化严重、忽视食品产业根本使命元素的现状。例如，多家样本公司提出了"健康、诚信、忧患、快乐""团结、进取、创新、发展""勤奋、进取、团结、忠诚"等同质化的企业文化。这表明食品企业应当立足于我国的现实情况，加强融合中华文化与食品产业特质的企业文化建设，将食品安全、生态文明等核心元素融入企业文化并付诸实践。另一方面，政府在制定实施有关文化建设总布局的政策时应当重视企业文化建设，特别是关涉民生和社会稳定的食品企业文化建设，加大对欠发达地区和农村地区食品企业文化建设的帮扶力度，鼓励食品企业实践、创新和传承具有中华优良传统和先进文化特色的企业文化建设。

（2）加大对食品企业科技创新和质量改进的支持力度。食品企业的质量改进、经济绩效是调节"文化—责任"关系一致性的两个内部情境因素。食品企业对研究开发和质量管理的投入不足或对经济绩效的片面追求均会导致企业社会责任的低下或缺失，引发食品安全事件。部分样本案例表明，我国食品企业的研发成本、认证成本、质量管理系统的投入与运行成本、接受监管成本、诉讼风险成本等高昂，可能导致部分食品企业甚至食品产业的经济绩效底线难以保障，采取无法保障食品质量安全的低成本低质量生产经营策略可能成为某些企业的现实选择。这就需要政府在持续强化食品安全监管以惩戒食品企业的机会主义和道德风险的同时，还需正视食品产业的高风险与低回报不对称性问题，从宏观产业经济调控的高度进行规划，制定实施财政、金融、税收、技术服务等政策支持食品企业的科技创新和质量改进。

（3）规范食品企业的荣誉建设。企业荣誉是调节"文化—责任"关系一致性的外部情境因素，其提升能够促进食品企业履行社会责任。企业荣誉包括企业地位、品牌荣誉、资质认证、高管荣誉和领导视察五个范畴。其中，国家领导人、部级领导和地方政府官员对食品企业的视察，其作用是多方面的，可能对企业既产生强烈的激励机制又形成严厉的鞭策机制，甚至影响到企业文化建设；也可能存在国家的食品安全治理与地方政府的经济保护主义交织作用于食品企业的冲突性机制；等等。领导视察发挥作用的机制、路径和效应等，在我国食品安全治理中尚待深入研究。因此，政府制定实施科学规范的企业地位和高管荣誉评价制度、权威明确的品牌与资质认证制度，以及国家领导人和各级政府领导开展"走基层、转作风、改文风"活动制度，定期或不定期地深入食品企业进行巡视、视察和督导制度等，是促进我国食品安全治理的特色制度安排。

（4）强化食品企业的法制教育。在"文化—情境—责任"模型中，我们注意到缺失了有关"法规制度"的外部情境因素。从扎根理论的客观主义出发，我们并未人为增添这类范畴。其原因是样本中仅有几家公司披露了依法纳税、安全生产两方面的法律法规遵守情况（已归入表1中的法律责任范畴），目前尚无一家样本公司披露对《食品安全法》等法律法规的遵守情况及相关承诺等，甚至所有样本公司网站均未出现"食品安全法"等法律法规的初始概念。这表明，目前我国食品企业层面的法律法规意识还非常淡薄。《食品安全法》实施后，全国食品管理与工作人员开展了广泛的学习交流活动，但目前尚未将这些法律法规理念深入到作为食品安全第一责任人的食品企业层面，食品企业还未做到以食品安全法律法规为准绳回应利益相关者的诉求并保障各方的合法权益。因此，在今后的政府监管、行业自律、企业管理等食品安全治理行动中应当有效开展引导食品企业学习和宣传法律法规等教育实践活动。

二、食品企业文化对企业社会责任影响的前置作用

为了遏制食品安全问题，我国政府出台了系列法律法规，进行了数次监管机构改组，但我国食品安全事件每年的发生次数仍然呈上升态势，改革成效并不显著。可见，食品安全事件的背后除了存在政府监管不善等外部问题，企业自身文化建设水平、社会责任认知程度以及对经济效益的追求，则是不可忽视的企业内部问题。为此，以下针对我国食品饮料上市公司的企业文化在社会责任影响财务绩效中的前置作用进行实证分析。

1. 研究假设

从作用路径看，企业文化可以通过影响管理者的企业社会责任决策、影响员工对企业社会责任的态度两条路径实现对企业社会责任行为的影响。蔡宁（2009）认为，伦理认知是企业履行社会责任的强大内在驱动因素，但当前对于这方面的研究还停留在概念辨析和理念传播阶段，缺少实证分析。因此，提出以下假设：

H_1：企业文化与企业社会责任呈正相关。

为探究企业社会责任对财务绩效的影响，学者们先后基于工具理论、资源基础理论、利益相关者理论和动态战略理论进行研究。工具理论将企业履行社会责任作为追求利润最大化的手段，认为企业社会责任与经济绩效为正向关系。很多学者从利益相关者角度进行实证分析，研究得出企业社会责任对财务绩效有积极作用。近来，动态战略理论开始被应用于社会责任研究领域，该理论认为企业不应再简单地按传统模式寻求利润最大化，而应在法律与制度规定的范围内，积极主动地将资源投入到推进社会福利的活动当中，同时实现企业既定经济目标。然而，也有一些文献不支持工具理论、利益相关者理论或动态战略理论，实证得出企业社会责任与企业绩效负相关或不相关。就此，提出以下假设：

H_2：企业社会责任与财务绩效呈正相关。

Scheider（1990）详尽地阐述了企业文化影响企业效益的路径，提出了包括社会文化、企业文化、组织氛围与管理过程、员工工作态度、工作行为和企业效益在内的关系模型，并进行了解释。他指出，企业文化通过影响人力资源管理情况、组织气氛，进而影响员工工作态度、行为和奉献精神，最终对企业效益产生影响。吴志霞（2006）基于利益相关者角度分析了企业文化影响财务绩效的作用机制并总结出三条途径：企业文化—顾客—财务绩效、企业文化—员工—顾客—财务绩效、企业文化—其他利益相关者—社会绩效—顾客—财务绩效。该研究分析了利益相关者在企业文化影响财务绩效路径中的中介作用，并阐释了具体途径。而本研究则进一步认为对利益相关者负责是企业承担社会责任的表现，优秀的企业文化会鼓励企业更多的承担社会责任，从而影响企业的财务绩效。据此，我们提出假设：

H_3：企业文化通过企业社会责任完全中介作用于财务绩效。

2．变量定义与测量

（1）前置变量：企业文化（食品企业文化测量指标体系）。

基于前文构建的食品企业文化结构与作用机制模型，本研究进一步设计了食品企业文化测量指标体系，以实现对企业文化的定量测量。该指标体系分为三个层级，一级维度涵盖食品安全观、社会共赢观、环保节能观、经营发展观、目标愿景观、精神作风建设和诚信道德建设七个方面，其下又具体细分为24个二级维度和75个三级维度。表5-3仅列出了食品企业文化测量指标体系中的一级维度和二级维度。

表 5-3　食品企业文化测量指标体系

一级维度	二级维度
食品安全观	产品质量理念、绿色健康理念
社会共赢观	关注利益相关者、关注社会与民生、国家与民族意识、和谐共赢理念
环保节能观	保护环境理念、节能减排理念、绿色低碳理念
经营发展观	遵纪守法理念、经济效益理念、持续发展理念、内部管理理念、市场服务理念
目标愿景观	追求荣誉的愿景、持续经营的愿景、具有使命感的愿景
精神作风建设	敬业奉献精神、卓越进取精神、改革创新精神、求真务实精神、团结协作精神
诚信道德建设	道德建设理念、诚信经营理念

与以往通过问卷调查来获取企业文化的相关信息不同，我们通过收集企业的公开资料来刻画企业文化，具体以公司官网上披露的有关企业文化的文字描述作为资料来源。刘志雄等（2009）曾对这种方法做出如下解释：第一，虽然企业文化是一种缄默的认知，但依然可以通过某种形式进行表达；第二，搜集资料的方法可以避免被调查者在回答调查问卷时因主观因素而造成的偏差。

我们采用层次分析法对企业文化进行评分：首先，确定每个一级维度的权重，选择平均分配权重；其次，根据企业官网对企业文化的描述情况，对三级维度进行赋值，有相关描述的赋值为 1，反之为 0，加总后得到一级维度的得分，并转化为百分制；第三，根据权重和各项一级维度得分，计算企业文化的最终得分，计算公式如下：

$$企业文化得分 = \sum_{i=1}^{7} A_i \times W_j$$

式中，A_i 为企业文化一级维度得分，W_j 为该项一级维度的权重，得分以百分制呈现。

（2）中介变量：企业社会责任。

中介变量（Mediator）代表自变量影响因变量的机制，用来说明自变量通过怎样的途径影响或如何作用于因变量。通过对中介变量进行研究，可以了解自变量作用于因变量的途径与机制，最终为各种应用目的的实践干预提供服务。

社科院 CSR 研究中心根据三重底线理论、利益相关者理论等经典社会责任理论，构建了一个由责任管理、市场责任、社会责任和环境责任组成的"四位一体"CSR 理论模型。同时参考国外典型评价体系、结合国内实际，设计了一套覆盖全面、结构一致、可行可比的指数体系——中国 100 强企业社会责任发展指数（2009），并连续 7 年发布了《企业社会责任蓝皮书》。随着研究的深入，该研究中心对 2014 年发布的指标体系进行了改进，主要体现在对三级指标的设定和选择发生了变化，就此，本研究选择 2014 年发布的"中国 100 强企业社会责任发展指数的指标体系（2014）"作为企业社会责任的测量指标。另外需要指出的是，在"四位一体"的 CSR 理论模型中，广义的 CSR 是指综合社会责任，狭义的 CSR 主要是指对政府、员工和社区的法律责任，为了避免概念混淆，本研究将后者称为法律责任。

"中国 100 强企业社会责任指标体系"由三个层级构成，一级指标包括责任管理、市场责任、法律责任和环境责任，其下又细分为 16 个二级指标和 100 多个三级指标。该研究中心还依据不同行业的社会责任特性构建了分行业企业社会责任指标体系，体现在对三级指标的选定有所差别，《中国企业社会责任报告编写指南（CASS-CSR 2.0）》中分别界定了针对食品和饮料行业、酒精及饮料酒生产业的指标体系。

本指标体系采用层次分析法进行评分：首先，根据各项责任板块（一级维度）的相对重要性，确定责任管理、市场责任、法律责任、环境责任的权重，这里选择平均分配权重；其次，根据企业社会责任相关信息的披露情况，对三级指标进行赋值，有相关描述的赋值为 1，反之为 0，加总后分别得到四大类责任板块的得分，并转化为百分制；最后，根据权重和一级指标的得分，计算企业社会责任的总得分，计算公式如下：

$$企业社会责任得分 = \sum_{i=1}^{4} B_i \times Y_j$$

式中，B_i 为企业社会责任板块得分，Y_j 为该项责任板块的权重，得分以百分制呈现。

不考虑负面信息产生的抵减项。

（3）结果变量：财务绩效。

企业财务绩效的计量方式主要有两种：以市场为依据来测量、以会计为依据来测量。前者包括股票市值、股票收益率、股价、股价增值等，后者包括盈利性、资本利用性（如总资产收益率、总资产周转率）和成长性等。有关财务绩效的变量从市场绩效和会计绩效两方面进行选取，市场绩效选择市盈率和Tobin'Q值，会计绩效选择总资产收益率和现金净流量。表5-4中详细列出所用变量的名称、符号及计算公式。

表5-4 变量含义定义表

变量类型	变量名称	符号	计算公式
前置变量：企业文化	食品安全观	CC1	$A_1 \times W_1$
	社会共赢观	CC2	$A_2 \times W_2$
	环保节能观	CC3	$A_3 \times W_3$
	经营发展观	CC4	$A_4 \times W_4$
	目标愿景观	CC5	$A_5 \times W_5$
	精神作风建设	CC6	$A_6 \times W_6$
	诚信道德建设	CC7	$A_7 \times W_7$
	企业文化	CC	$\sum_{i=1}^{7} A_i \times W_j$
中介变量：企业社会责任	责任管理	CSR1	$B_1 \times Y_1$
	市场责任	CSR2	$B_2 \times Y_2$
	法律责任	CSR3	$B_3 \times Y_3$
	环境责任	CSR4	$B_4 \times Y_4$
	企业社会责任	CSR	$\sum_{i=1}^{4} B_i \times Y_j$
结果变量：财务绩效	市盈率	PER	每股市价/每股收益
	Tobin'Q值	TOBIN'Q	市场价值A/期末总资产
	总资产收益率	ROA	净利润/总资产余额
	现金净流量（亿元）	NCF	经营活动产生的现金流量净额＋投资活动产生的现金流量净额＋筹资活动产生的现金流量净额
控制变量：公司治理	两职合一情况	CEODU	同一人＝1；不同人＝0
	股权性质	STATE	国有＝1；民营＝0
	高管学历	EDU	中专及中专以下＝1；大专＝2；本科＝3；硕士研究生＝4；博士研究生＝5；其他＝6

（4）控制变量：公司治理。

根据以往的研究结论，公司治理结构（Corporate Governance Structure，简称 CGS）可能会影响企业的财务绩效，因此，在研究企业社会责任对财务绩效的影响时，将公司治理作为控制变量。选取以下三个常用的公司治理变量作为控制变量：两职合一情况（CEODU），公司董事长与总经理是否为同一人，同一人赋值为 1，否则为 0；股权性质（STATE），是否国有控股，国有为 1，民营为 0；高管学历（EDU），将董事长的教育水平分为 6 组：中专及以下赋值为 1，大专赋值为 2，本科赋值为 3，硕士研究生赋值为 4，博士研究生赋值为 5，其他教育水平赋值为 6。

3. 模型构建

根据上述研究假设及变量定义，将企业文化、企业社会责任、财务绩效三个变量整合在一个模型之中，构建"企业文化—社会责任—财务绩效"研究模型，以下简称 CC-CSR-CFP 模型（见图 5-5）。

CC-CSR-CFP 模型的研究重点有以下几个方面：① 企业文化与企业社会责任的关系研究，即探究企业文化是否对社会责任具有推动作用；② 企业社会责任与财务绩效的关系研究。将公司治理作为控制变量，探究企业社会责任与财务绩效间的作用关系；③ 企业社会责任的中介效应研究，即在企业文化影响财务绩效的路径中，企业社会责任是否起到中介作用。

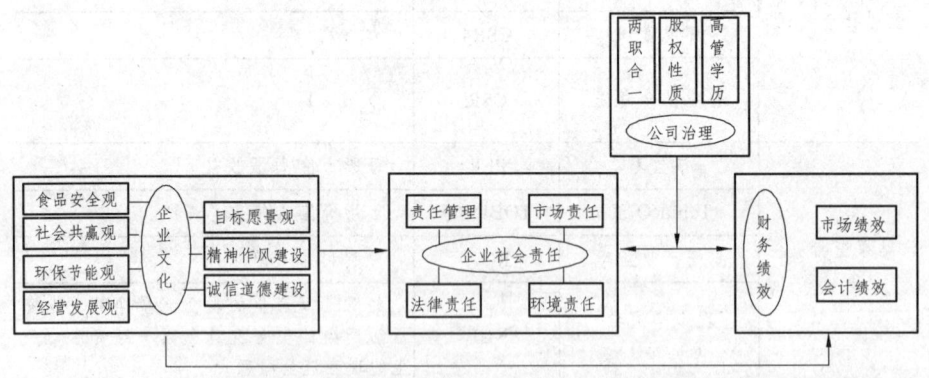

图 5-5 食品企业 CC-CSR-CFP 研究模型

4. 样本选取与数据来源

本研究选取 2009—2015 年沪深两市的食品饮料行业上市公司（含酿酒公司）为样本，根据《上市公司行业分类指引》，食品饮料行业属于 C 类行业中的 C0 行业，包括食品加工业、食品制造业和饮料制造业，在剔除 ST 公司、样本期间内转变经营业务的公司、样本期间不全的公司后，最终得到 64 家样本公司。本研究以各公司官方网站披露的有关企业文化的文字描述作为企业文化的资料来源（如对企业愿景、使命、核心价值观的描述），以上市公司年报和企业社会责任报告（含可持续发展报告）作为企业社会责任的数据来源。公司年报和企业社会责任报告来自上海证券交易所官网、深圳证券交易所官网和巨潮网。财务绩效及公司治理的相关数据来源于国泰安数据库。

5．变量的描述性统计

（1）食品行业企业文化的描述统计。

本研究根据之前构建的"食品企业文化测量指标体系"，以各公司官网披露的有关企业文化的文字描述为企业文化的资料来源，对各样本公司的企业文化进行赋值，其中各维度的满分均为 100 分，平均加权后得到企业文化得分（CC），其满分亦为 100 分。

样本公司的企业文化整体情况如表 5-5 所示，根据表中的数据显示，本研究从三个方面进行分析。第一，各维度的均值普遍较低，其中均值最低的是环保节能观，为 5.45，均值最高的是诚信道德建设，但也仅为 21.48，因此从整体上来说，样本公司对企业文化各维度的构建水平较低。同时企业文化总得分的均值仅为 15.97，也印证了该结论，即整体来看企业文化的构建意识较为薄弱。第二，食品安全观、环保节能观、目标愿景观和诚信道德建设四个维度的众数皆为 0，这说明大多数公司在描述本公司的企业文化时，缺少对以上四个维度的考虑。第三，各维度的标准差的数值均很大，说明不同公司对各文化维度的重视程度不同，而且差别较大，结合最小值和最大值进行分析，可以发现，各维度的最小值均为 0，而最大值有的可以高达 81.82，这无疑更直观地印证了上述结论。

另外，根据数据显示，食品安全观得分最高的为得利斯、金健米业、中粮屯河，社会共赢观得分最高的为正邦科技，环保节能观得分最高的为沱牌舍得，经营发展观得分最高的为贵州茅台，目标愿景观得分最高的为贵州茅台、金健米业、恒顺醋业、三全食品、承德露露，精神作风建设得分最高的为水井坊，诚信道德建设得分最高的为通威股份、燕京啤酒等，企业文化得分最高的为通威股份。

表 5-5　企业文化得分的描述性统计

统计量＼维度	食品安全观	社会共赢观	环保节能观	经营发展观	目标愿景观	精神作风	诚信道德	企业文化
均　值	17.38	24.01	5.50	15.26	11.11	17.11	21.48	15.97
中位数	12.50	18.18	0	17.65	11.11	15.00	25.00	15.25
众　数	0	18.18	0	17.65	0	15.00	0	0
标准差	17.24	18.46	13.08	10.91	10.96	11.51	20.23	8.77
方　差	297.14	340.61	171.00	119.11	120.07	132.40	409.16	76.96
最小值	0	0	0	0	0	0	0	0
最大值	62.50	81.82	62.50	47.06	33.33	45.00	50.00	38.59

（2）食品行业企业社会责任指数的描述统计。

所选择的企业社会责任指标为社科院 CSR 研究中心 2014 年发布的"中国 100 强企业社会责任发展指数的指标体系（2014）"，以上市公司年报和企业社会责任报告作为资料来源，对各公司的企业社会责任进行赋值，企业社会责任得分以百分制计算。表 5-6 所显示的为样本公司企业社会责任的总体情况，由均值可知，样本公司的企业社会责任指数的整体得分较低，但呈逐年增长的趋势。由各年标准差的值均大于 10 可知，各样本公司的企业社会责任指数差别较大，从各年份最大值和最小值的差距可以更加直观的印证这一结论。由此可知，当前食品饮料行业上市公司在履行企业社会责任的程度上有着明显差别，有些公司表现突出，如青岛啤酒连续三年（2009、2010、2011）的企业社会责任指数排名第一，五粮液在 2012 年的企业社会责任指数达到 54.99，是所有样本公司在四年中的最高值；而有些企业的表现却不尽如人意，如华资实业连续三年（2009—2011 年）排名垫底。

表 5-6　企业社会责任综合指数的描述性统计

年度	均值	众数	最大值	最小值	方差
2009	14.31	13.18	41.95	2.8	10.15
2010	16.12	2.8	44.72	2.8	10.2
2011	19.44	3.44	48.62	3.44	11.88
2012	21.09	4.52	54.99	4.52	11.94
2013	38.91	6.71	86.60	1.90	7.91
2014	41.03	5.85	86.00	0	6.90
2015	49.10	8.69	89.00	3.50	6.50

表 5-7 的数据显示了企业社会责任各维度的描述性统计情况。首先，根据各维度的均值情况，可以发现市场责任得分的均值最高，其次为法律责任，责任管理得分的均值最低，同时根据各年均值变化情况可知，各维度的得分水平基本都是逐年递增的。最后，我们发现各维度的标准差都较大，说明各公司在履行社会责任时侧重不同，结合最大值与最小值可以发现，所有企业在市场责任和法律责任方面都有所作为，但在责任管理和环境责任方面，存在不作为的企业。

表 5-7 企业社会责任指数各维度的描述性统计

年度	责任管理得分				市场责任得分				法律责任得分				环境责任得分			
	均值	最大值	最小值	标准差	均值	最大值	最小值	标准差	均值	最大值	最小值	标准差	均值	最大值	最小值	标准差
2009	7.11	35	0	9.55	22.17	46.67	7.69	10.32	15.01	60	3.51	12.78	12.97	51.85	0	13.07
2010	7.73	25	0	8.59	24	53.33	7.69	10.13	17.28	50.91	3.51	13.13	15.45	61.76	0	14.09
2011	9.92	35	0	9.74	29.45	60	10.26	12.13	19.73	58.18	3.51	14.55	18.66	61.76	0	16.05
2012	12.34	40	0	9.47	32.14	73.33	12.82	12.22	21.61	65.45	3.51	15.19	18.25	61.76	0	15.11
2013	31.22	85	0	27.30	45.43	90.40	3.40	24.21	37.44	88.10	0	25.39	32.43	79.90	0	25.71
2014	47.32	100	0	33.00	47.42	89.20	0	26.71	43.63	95.00	0	27.44	41.03	100	0	26.32
2015	53.38	100	0	33.67	51.94	0	0	27.26	51.82	93.40	0	26.94	39.68	93.00	0	28.57

（3）食品行业财务绩效的描述统计。

本研究选取了 2009—2015 年的 64 家食品饮料行业上市公司为样本，共得到 448 个观测值，样本公司财务绩效的描述性统计如表 5-8 所示。市盈率最大值为 1421.500（冠农股份），最小值为 -315.000（西王食品）；Tobin'Q 值的最大值为 8.87（山西汾酒），最小值为 0.496（得利斯）；总资产净利润率最大值为 0.311（贵州茅台），最小值为 -0.296（新中基）；现金净流量的最大值为 74.164 亿元（五粮液），最小值为 -20.097 亿元（青岛啤酒）。

表 5-8 绩效的描述性统计

变量/统计量	频数	均值	最大值	最小值	标准差
市盈率（PER）	256	73.494	1421.500	-315.000	166.797
Tobin'Q 值（TOBIN'Q）	256	2.671	8.870	0.496	1.566
总资产收益率（ROA）	256	0.062	0.311	-0.296	0.080
现金净流量（NCF）（单位：亿元）	256	2.840	74.164	-20.097	10.064

(4) 食品行业公司治理情况的描述统计。

由表 5-9 可知，在样本公司中，董事长与总经理两职分离的情况较为普遍，抽取 2009、2011、2013、2015 年四年进行了描述统计，发现两职分离的公司都在 50 家以上，占总样本公司的 80% 以上，而两职合一的样本公司仅在 10 家左右，比例不足 20%。

表 5-9 公司治理情况的描述性统计

变量\统计量		2009 年			2011 年			2013 年			2015 年		
		频数	百分比	累计百分比	频数	百分比	累计百分比	频数	百分比	累计百分比	频数	百分比	累计百分比
两职情况	两职分离	54	84.38%	84.38%	55	85.94%	85.94%	53	82.81%	82.81%	54	84.38%	84.38%
	两职合一	10	15.62%	100.00%	9	14.06%	100.00%	11	17.19%	100.00%	10	15.62%	100.00%
股份性质	国有	10	15.62%	15.62%	11	17.19%	17.19%	8	12.50%	12.50%	6	9.38%	9.38%
	非国有	54	84.38%	100.00%	53	82.81%	100.00%	56	87.50%	100.00%	58	90.62%	100.00%
高管学历	其他	1	1.56%	1.56%	1	1.56%	1.56%	1	1.56%	1.56%	1	1.56%	1.56%
	博士	3	4.69%	6.25%	4	6.25%	7.81%	3	4.69%	6.25%	2	3.12%	4.68%
	硕士	28	43.75%	50.00%	28	43.75%	51.56%	27	42.19%	48.44%	31	48.44%	53.12%
	本科	21	32.81%	82.81%	22	34.38%	85.94%	24	37.50%	85.94%	22	34.38%	87.50%
	大专	9	14.06%	96.87%	7	10.94%	96.88%	8	12.50%	98.44%	7	10.94%	98.44%
	中专及以下	2	3.13%	100.00%	2	3.12%	100.00%	1	1.56%	100.00%	1	1.56%	100.00%

根据股份性质的有关数据可以发现，在样本公司中，非国有公司占压倒性比例，四年中的非国有公司的比例均在 80% 以上，2013 年的非国有比例更高达 90.62%。

通过高管学历的有关数据可知，比例最高的学历为硕士研究生，四年比例均超过 40%，其次为本科学历，四年比例也均在 30% 以上，由此可知，本科以上的高管占压倒性比例。

6. 变量的相关性分析

Person 相关分析的主要目的是对变量之间的相互影响进行初步检验，通过相关性分析，可以初步判断研究假设和模型设计是否合理。本研究通过 SPSS 16.0 对自变量（企业文化）、中介变量（企业社会责任）、结果变量（财务绩效）做 Person 相关性分析，以了解企业文化与企业社会责任、企业文化与财务绩效、企业社会责任与财务绩效之间的相关程度，分析结果见表 5-10。

表 5-10 主要变量的均值标准差及相关关系

	均值	标准差	CC1	CC2	CC3	CC4	CC5	CC6	CC7	CC	CSR1	CSR2	CSR3	CSR4	CSR	PER	Tobin'Q	ROA	NCF
CC1	17.383	17.238	1																
CC2	24.006	18.455	0.325 (***)	1															
CC3	5.469	13.075	0.436 (***)	0.229 (***)	1														
CC4	15.257	10.914	0.166	0.257 (***)	0.294 (***)	1													
CC5	11.111	10.958	0.311 (***)	0.227 (***)	0.213 (**)	0.257 (***)	1												
CC6	17.109	11.506	0.225 (***)	0.388 (***)	0.418 (***)	0.356 (***)	0.173 (**)	1											
CC7	21.484	20.228	0.176	0.112	0.184 (*)	0.317 (***)	0	0.276 (***)	1										
CC	15.974	8.773	0.656 (***)	0.637 (***)	0.633 (***)	0.581 (***)	0.458 (***)	0.641 (***)	0.560 (***)	1									
CSR1	9.277	9.516	0.178	0.214 (***)	0.276 (***)	0.208 (**)	0.140 (*)	0.370 (***)	0.02	0.311 (***)	1								
CSR2	26.940	11.881	0.234 (***)	0.166 (**)	0.283 (***)	0.277 (***)	0.142 (*)	0.378 (***)	0.027	0.330 (***)	0.679 (***)	1								
CSR3	18.408	14.090	0.098	0.133 (*)	0.321 (***)	0.298 (***)	0.097	0.400 (***)	0.104	0.315 (***)	0.850 (***)	0.765 (***)	1							
CSR4	16.335	14.717	0.148 (*)	0.1	0.255 (***)	0.208 (**)	0.021	0.265 (***)	0.013	0.221 (***)	0.773 (***)	0.657 (***)	0.781 (***)	1						
CSR	17.740	11.333	0.177 (**)	0.162 (**)	0.315 (***)	0.277 (***)	0.104	0.387 (***)	0.048	0.321 (***)	0.903 (***)	0.856 (***)	0.943 (***)	0.902 (***)	1					
PER	73.494	166.797	0.055	−0.032	0.057	0.027	−0.018	−0.096	0.103	0.036	−0.099	−0.217 (***)	−0.108	−0.118	−0.150 (*)	1			
Tobin'Q	2.671	1.566	−0.078	−0.149 (*)	−0.12	0.084	0.014	0.034	0.029	−0.059	−0.05	0.004	0.036	−0.128	−0.039	0.049	1		
ROA	0.062	0.080	0.036	0.086	−0.004	0.256 (***)	0.132 (*)	0.261 (***)	−0.064	0.132 (*)	0.337 (***)	0.423 (***)	0.375 (***)	0.198 (**)	0.363 (***)	−0.101	0.438 (***)	1	
NCF	2.840	10.064	−0.058	0.03	0.047	0.345 (***)	0.203 (**)	0.185 (**)	−0.031	0.125 (*)	0.278 (***)	0.416 (***)	0.405 (***)	0.210 (**)	0.361 (***)	−0.078	0.194 (***)	0.417 (***)	1

注：***表示在 0.001 的水平上显著（双尾），**表示在 0.01 的水平上显著（双尾），*表示在 0.05 的水平上显著（双尾），下同。

表 5-10 中的数据显示：企业文化各维度与企业社会责任指数之间的相关系数为 0.048~0.387，除目标愿景观与诚信道德建设两个维度不显著外，其余五个维度与企业社会责任指数的相关系数均在 $p=0.01$ 的水平上显著。另外，企业文化得分与企业社会责任指数之间的相关系数为 0.321，在 $p=0.001$ 的水平上显著；企业文化各维度与财务绩效的相关系数多数为不显著，同时，企业文化得分与市盈率、托宾 q 值的相关系数不显著，与总资产收益率、现金净流量的相关系数在 $p=0.05$ 的水平上显著；企业社会责任各维度与总资产收益率、现金净流量之间的相关系数在 0.278~0.423，且均在 $p=0.01$ 的水平上显著，但与市盈率、托宾 q 值的相关系数多数不显著。另外，企业社会责任指数与托宾 q 值的相关系数在 $p=0.05$ 水平上显著，与总资产收益率、现金净流量的相关系数在 $p=0.001$ 水平上达到显著。

相关分析的结果表明：企业文化维度与企业社会责任维度之间均基本达到显著的相关关系，企业社会责任各维度与财务绩效中的总资产收益率、现金净流量达到显著的相关关系。而企业文化中只有部分维度与以上两种财务绩效呈现出显著的相关性，但相关系数较低。从整体来看，企业社会责任与财务绩效之间的相关性高于企业文化与财务绩效之间的相关性，由此可以初步验证：企业文化可能是通过影响企业社会责任继而影响财务绩效，即企业社会责任具有中介效应。另外，企业社会责任与财务绩效中的市盈率、托宾 Q 值的相关性并不显著，这有可能是因为缺少控制变量，因此在进行 SEM 模型分析时，我们将在两者间加入控制变量。

通过进行 Person 相关性分析可以发现，本研究变量之间存在较好的相关性，且相关性质与本研究提出的假设和模型基本一致，初步证明了本研究假设的合理性。

7. 结构方程模型分析与假设检验

（1）CC-CSR-CFP 模型分析。

结构方程建模（SEM）技术是基于变量的协方差来分析变量之间关系的一种统计方法，它与传统的多元回归分析的主要区别在于：传统的多元回归分析要求因变量和自变量均可测，并且不存在测量误差，而 SEM 模型没有严格的假定限制条件，允许自变量和因变量存在测量误差，并且可以分析潜在变量之间的结构关系，特别是 SEM 模型可以接受自变量之间存在相关关系，避免了在多元回归分析中难以处理的多重共线性问题。就此本研究选择结构方程模型进行建模（软件为Amos21.0）。

根据企业文化、企业社会责任和财务绩效间的关系，本研究使用Amos21.0软件来刻画三者的结构方程模型，如图5-6所示。模型中的矩形代表显变量，椭圆形代表潜变量。其中企业文化和公司治理属于外生的潜变量，分别由OC1~OC7和CEODU、EDU、STATE来测量；社会责任和财务绩效属于内生的潜变量，分别由CSR1~CSR4和PER、Tobin'Q、ROA、NCF来测量。另外，模型中还设置了18个显变量的测量残差（e1~e18），2个潜变量的测量残差（u1、u2）。

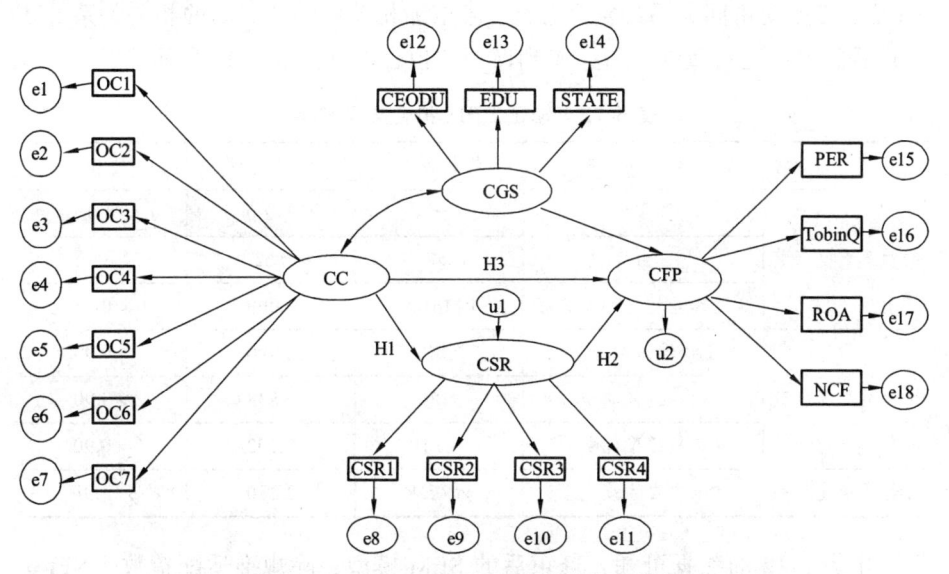

图5-6　CC-CSR-CFP的结构方程模型

初始模型的拟合状况见表5-11，χ^2/DF的值为3.242，大于3，高于参

表5-11　初始SEM拟合结果检验

指数类型与名称		指数符号	测量模型	参考范围
绝对适配度指数	卡方值	χ^2	421.5	>0
	自由度	DF	130	—
	渐近残差均方和平方根	RMSEA	0.094	<0.08
增值适配度指数	良适性适配指数	GFI	0.855	>0.90
	规准适配指数	NFI	0.749	>0.90
	比较适配指数	CFI	0.809	>0.90
简约适配度指数	卡方自由度比	χ^2/DF	3.242	$1<\chi^2/DF<3$

考值；RMSEA 的值为 0.094，高于 0.08 的参考值；GFI 值为 0.855，低于 0.90 的参考值；NFI 的值为 0.749，低于 0.90 的参考值；CFI 的值为 0.809，低于 0.90 的参考值。从以上拟合指标可以看出，最初的结构方程拟合效果一般，需要进行修正。

SEM 模型的修正方法主要有两种：一是根据 Amos21.0 运行结果中显示的修改指标 MI 值，来增加残差间相关关系；二是依据运行结果中显示的路径系数，对初始模型的路径关系进行调整。一般而言，对 SEM 模型的修正首先会选用第一种方法，本研究即采用此方法进行修正：根据运行结果中的 MI 值，考虑变量间关系的实际意义，来增加相关残差项之间的相关关系。对修正后的模型进行重新运行，得到模型的拟合指标如表 5-12 所示。

表 5-12　修正 SEM 拟合结果检验

指数类型与名称		指数符号	测量模型	参考范围
绝对适配度指数	卡方值	χ^2	272.0	> 0
	自由度	DF	122	—
	渐近残差均方和平方根	RMSEA	0.069	< 0.08
增值适配度指数	良适性适配指数	GFI	0.900	> 0.90
	规准适配指数	NFI	0.838	> 0.90
	比较适配指数	CFI	0.902	> 0.90
简约适配度指数	卡方自由度比	χ^2/DF	2.230	$1 < \chi^2/DF < 3$

由表 5-12 的数据可知，修正后的 SEM 模型，除规准适配指数（NFI = 0.838）未达到参考范围，其余各拟合指标均符合要求，由此可认为修正后的 SEM 模型拟合情况良好。

经修正后，CC-CSR-CFP 模型的运行结果如图 5-7 所示。

由修正模型的参数估计结果可知（见表 5-13），企业文化与企业社会责任存在正相关关系，系数在 $p = 0.001$ 水平上达到显著，说明企业文化对企业社会责任产生了显著的正向影响，假设 H_1 得到验证。企业社会责任与财务绩效存在负相关关系，系数在 $p = 0.05$ 水平上显著，说明企业社会责任对财务绩效产生了显著的反向影响，拒绝了假设 H_2。

同时，企业文化对财务绩效的直接影响不显著，而企业文化对企业社会责任、企业社会责任对财务绩效两两间有显著影响，说明企业文化对财务绩效没有直接效应，只有间接效应，即企业文化通过影响企业社会责任而间接

第五章 食品企业社会责任与经济绩效作用关系的实证研究 // 127

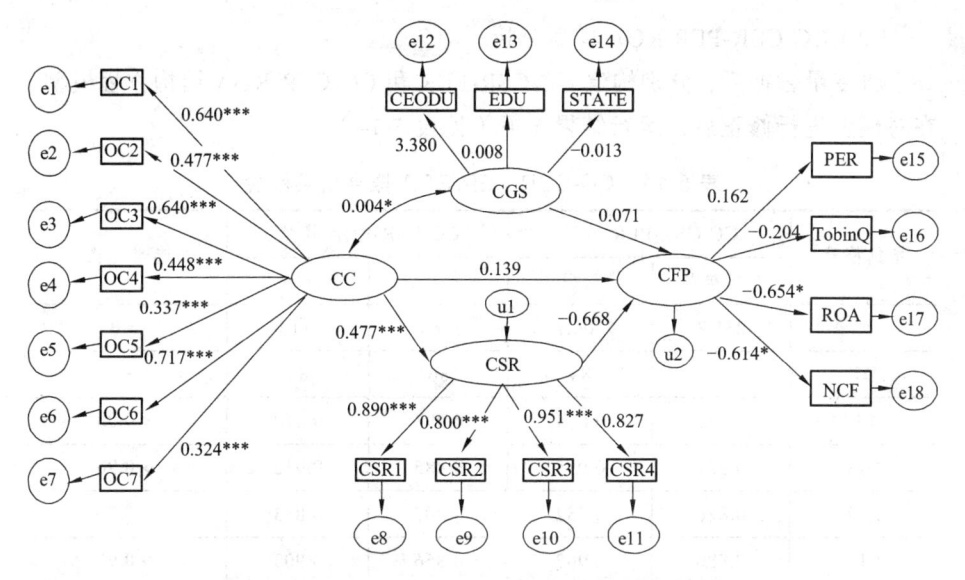

图 5-7 CC-CSR-CFP 结构方程模型结果

表 5-13 CC-CSR-CFP 模型的参数估计

路　径	非标准化系数	标准化系数	C.R.	P
企业社会责任←企业文化	0.885	0.477	3.991	***
财务绩效←企业社会责任	−148.252	−0.668	−2.109	0.035
财务绩效←公司治理	1.569	0.071	0.229	0.819
财务绩效←企业文化	57.261	0.139	1.183	0.237

影响财务绩效。因此，企业社会责任在企业文化影响财务绩效的路径中具有完全中介效应，假设 H_3 得到验证。其中，企业社会责任对于企业文化影响财务绩效的中介效应分值为 −0.319（−0.668×0.477）。

此外，企业社会责任与财务绩效存在显著的负相关关系，与原假设不符，这可能是因为模型中的财务绩效为潜变量，由四项财务指标（显变量）共同决定，而不同财务指标间因作用方向相反而产生了抵减情况。结合图 5-7 中的计算结果可以发现，不同的财务绩效指标确实对总财务绩效的作用方向不同，PER 与财务绩效为正向关系，Tobin'q、ROA、NCF 与财务绩效为负向关系，印证了上述推断。对此，本研究在现有四个财务指标中选取 PER、ROA 两个指标对原模型中的财务绩效进行替换，并重新进行运算。

（2）CC-CSR-PER/ROA 模型分析。

将变量替换后，分别构建 CC-CSR-PER 和 CC-CSR-ROA 结构方程模型，在对模型进行修正后，运行结果如下（见表 5-14）。

表 5-14　CC-CSR-PER/ROA 拟合结果检验

指数符号	CC-CSR-PER 模型		CC-CSR-ROA 模型		参考范围
	初始模型	修正模型	初始模型	修正模型	
χ^2	235.8	200.7	276.8	211.0	> 0
DF	86	84	86	82	—
RMSEA	0.083	0.074	0.093	0.079	< 0.08
GFI	0.901	0.915	0.885	0.912	> 0.90
NFI	0.826	0.852	0.807	0.853	> 0.90
CFI	0.880	0.907	0.856	0.903	> 0.90
χ^2/DF	2.742	2.389	3.218	2.573	$1 < \chi^2/DF < 3$

由表 5-14 知，两个模型经修正后，除 NFI 略低外，其余各拟合指标均符合要求，可认为修正后的结构方程模型拟合情况良好。

由表 5-15 和图 5-8 知，在 CC-CSR-PER、CC-CSR-ROA 两个模型中，企业文化都对企业社会责任产生了显著的正向影响，再次验证了假设 H_1；在 CC-CSR-PER 模型中，企业社会责任与市盈率呈负相关，在 $p = 0.05$ 水平上显著，再次拒绝了假设 H_2；而在 CC-CSR-ROA 模型中，企业社会责任与总

表 5-15　CC-CSR-PER/ROA 模型的参数估计

模型	路径	非标准化系数	标准化系数	C.R.	P
CC-CSR-PER 模型	CSR←CC	0.898	0.499	4.183	—
	PER←CSR	−231.630	−0.169	−2.150	0.032
	PER←CGS	−12 562.611	−5.262	−0.592	0.554
	PER←CC	12 900.948	5.240	0.593	0.553
CC-CSR-ROA 模型	CSR←CC	0.947	0.499	4.079	—
	ROA←CSR	0.264	0.401	5.116	—
	ROA←CGS	−3.643	−3.917	−0.944	0.345
	ROA←CC	4.581	3.655	0.913	0.361

资产收益率呈正相关,在 $p = 0.001$ 水平上显著,验证了假设 H_2。由此也证明之前的推断是正确的,即由于财务绩效各显变量对总财务绩效的作用程度及方向不同,显变量间产生了抵减作用,从而导致企业社会责任对总的财务绩效呈现负相关。

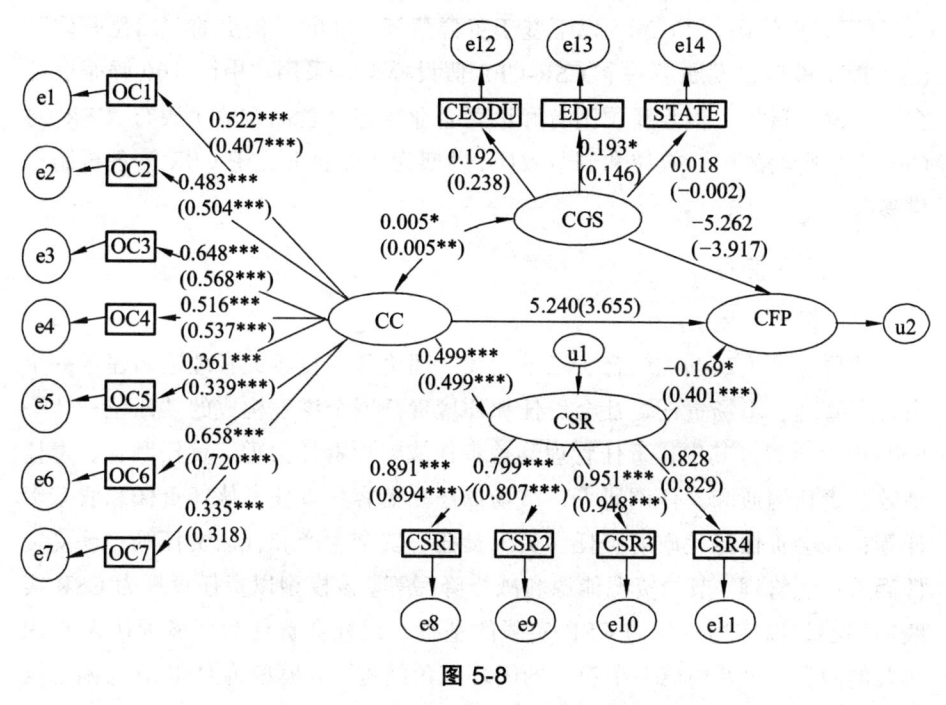

图 5-8

另外,在 CC-CSR-PER、CC-CSR-ROA 两个模型中,企业文化对财务绩效的直接影响均不显著,说明企业文化通过影响企业社会责任间接影响财务绩效,即企业社会责任在该路径中具有完全中介作用,再次验证了假设 H_3。其中,企业社会责任在企业文化影响 PER 的完全中介效应值为 -0.084(-0.169×0.499),企业社会责任在企业文化影响 ROA 的完全中介效应值为 0.200(0.499×0.401)。

三、食品企业社会责任影响财务绩效的中介调节效应

企业社会责任(CSR)由经济责任、法律责任、伦理责任和慈善责任构成,是企业处理其与消费者、供应商、社区、政府、雇员、环境等利益相关

者关系的一种战略管理行为(Wood 和 Jones, 1995)。企业履行 CSR 能否创造财务价值?财务状况良好的企业是否愿意承担更多的 CSR?即 CSR 与企业财务绩效(CFP)的关系是近 40 年来学术界研究的焦点,但至今尚无定论。最近研究趋势表明,理清二者间关系的传导机理是该领域亟待解决的问题(肖红军和李伟阳,2013)。以下基于黄群慧等(2009)提出的"四位一体"CSR 理论模型,发展了一个 CSR-CFP 假设模型,采用"中国 100 强企业社会责任发展指数"检验我国国有和民营企业(包括食品企业)履行 CSR 对 CFP 产生影响的中介效应和调节效应,以期为我国企业完善 CSR 治理机制提供参考。

1. 假设模型

(1)模型发展。

黄群慧等(2009)结合"三重底线"理论和利益相关者理论构建了一个由责任管理、市场责任、社会责任和环境责任四个维度构成的"四位一体"CSR 理论模型。其中,责任管理涵盖责任战略、责任治理、责任融合、责任绩效、责任沟通和责任调研等;市场责任涵盖客户责任、伙伴责任和股东责任等;社会责任涵盖政府责任、员工责任、安全生产和社区责任等;环境责任涵盖环境管理、节约资源能源和减排降污等。该模型以责任管理为 CSR 实践的核心,以市场责任为 CSR 实践的基础,以社会责任和环境责任为 CSR 实践的两翼,四者构成一个稳定的闭环三角结构。该模型将 CSR 分为四个维度并阐释了其中的逻辑关系,是中国社会科学院企业社会责任研究中心发布的"中国 100 强企业社会责任指数"构建和评价的理论依据,但它尚未定量检验四个维度间的作用关系,也未拓展至 CSR-CFP 关系的理论与实证研究。基于该模型,我们发展了一个 CSR-CFP 关系假设模型(见图 5-9),用于检

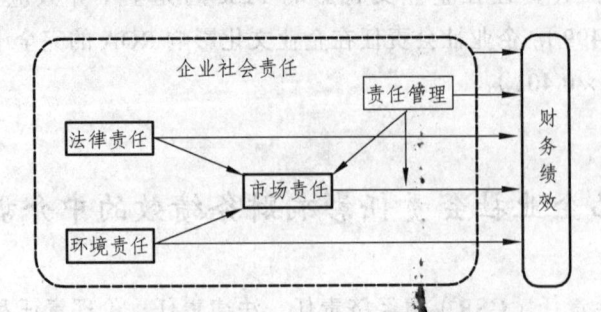

图 5-9 企业社会责任影响财务绩效的中介调节

验市场责任对法律责任、环境责任影响财务绩效的中介效应,以及责任管理对市场责任影响财务绩效的调节效应。由于"四位一体"模型将 CSR 划分为广狭二义,广义 CSR 指综合社会责任,狭义 CSR 主要体现为对政府、员工和社区的法律责任,为避免概念混淆,我们将后者称为"法律责任"。

(2)假设提出。

早期文献主要采用声誉指数法、内容分析法和污染指数法从总体上度量 CSR 以检验其对 CFP 的影响,所获结论不一致。例如,Vance(1975)采用声誉指数法度量 CSR,发现 CSR 与每股收益负相关,但 Folger 和 Nutt(1975)发现采用污染治理指数度量的 CSR 与每股收益无关。Waddock 和 Graves(1997)从 KLD 指数涉及 CSR 的八个方面计算加权平均评分度量 CSR,发现 CSR 对 CFP 产生显著的正向影响。"中国 100 强企业社会责任指数"采用了基于责任管理、市场责任、社会责任(狭义)和环境责任四个维度的层次分析法度量 CSR 的综合表现。我们基于"四位一体"模型依据的利益相关者理论,结合前述文献分析预期 CSR 对 CFP 产生积极影响,提出假设 H_1:

H_1:综合企业社会责任正向影响财务绩效。

利益相关者理论假定,企业改善利益相关者关系能够降低成本、增加收入并最终提高 CFP,但已有实证结论并不一致地支持该假定。Barnett(2007)认为这并非利益相关者理论本身的缺陷,而是 CSR 在作用于利益相关者关系的过程中隐匿的中介机制或调节机制被忽视;不同企业投入等量的 CSR 成本,或同一企业在不同时期投入等量的 CSR 成本,所获 CFP 并不等同,正是由于中介因素或调节因素发挥作用的程度和时机不同导致的,现有文献大多采用在线性回归模型中增添大量控制变量的方法检验 CSR 对 CFP 的净影响,反而使研究结论更加混杂。

一些学者研究了影响 CSR-CFP 关系的中介效应或调节效应。Rowley 和 Berman(2000)发现 CSR-CFP 关系的复杂性表现在 CSR 的某些维度驱动特定利益相关者的行动,再以特定利益相关者的行动为中介对 CFP 产生不同的影响。Lin 等(2012)发现,在经济责任、法律责任、伦理责任三个 CSR 维度影响组织绩效的过程中,组织效率和组织自尊发挥着部分中介作用。Lai 等(2010)以我国台湾中小企业为样本,发现 CSR 通过公司声誉和品牌价值的部分中介作用正向影响品牌绩效。此外,有的学者发现研发支出(McWilliams 和 Siegel,2000)、投资决策、组织结构和 CEO 动机(Erhemjamts,Li 和 Venkateswaran,2012)是调节 CSR-CFP 关系的重要变量。Barnett(2007)

发现利益相关者在 CSR-CFP 关系发挥了中介作用，利益相关者的影响能力、社会环境变迁调节 CSR 与利益相关者关系，因此，处于不同经济社会情境和不同利益相关者关系下的 CSR-CFP 可能是不确定的。

可见，现有文献主要考虑了利益相关者行动、组织特征、公司声誉、品牌价值、研发支出、投资政策、社会环境变迁等 CSR 系统外的因素作用于 CSR-CFP 关系的中介效应或调节效应，忽视了 CSR 系统内各维度间可能存在的中介作用或调节关系，这也可能是影响 CSR-CFP 关系的重要因素。

市场责任涉及对客户、伙伴和股东等利益相关者的责任。履行市场责任能够直接增强客户、伙伴和股东的满意度，为其创造价值，同时实现 CFP 的持续增长（Zhou 和 Li，2008）。Mishra 和 Suar（2010）发现公司对顾客、投资者、供应商等市场主体履行 CSR 的水平与经行业调整后的总资产报酬率显著正相关。这些文献表明市场责任对 CFP 具有直接的正向影响。

法律责任主要体现在承担政府责任、员工责任、安全生产责任、社区责任等方面。履行纳税义务、带动就业等政策责任能够改善政企关系，获得更多的政治资源；履行改善生产条件、保障员工薪酬、落实员工发展计划等员工责任有助于激发员工的归属感、士气和工作热情，员工感知到的企业 CSR 努力能有效降低离职意愿，提高工作绩效（李祥进等，2012）；在教育、医疗、就业等方面支持社区的发展，能够塑造良好的企业形象、获得税收减免和职工后备。可见，履行法律责任是促进 CFP 增长的必要前提。

环境责任与 CFP 的关系是 CSR – CFP 关系研究中的一个重要议题，研究结论尚存分歧。例如，Konar 和 Cohen（2001）发现环境绩效与公司价值在短期内负相关但在长期内正相关；Klassen 和 McLaughlin（1996）发现，环境管理是一把"双刃剑"，高效的环境管理正向影响 CFP 和公司价值，低效的环境管理负向影响 CFP 和公司价值；Russo 和 Paul（1997）基于资源基础理论，发现环境责任与 CFP 正相关，"绿色回报"客观存在，但两者的关系受到行业增长的正向调节。可见，履行环境责任也是保障 CFP 持续增长的必要前提。

责任管理包括实施责任战略、责任治理、责任融合、责任绩效评价、责任沟通、责任调研等涉及 CSR 的公司治理方面。融入 CSR 的公司治理能够化解企业与利益相关者的冲突，提升 CFP；公司治理水平越高的公司产生的 CFP 越高（Aguilera 等，2007）；在新兴市场国家，公司治理与资本市场绩效和 CFP 均存在积极关系（Mason 和 Simmons，2013）。可见，责任管理水平是影响 CSR-CFP 关系的重要因素。

基于以上理论和文献，提出假设 H_2 和假设 H_3：

H_2：市场责任部分中介法律责任或环境责任对财务绩效的正向影响；

H_3：责任管理正向调节市场责任对财务绩效的影响。

2．数据、样本与变量

采用的 CSR 数据为"中国 100 强企业社会责任发展指数"，目前已发布了 2009—2012 年的指数，是我国科学性和权威性最高的 CSR 评价指数之一，它从责任管理指数、市场责任指数、社会责任指数、环境责任指数和综合社会责任发展指数五个方面对国有企业 100 强、民营企业 100 强和外资企业 100 强的 CSR 履行情况进行了 100 分制评价（陈佳贵等，2009—2012）。

我们选取在 2009—2012 年中任何一年具有 CSR 评价指数的 A 股国有和民营上市公司为样本，设置企业社会责任（CSR）、责任管理（RM）、市场责任（MR）、法律责任（LR）、环境责任（ER）五个解释变量。其中，CSR 表示企业社会责任履行的总体水平，用综合社会责任发展指数度量；RM、MR、LR 和 ER 为 CSR 的四个维度，分别用责任管理指数、市场责任指数、社会责任指数（狭义）和环境责任指数度量。被解释变量为企业财务绩效（CFP），沿用以往文献广泛采用的总资产报酬率（ROA）和托宾 q 值（TOBINQ）分别度量会计绩效和市场绩效。如前所述，大量文献发现企业的性质、规模、行业、研发支出和风险等因素影响 CSR–CFP 关系，因此，设置变量 STATE（STATE = 1 为国有，STATE = 0 为民营）、SIZE（年末总资产的自然对数）、ALR（资产负债率）分别控制样本公司的性质、规模和风险的影响。"中国 100 强企业社会责任发展指数"已根据不同行业的 CSR 内容和重要性做了行业调整（如对石化行业的环境责任赋予了较高权重，对金融行业的法律责任赋予了较高权重等），也已将"研发投入""研发人员数量及比例""专利数"等研发支出情况包含在市场责任的评价指标中，因此，我们无须设置反应行业特征和研发支出的控制变量。被解释变量和控制变量的数据来自 CSMAR 数据库，各样本公司的数据完整。

主要变量的均值如表 5-16 所示：市场责任 MR 的履行程度最高，环境责任 ER 和责任管理 RM 的履行程度较低，表明目前我国国有与民营公司履行 CSR 存在"重市场、轻环保、轻管理"的问题；国有公司的综合社会责任 CSR 优于民营公司，且在 2009—2012 年间持续提高，但民营公司的 CSR 具有波动性。

表 5-16 主要变量的均值

年份	性质(家数)	RM	MR	LR	ER	CSR	ROA	TOBINQ
2009	国有（49）	30.206	41.414	32.686	33.024	34.735	0.024	1.337
	民营（7）	23.086	30.586	31.714	19.143	28.714	0.011	2.237
2010	国有（54）	33.641	37.219	32.904	29.683	35.313	0.040	1.264
	民营（38）	18.366	28.684	20.950	19.687	23.879	0.050	1.569
2011	国有（60）	29.680	44.150	39.658	30.292	37.872	0.033	1.126
	民营（43）	13.249	26.584	20.726	17.244	21.067	0.043	1.253
2012	国有（55）	43.871	52.267	54.195	41.082	50.331	0.021	1.040
	民营（38）	17.287	30.463	22.768	23.295	25.534	0.032	1.162
2009－2012	国有（80）	34.360	43.866	40.085	33.478	39.676	0.030	1.186
	民营（55）	16.556	28.610	22.020	19.911	23.687	0.040	1.376

注：2009—2012 年共有国有公司 80 家、218 家次，民营公司 55 家、124 家次，均值按家次计算。

解释变量与被解释变量的 Pearson 相关系数分析如表 5-17 所示。其中，国有和民营公司的责任管理 RM、市场责任 MR、法律责任 LR、环境责任 ER、企业社会责任 CSR 均在 1% 的水平显著正相关，表明采用多元线性回归模型检验这些变量对 CFP 的影响将受到多重共线性的严重干扰，采用能够控制变量间共变关系的结构方程模型检验可能更有效。此外，在未考虑控制变量影响的情况下，国有和民营公司的 RM、MR、LR、ER、CSR 与财务绩效（ROA 和 TOBINQ）均为负相关但其显著水平不确定。

表 5-17 主要变量的 Pearson 相关系数

变量	RM	MR	LR	ER	CSR	ROA	TOBINQ
RM	1	0.824**	0.848**	0.865**	0.941**	－0.038	－0.198*
MR	0.691**	1	0.841**	0.763**	0.910**	－0.024	－0.159
LR	0.854**	0.784**	1	0.798**	0.928**	－0.020	－0.204*
ER	0.806**	0.675**	0.811**	1	0.921**	－0.023	－0.253**
CSR	0.929**	0.825**	0.941**	0.901**	1	－0.024	－0.220*
ROA	－0.168*	－0.153*	－0.172*	－0.093	－0.167*	1	－0.017
TOBINQ	－0.082	－0.149*	－0.143*	－0.038	－0.110	0.382**	1

注：左下、右上半角分别为 2009—2012 年间的 218 家次国有公司、124 家次民营公司的混合面板相关系数；**、*分别表示 1%、5% 显著水平。

3. 研究方法与实证结果

（1）检验假设 H_1。

以下采用多元回归模型检验综合企业社会责任 CSR（除以 100）对 CFP 的影响（软件为 Eviews7.2）。

首先，采用非平衡混合面板模型对国有、民营、全样本公司进行回归，并采用广义最小二乘估计（Period SUR）修正异方差和自相关的影响，结果如表 5-18 所示。其中，CSR 对 CFP（ROA 和 TOBINQ）均无显著影响，拒绝了假设 H_1。此外，国有公司（STATE = 1）的 ROA 显著低于民营公司；所有样本公司的规模 SIZE 与 ROA 显著正相关但与 TOBINQ 显著负相关。

表 5-18　CSR – CFP 的回归结果（Period SUR）

被解释变量	ROA			TOBINQ		
样本	国有	民营	全样本	国有	民营	全样本
CSR（%）	-0.014 (0.009)	-0.031 (0.029)	-0.009 (0.010)	-0.002 (0.114)	-0.229 (0.332)	-0.0004 (0.119)
ALR	-0.107** (0.017)	-0.240** (0.022)	-0.132** (0.014)	-0.185 (0.206)	0.835** (0.274)	0.368* (0.166)
SIZE	0.009** (0.003)	0.036** (0.007)	0.014** (0.003)	-0.221** (0.040)	-0.387** (0.087)	-0.281** (0.039)
STATE			-0.016** (0.005)			-0.062 (0.059)
截距	0.005 (0.034)	-0.179** (0.068)	-0.020 (0.031)	3.739** (0.394)	4.802** (0.765)	4.095** (0.360)
F	14.386	39.598	24.652	15.821	9.674	18.415
Adj.R^2	0.156	0.485	0.217	0.170	0.175	0.170
DW 值	1.969	1.910	1.970	1.967	1.995	1.981
观测值	218	124	342	218	124	342

注：括号内为标准误，**、*分别表示1%、5%显著水平。

其次，由于混合面板模型假定所有解释变量对被解释变量的影响与个体和时间无关，这与现实不符。例如，国务院国资委于 2008 年发布施行的《关于中央企业履行社会责任的指导意见》对民营企业无强制性，它不随年份而变但因企业而异，具有个体固定效应特征；又如，GDP 等宏观经济变量对企业的影响无异但随年份而变，具有时点固定效应的特征。这些确定性因素的影响无法在模型中完整地控制，因此，采用时点个体固定效应模型可能更有效。同时，根据 CHOW 检验的 F 统计量（白仲林，2008）：

其中，RRSS 为混合面板回归的残差平方和，URSS 为时点个体固定效应回归的残差平方和，N 为企业数，T 为年份数，K 为解释变量和控制变量个数。如果 CHOW-F 值大于临界值，则拒绝零假设（混合面板模型），接受备择假设（时点个体固定效应模型）。表 5-19 中的 CHOW-F 检验结果表明所有回归式均拒绝零假设，支持采用时点个体固定效应模型。

表 5-19 CSR-CFP 的回归结果（时点个体固定效应）

被解释变量	ROA			TOBINQ		
样本	国有	民营	全样本	国有	民营	全样本
CSR（%）	−0.014 （0.011）	−0.048 （0.046）	−0.028* （0.013）	0.193 （0.139）	0.591 （0.434）	−0.047 （0.149）
ALR	−0.112** （0.023）	−0.215** （0.034）	−0.115** （0.020）	0.377 （0.280）	1.340** （0.325）	0.854** （0.230）
SIZE	0.014** （0.005）	0.039** （0.011）	0.018** （0.005）	−0.314** （0.061）	−0.555** （0.108）	−0.345** （0.058）
STATE			−0.010 （0.007）			0.144 （0.078）
截距	−0.045 （0.048）	−0.220* （0.103）	−0.075 （0.049）	4.328** （0.593）	6.183** （0.975）	4.362** （0.548）
F	4.057	3.807	3.770	4.017	3.466	3.102
Adj.R²	0.458	0.451	0.428	0.455	0.419	0.362
DW	2.273	2.571	2.403	2.392	2.015	2.316
CHOW-F	2.724 > $F_{0.01}$（57, 160）	2.205 > $F_{0.01}$（33, 88）	2.406 > $F_{0.01}$（88, 258）	2.650 > $F_{0.01}$（57, 160）	2.288 > $F_{0.01}$（33, 88）	2.073 > $F_{0.01}$（88, 258）
观测值	218	124	342	218	124	342

注：同表 5-18。

采用时点个体固定效应模型估计的结果如表 5-19 所示：除全样本的 CSR 在 5% 显著水平上与 ROA 负相关外，CSR 对 CFP（ROA 和 TOBINQ）均无显著影响；所有样本公司的规模 SIZE 与 ROA 显著正相关但与 TOBINQ 显著负相关；国有与民营公司的 CFP（ROA 和 TOBINQ）无显著差异。表

5-19 和表 5-18 的回归结果基本一致。因此，混合面板 Period SUR 估计与时点个体固定效应估计均表明 CSR 对 CFP 无显著影响，拒绝了假设 H_1。根据前述 Ullman（1985）的理论解释和有关中介效应和调节效应的实证结论，表明此处的 CSR 与 CFP 不相关很可能是由于两者间存在某些中介或调节影响因素导致的。

（2）检验假设 H_2 和假设 H_3。

以下采用结构方程模型的多群组分析检验假设 H_2 和假设 H_3（软件为 Amos21）。未标准化路径系数的拟合结果如图 5-10 所示，其主要拟合度指数分别为：$\chi^2 = 4.12$（$p > 0.05$），DF = 1，RMSEA = 0.07，NFI = 0.91，GFI = 0.88，CFI = 0.91；$\chi^2 = 3.33$（$p > 0.05$），DF = 1，RMSEA = 0.05，NFI = 0.96，GFI = 0.93，CFI = 0.96；$\chi^2 = 4.69$（$p > 0.05$），DF = 1，RMSEA = 0.06，NFI = 0.94，GFI = 0.90，CFI = 0.94；表明图 5-10 中的各模型拟合较好。通过参数差异临界值检验发现：在解释 ROA 的模型中，国有和民营公司的路径系数

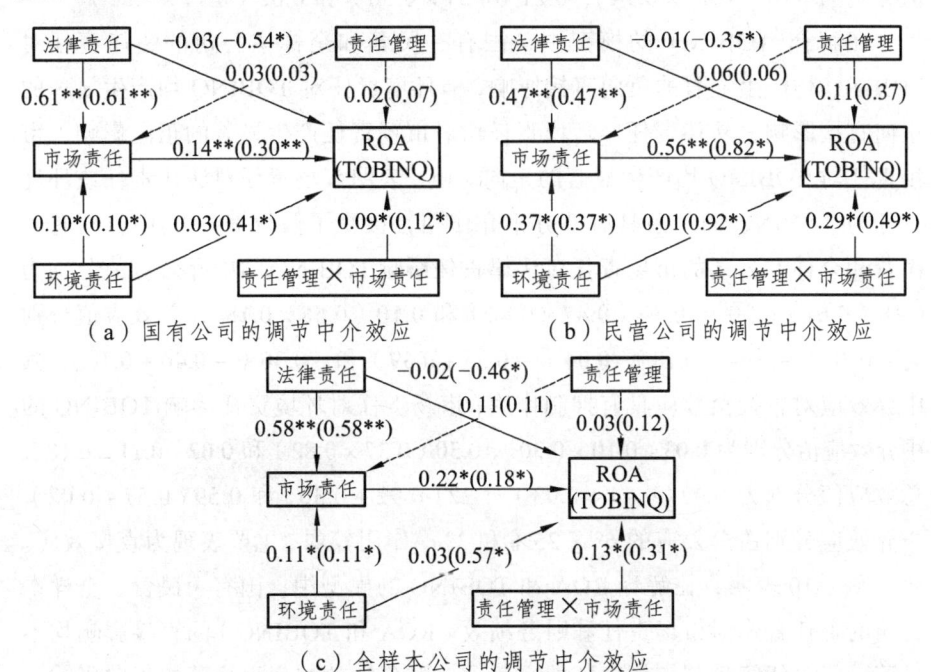

（a）国有公司的调节中介效应

（b）民营公司的调节中介效应

（c）全样本公司的调节中介效应

图 5-10 调节中介效应 SEM 估计结果

注：图 5-10 中的**、*分别表示 1%、5%显著水平，括号外、内分别为解释 ROA、TOBINQ 的回归系数，未列出外生变量间的协方差估计值。

差异不显著（最大值 1.15 < 1.96）但截距差异显著（最大值 2.06 > 1.96），表明两者为路径系数相等模型；在解释 TOBINQ 的模型中，国有和民营公司的路径系数差异（最大值 2.82 > 1.96）和截距差异（最大值 2.12 > 1.96）均显著，表明两者为无关模型；此外，法律责任、环境责任、责任管理影响市场责任的路径系数在被解释变量为 ROA 和 TOBINQ 时相同，表明这四个 CSR 维度间保持着比较稳定的影响关系。

图 5-10 显示，在解释 ROA 的模型中，国有、民营、全样本公司的法律责任、环境责任对 ROA 的直接影响均不显著，但法律责任和环境责任对市场责任、市场责任对 ROA 均产生显著的正向影响。表明市场责任具有完全中介作用，拒绝了假设 H_2。其中，国有、民营和全样本公司的市场责任对法律责任影响 ROA 的完全中介效应值分别为 0.09（0.61×0.14）、0.26（0.47×0.56）和 0.13（0.58×0.22）；市场责任对环境责任影响 ROA 的完全中介效应值分别为 0.01（0.10×0.14）、0.21（0.37×0.56）和 0.02（0.11×0.22）。

在解释 TOBINQ 的模型中，国有、民营和全样本公司的法律责任对 TOBINQ 均产生显著的负向直接影响，但环境责任对 TOBINQ 均产生显著的正向直接影响，法律责任、环境责任均对市场责任产生显著的正向影响，市场责任对 TOBINQ 均产生显著的正向影响。表明市场责任对法律责任或环境责任与 TOBINQ 的关系具有部分中介作用，接受了假设 H_2。其中，国有、民营和全样本公司的市场责任对法律责任影响 TOBINQ 的中介效应值分别为 0.18（0.61×0.30）、0.39（0.47×0.82）和 0.10（0.58×0.18），总效应值分别为 -0.36（-0.54+0.18）、0.04（-0.35+0.39）和 -0.36（-0.46+0.10），其中介效应对直接负效应具有抑制作用；市场责任对环境责任影响 TOBINQ 的中介效应值分别为 0.03（0.10×0.30）、0.30（0.37×0.82）和 0.02（0.11×0.18），总效应值分别为 0.47（0.44+0.03）、1.22（0.92+0.30）和 0.59（0.57+0.02），中介效应分别占总效应的 6%、25% 和 3%，作用较弱，主要表现为直接效应。

图 5-10 表明，在解释 ROA 和 TOBINQ 的模型中，国有、民营、全样本公司的责任管理对市场责任和财务绩效（ROA 和 TOBINQ）的直接影响均不显著，但责任管理与市场责任的交互项对财务绩效均产生显著的正向影响，表明责任管理在市场责任影响财务绩效的关系中具有正向调节作用，即市场责任在法律责任或环境责任影响财务绩效的关系中因责任管理水平不同产生了有调节的中介效应，支持了假设 H_3。

4. 结论、局限与现实意义

基于黄群慧等（2009）提出的"四位一体"CSR 理论模型发展了一个 CSR-CFP 假设模型，采用 2009—2012 年中国 100 强国有和民营上市公司的社会责任发展指数检验了 CSR 对 CFP 的影响，得出以下结论：① 采用非平衡混合面板广义最小二乘模型和时点个体固定效应模型对国有、民营及全样本公司进行比较检验发现，CSR 对 CFP 无显著影响；② 采用结构方程模型对国有、民营、全样本公司进行多群组检验发现，市场责任在法律责任或环境责任与会计绩效（ROA）的关系中具有完全中介作用；市场责任在法律责任或环境责任与市场绩效（托宾 q 值）的关系中具有部分中介作用；责任管理在市场责任影响财务绩效（会计绩效与市场绩效）的关系中具有正向调节作用。由于受样本量的限制，我们未能采用平衡面板数据估计 CSR 及其各维度对 CFP 的时滞影响，也未考虑 CSR 系统外可能存在的中介因素或调节因素，有待今后进一步研究。

现实意义在于：通过检验 CSR 影响 CFP 的作用机制，发现法律责任和环境责任是起始因素，市场责任在法律责任或环境责任影响财务绩效的关系中充当中介传导因素，责任管理水平为正向调节因素。该机制可为企业构建实施科学的 CSR 治理机制和推进措施提供参考。研究结论表明，我国企业应当改变目前"重市场、轻环保、轻管理"的局面，全面地履行 CSR 的各维度责任，尤其应当首先履行良好的法律责任和环境责任，同时加强责任管理并承担良好的市场责任，才能成功实现 CSR 创造 CFP 的"双赢"。

四、食品企业管理水平在社会责任影响财务可持续发展能力中的中介作用

为了深入研究社会责任、管理水平与财务可持续发展能力之间的相互关系，我们选用总资产增长率和可持续增长率两个指标分别来衡量长短期财务可持续发展能力，且将食品公司社会责任细分为五个维度，分别研究其与可持续发展能力、管理水平之间的关系，继而通过管理水平的中介作用探究其与公司可持续发展之间的关系。

1. 理论分析与研究假设

(1) 公司社会责任对财务可持续发展能力影响。

资源基础理论认为，决定企业竞争优势的资源判断标准主要在于其稀缺性、不可模仿性以及不可替代性。叶敏华（2007）认为，企业社会责任已成为一种新的竞争力。食品公司积极履行社会责任，无形中已成为区别于其他企业的一项新的核心竞争力以及战略选择，并以此促进企业持续发展。Gaedberg 和 Fombrun（2006）以问卷调查的形式进行研究，发现企业社会责任履行落实可以显著的提升企业的盈利能力。Hartmann（2011）研究了食品行业的社会责任状况，分析认为其履行社会责任有益于企业价值的增长和可持续发展。曹智（2009）认为履行社会责任是企业实施可持续发展战略的必然选择和趋势，刘建秋和宋献中（2010）认为履行社会责任是一种跨期投资，可以增加企业的长期竞争优势并给企业带来可持续的价值创造能力。曹建新和李智荣（2013）通过研究证明企业社会责任履行的越好，企业价值也越大。因此，我们提出假设：

H_1：食品公司综合社会责任与公司财务可持续发展能力呈现正相关关系。

基于消费者行为理论，消费者对健康安全食品的需求增加了其产品价值和企业竞争力。消费者一般认为食品安全责任履行越好的企业，其产品质量也越高，越值得购买（Brown，1997）。由于食品行业的特殊重要性，发生或出现食品安全问题的公司更容易引起人们广泛关注，更容易站在舆论的风口浪尖处，所以食品行业相对其他行业来说更加敏感和脆弱。Knight et al（2007）和 Ko（2010）一致认为食品安全是食品公司的基本责任，食品公司积极履行食品安全责任可以提升企业的市场价值并促进公司的可持续发展。贾娟等（2005）认为食品行业可持续发展在于完善食品安全控制体系。因此，我们提出假设：

H_{1-1}：食品安全事件对财务可持续发展能力具有负向影响。

基于信号传递理论，企业进行公益慈善捐助其实是一种形象营销，可以带来好的社会名声和企业形象，以此可以减少政府和社会监管，进而避免了因企业被查出问题而必须面对公众的压力，尤其当出现财务危机时，很多企业都会选择用较好的企业名声来避免监管审查，以此增强公司持续经营能力。因此，我们提出假设：

H_{1-2}：慈善责任对财务可持续发展能力具有正向影响。

伦理理论认为公司在发展的过程中，要注重与环境、社会的和谐统一。保护环境是每个公司应尽的义务，法制的强制要求也使得每个公司必须将环境责任考虑在内。相反，对环境造成污染或破坏，将会面临罚款或者社会上的谴责，逐渐侵蚀企业价值，从而影响公司可持续发展。Cohen 等（1995）以标准普尔 500 指数的公司为样本，为每个行业中的环保领先者和滞后者分别构建了一个产业平衡档案，结果发现，1987 年到 1990 年期间在环保领先者的档案里的股票市场绩效等于或超过了环境滞后者档案里的股市绩效。Klassen 和 McLaughlin（1996）研究分析发现：当企业出现负面环境新闻（例如像石油泄漏事件）时有显著的负异常收益，当公司得到环保奖励时有显著的正收益，Karpoff 等（1999）研究分析负面环境事件得出了相似结果。Konar 和 Cohen（2007）在此基础上通过分析发现公司未来环境绩效对异常收益有重大影响，并依此延伸了这一结论，进一步研究发现当公司在意识到 TRI 的宣告对股价的重大影响之后，其比业内同行在更大程度上减少了 ERI 的排放。因此，我们提出假设：

H_{1-3}：环境责任对财务可持续发展能力具有正向影响。

基于利益相关者理论，公司自愿去承担并履行社会责任，可以向消费者传递企业拥有健康卫生产品等核心竞争力的信号，进而得到消费者的青睐和信任。公司只有对企业内外各利益相关者负责，才能得到投资者和消费者等利益相关者的信赖，从而进一步增强企业自身核心竞争力。处理好利益相关者的利益可以降低委托代理成本，由此也能降低由利益冲突所带来的交易成本。公司遵纪守法合法经营能减少罚款支出，给企业带来更多可利用的财务资源。基于此，我们提出假设：

H_{1-4}：法律责任对财务可持续发展能力具有正向影响。

基于闲散资源理论，公司经营绩效水平高，就能给公司带来更多的现金流以及其他可以利用资源，公司也能更好地进行投融资选择以及其他经营决策，从而极大促进公司可持续发展水平。由此，我们提出假设：

H_{1-5}：经济责任对财务可持续发展能力具有正向影响。

（2）管理水平中介作用。

企业的经营管理对企业的生存发展至关重要，管理水平的高低是企业可持续发展中很重要的一个影响因素。在总结前人的研究成果上，我们认为可持续发展主要是企业在同时考虑内外部环境的基础上，实现企业价值最大化，而这些都体现在公司较高的管理水平之上。资源基础理论认为，资源的稀缺性、不可模仿性以及不可替代性决定着企业的竞争优势，公司较高管理水平或独特的管理方式都可以成为其核心竞争力，以此促进公司可持续发展。

工具理论认为，公司存在的主要目的是为了营利，公司履行社会责任是追求利益最大化的一种手段，而制定正确有效的管理决策并实施都需要一定管理水平的支撑。公司的管理水平决定了管理者的社会责任决策，从而影响着公司的社会责任行为。公司进行全面社会责任管理，相当于进行一次战略变革，会从各方面提出更为严格的要求，公司管理者在压力的逼迫以及成功带来的名誉和声望的激励下，管理水平也会相应提高，企业可持续发展能力的影响因素都因公司的管理水平而有所差异。食品行业相对其他行业来说更加脆弱，各个公司为了避免发生此种问题，在公司运营各个环节和流程都是严格要求，小心防范，但是食品安全事件并没有因此而减少，反而在逐年上升。食品安全重点不在于避免或防范，而在于主动去管理、去消除这种危机的苗头。食品安全要求越高，对公司管理者的管理水平要求也越高。基于此，我们提出以下假设：

H_2：管理水平是提高财务可持续发展能力的关键驱动因素，在社会责任与财务可持续发展能力间起中介效应。

2．样本、变量与模型

（1）样本选取与数据来源。

由于食品安全法从 2009 才开始实施且中国上市公司内部控制指数于 2010 年经财政部立项，我们选取了 2010—2014 年沪深两市的食品饮料行业上市公司（含酿酒公司）为研究对象，排除数据异常以及不完整的上市公司样本后，最终得到 80 家样本公司。本书食品安全事件以各权威网站（如新华网、人民网、新浪网、食品安全网等）上报导或公布的上市公司 2010—2014 年间发生的食品安全问题、各公司官方网站以及报表附注披露的有关食品安全问题的报告或资料为准。食品安全责任由各公司每年发生食品安全事件次数统计得出，法律责任、慈善责任、环境责任指标数据来于公司每年披露的报表附注等，经济责任、可持续发展能力以及控制变量相关指标数据来自国泰安数据库、东方财富网等，中国上市公司内部控制指数来源于 DIB 内部控制与风险管理数据库。我们选用 Eviews7.2 和 SPSS20.0 等软件完成计算和回归分析过程。

以下利用 SPSS20.0 软件进行主成分分析。从表 5-20 可看出，KMO 值为

0.753，根据 Kaiser 提出的检验标准，可以用主成分分析求权重。特征值大于 1 的 1 个主成分的累计方差贡献率为 66.211%，超过了 60%，因此前一个主成分可以代表原变量的所有信息量，可以代替原来的 5 个维度指标（法律责任、慈善责任、环境责任、经济责任以及食品安全责任）。从表 5-20 可知第一主成分对原来指标的载荷数，由统计分析得出食品公司社会责任综合得分模型为：FCSR = − 0.225LR + 0.278 CR + 0.268Hjzr + 0.237ER − 0.215FSR；法律责任、慈善责任、环境责任、经济责任以及食品安全责任指标权重分别为：18.42%、22.74%、21.94%、19.35%、17.56%。

表 5-20　食品公司社会责任主成分分析

维度成分	法律责任	慈善责任	环境责任	经济责任	食品安全责任	初始特征值	方差贡献率
1	0.225	0.278	0.268	0.237	0.215	3.311	66.211%
各维度权重	18.42%	22.74%	21.94%	19.35%	17.56%		

KMO 检验值为 0.753；Bartlett 的球形度检验近似卡方：118.342；df: 10；Sig.: 0.000

（2）变量定义与度量。

被解释变量，选用可持续增长率以及总资产增长率来反映公司的长短期财务可持续发展能力。可持续增长率是指在不发行新股，不改变经营效率和财务政策的情况下，公司销售所能达到的最大增长率。总资产增长率反映企业本期资产规模的增长情况和企业规模扩大的速度。具体定义如表 5-21 所示。

表 5-21　因变量定义表

被解释变量	变量代码	变量定义
财务可持续发展能力	SGR	可持续增长率 = 权益净利率*利润留存率/（1-权益净利率*利润留存率）
	GRA	总资产增长率 =（资产本期期末值-资产本期期初值）/资产本期期初值

选用以下两组解释变量：

① 食品公司社会责任及其具体维度。食品公司社会责任意味着食品行业不仅要履行基本的社会责任，而且还要履行其特有的责任。借鉴中国社科院提出的"四位一体"CSR 理论模型，将食品企业社会责任细分为食品安全责任、法律责任、慈善责任、环境责任以及经济责任五个维度。利用 SPSS 进

行主成分分析对构成食品公司社会责任的五个维度进行综合评价，得出食品公司社会责任综合评价指标 FCSR。食品安全责任由各公司发生食品安全事件次数来度量，本指标根据报表附注、公司官网以及各权威网（诸如新华网、人民网、新浪网等）站上发布的有关公司食品安全问题新闻或报告统计得出；因法律的公平公正性，公司被罚款支出也不因公司规模大小或是盈利能力而有所不同，故法律责任由公司被罚款金额来衡量，但为了做相对数处理，以单位利润的罚款金额来衡量法律责任；由于各公司盈利能力不同，各公司慈善捐款以及环保排污费以及绿植等能力也会有所差异，为了显示对等性，慈善责任以单位利润的捐款金额来度量；慈善责任以单位利润的排污费来度量；经济责任是指企业的盈利能力与经营效率，因托宾 q 值更多反映的是企业资本市场价值以及股票价格，为了更加准确度量公司经营绩效水平，选择总资产净利润率来度量经济责任，如表 5-22 所示。

表 5-22　变量含义定义表

自变量	变量代码	变量定义
食品安全责任	FSR	各公司是否发生食品安全事件
法律责任	LR	单位利润的罚款金额（报表附注里披露的营业外支出中的罚款金额/净利润）
慈善责任	CR	单位利润的捐款金额（报表附注里披露的营业外支出中的捐款金额/净利润）
环境责任	ENR	哑变量，公司有排污费、绿化费等为 1，否为 0
经济责任	ECR	总资产净利润率（净利润/总资产余额）

② 管理水平（中介变量）。公司的管理水平可以由波多里奇企业业绩评定准则里的包括领导、战略规划、顾客和市场、信息与分析、人力资源、流程管理、运营业绩在内的几个方面来衡量，而公司内部控制的实施与应用也从内部环境、控制活动、控制手段三方面对公司各方面做出要求。内部控制效用的发挥是建立在良好的管理水平基础之上的，而企业实行内部控制也能促进企业管理水平的提升，所以我们选择中国上市公司内部控制指数来衡量公司的管理水平。中国上市公司内部控制指数是综合反映我国上市公司内部控制水平与风险管理能力的量化指数体系，该指数是由迪博公司发布，于 2010 年经财政部立项。

控制变量。大部分学者对公司管理水平的研究，往往将其与公司治理结构紧密结合在一起，公司治理结构决定了公司内部环境基调，继而影响管理者做出的决策，决策又与社会责任的履行有一定的联系。公司治理结构不仅影响着公司管理人员的管理水平，而且与社会责任的履行息息相关；由于规模较大的公司受到的社会关注较多，所以自然承担的社会责任较大，而公司的规模也需要一定的管理水平的支撑才能保持下去，所以企业规模的不同也影响着企业履行社会责任和管理水平的高低；一般来说财务风险水平较大的公司倾向于获取较好的企业名声，以逃避政府的审查与监管。而公司如果选择较为激进的财务政策，一般对经营管理能力有更高的要求，所以公司风险水平也对社会责任的履行和公司管理水平有一定的影响。由于我国企业大体上可以分为国企和非国企，国企一般代表着国家的政治态度，在很多方面都有国家扶持与帮助，所以不同性质的企业，履行社会责任的意识和大小也因此有所不同[74]。因此，在研究社会责任对管理水平的影响时，将公司治理、公司规模、风险水平作为控制变量，在研究社会责任对财务可持续发展能力的影响以及三者作用机制时，将公司性质、公司规模、风险水平作为其控制变量，具体定义如表 5-23 所示。

表 5-23 控制变量定义表

控制变量	变量代码	变量定义
公司规模	SIZE	期末总资产的自然对数
财务风险	LEV	资产负债率＝期末企业的负债总额/期末企业的资产总额
公司性质	STATE	公司第一大股东是否为国有控股，国有为 1，民营为 0
公司治理	EDU	治理结构中董事长的教育背景，中专及中专以下赋值为 1，大专赋值为 2，本科赋值为 3，硕士研究生赋值为 4，博士研究生赋值为 5，博士后或专家名师等赋值为 6

（3）模型构建。

根据上述理论分析、研究假设及变量定义，将食品公司社会责任、管理水平以及财务可持续发展能力三个变量整合在一个模型之中，构建"食品公司社会责任→管理水平→财务可持续发展能力"研究模型。

"食品公司社会责任→管理水平→财务可持续发展能力"模型研究的重点有以下几个方面：一是食品公司社会责任对财务可持续发展能力的影响研究，探讨食品公司社会责任以及五个维度对公司财务可持续发展能力是否具有推进作用；二是社会责任对公司管理水平的推动作用研究；三是管理水平的中介效应研究,即在食品公司社会责任影响可持续发展能力的路径中,公司管理水平是否起到中介作用。

将使用非平衡面板数据进行回归分析。为了保持其研究结果的准确合理性,在验证三者关系时,模型③和模型①采用相同的控制变量,模型②采用了不同的控制变量。首先,分析食品公司社会责任及其具体维度对公司财务可持续发展能力的影响;其次,又分析社会责任对管理水平的影响关系;最后,研究分析了管理水平的中介效应,即在食品公司社会责任影响公司财务可持续发展能力的路径中,公司管理水平是否起到中介作用。具体的回归模型如下:

$$GA = \alpha_0 + \alpha_1 FSR + \alpha_2 LR + \alpha_3 CR + \alpha_4 ENR + \alpha_5 ECR + \alpha_6 LEV + \alpha_7 STATE + \alpha_8 SIZE + \xi \quad (1)$$

$$MA = \phi_0 + \phi_1 FCSR + \phi_2 EDU + \phi_3 LEV + \phi_4 SIZE + \eta \quad (2)$$

$$GA = \chi_0 + \chi_1 FCSR + \chi_2 MA + \chi_3 STATE + \chi_4 SIZE + \chi_5 LEV + \lambda \quad (3)$$

式中,以上三式中各变量的定义如式(1)、(2)、(3)所示;此外 FCSR 表示为食品公司综合社会责任,GA 为财务可持续发展能力,MA 为管理水平;α_i 为待估的系数,其中 $i = 0, 1, 2, \cdots, 8$;ϕ_t 为待估的系数,其中 $t = 0, 1, 2, \cdots, 4$;χ_j 为待估的系数,其中 $j = 0, 1, 2, \cdots, 5$;ξ、η、λ 为随机误差项。

(4)实证结论与分析。

① 食品公司社会责任以及其各个维度的统计分析。

根据之前构建的"食品公司社会责任度量指标体系",以各公司官网、报表附注以及网页报道披露的有关食品安全事件作为食品安全责任资料来源,运用主成分分析法对各样本公司社会责任体系中各维度进行简单加权平均来对食品公司社会责任进行定量分析。

根据报表附注原始数据统计而来,样本中食品公司社会责任各维度整体情况如表 5-24 所示,按年度对社会责任各维度的相关度量指标进行汇总统计。由于 2009 年只有 1 家公司履行了环境责任,少部分公司履行了慈善责任,在进行实证分析时为保持稳定性,将 2009 年排除,只对 2010—2014 年进行实证检验。对于 2009 年的数据只进行简单的描述性统计。根据表中的数据显示,虽然食品安全法从 2009 年开始实施,但食品安全事件却逐年增加,并在 2012 年达到高峰。食品安全事件发生次数最多的是光明乳业,就均值来说,公司罚款金额逐年递减,说明食品公司法律责任履行的相对较好;捐款支出逐年上升,说明食品公司越来越重视公益慈善,注重企业声誉的维护;对环保方面的支出也逐年增加,说明公司环保责任意识越来越强烈;经济责任在前3年维持在0.06左右,并在2012年达到最高水平,后面逐渐降低。各个维度中,极大值与极小值均出现很大的悬殊,说明各食品公司之间履行社会责任意识相差较大。

表 5-24 食品公司社会责任各维度描述性统计(非平衡面板)

年份/年	变量	N	极小值	极大值	均值
2009	法律责任(罚款支出)	82	0	14.926	0.000
	慈善责任(捐款支出)	38	0	34.227	0.000
	环境责任(排污费、绿化费等)	1	0	10.029	0.000
	食品安全(食品安全事件)	4	0	2	0.047
2010	法律责任(罚款支出)	82	0	19.868	0.000
	慈善责任(捐款支出)	58	0	72.880	0.000
	环境责任(排污费、绿化费等)	15	0	169.013	0.000
	食品安全(食品安全事件)	9	0	3.000	0.106
2011	法律责任(罚款支出)	82	0	16.843	0.000
	慈善责任(捐款支出)	63	0	46.603	0.000
	环境责任(排污费、绿化费等)	15	0	189.330	0.000
	食品安全(食品安全事件)	7	0	2	0.082
2012	法律责任(罚款支出)	82	0	6.356	0.000
	慈善责任(捐款支出)	65	0	135.083	0.000
	环境责任(排污费、绿化费等)	14	0	226.421	0.000
	食品安全(食品安全事件)	26	0	4	0.306
2013	法律责任(罚款支出)	82	0	247.000	0.000
	慈善责任(捐款支出)	64	0	135.630	0.000
	环境责任(排污费、绿化费等)	13	0	251.457	0.000
	食品安全(食品安全事件)	11	0	1	0.129
2014	法律责任(罚款支出)	84	0	9.491	0.000
	慈善责任(捐款支出)	60	0	133.303	0.000
	环境责任(排污费、绿化费等)	1	0	15.714	0.000
	食品安全(食品安全事件)	6	0	2	0.071

注:法律责任、慈善责任、环境责任极大值均以百万为单位。

表 5-25 是对原始数据进行相对处理过后的数据统计而来,由表可知,各维度基本与原始数据统计分析相吻合。就稳定性而言,法律责任标准差基本维持在 0.02~0.05 的水平上下波动,说明法律责任履行意识较为稳定;慈善责任履行情况在 2010—2011 年相对稳定,但 2011—2014 年,标准差逐年递增,说明各公司进行慈善捐助的波动性较大;环境责任标准差前 4 年维持在 0.3~0.4,2014 年减少至 0.116,说明各公司环保意识越来越稳定;经济责任标准差在 2010—2012 年逐渐增大,但之后逐渐减小,说明食品公司行业经营绩效水平在 2012 年波动较大之后差距逐渐减小;食品安全责任标准差逐年相差不大,但 2012 年相对较高,说明 2012 年食品行业发生较多食品安全问题。从均值来看,食品公司综合社会责任逐年递减,但在 2012 年以后呈现上升的趋势。综合社会责任得分极大值为 0.265,极小值为 -0.851,说明各公司之间社会责任意识及其不平衡,呈现两极分化的状态。综合社会责任标准差逐年偏大,并在 2012 年达到极大值,随后波动逐渐减小,2013—2014 年每年维持在 0.7~0.8 的水平上,表明食品公司履行社会责任逐渐趋于稳定。

表 5-25　食品公司综合社会责任以及相对各维度描述性统计(非平衡面板)

年份	变量	N	极小值	极大值	均值	标准差
2010	单位利润的罚款(LR)	68	0.000	0.199	0.008	0.028
	单位利润的捐款(CR)	68	-0.008	0.137	0.009	0.022
	是否履行环境责任(ENR)	68	0.000	1.000	0.221	0.418
	ROA(ECR)	68	-0.142	0.284	0.064	0.072
	食品安全事件是否发生(FSR)	68	0.000	1.000	0.059	0.237
	综合 CSR(FCSR)	68	-0.205	0.111	0.005	0.057
2011	单位利润的罚款(LR)	74	0.000	0.164	0.008	0.025
	单位利润的捐款(CR)	74	-0.011	0.238	0.006	0.028
	是否履行环境责任(ENR)	74	0.000	1.000	0.189	0.394
	ROA(ECR)	74	-0.296	0.265	0.060	0.080
	食品安全事件是否发生(FSR)	74	0.000	1.000	0.068	0.253
	综合 CSR(FCSR)	74	-0.399	0.151	0.002	0.074

续表

年份	变量	N	极小值	极大值	均值	标准差
2012	单位利润的罚款（LR）	79	0.000	0.363	0.009	0.043
	单位利润的捐款（CR）	79	−0.008	0.107	0.005	0.014
	是否履行环境责任（ENR）	79	0.000	1.000	0.177	0.384
	ROA（ECR）	79	−0.245	0.311	0.065	0.084
	食品安全事件是否发生（FSR）	79	0.000	1.000	0.266	0.445
	综合CSR（FCSR）	79	−0.851	0.046	−0.057	0.137
2013	单位利润的罚款（LR）	78	0.000	0.250	0.011	0.035
	单位利润的捐款（CR）	78	−0.015	0.163	0.009	0.027
	是否履行环境责任（ENR）	78	0.000	1.000	0.154	0.363
	ROA（ECR）	78	−0.173	0.288	0.054	0.082
	食品安全事件是否发生（FSR）	78	0.000	1.000	0.141	0.350
	综合CSR（FCSR）	78	−0.212	0.265	−0.011	0.081
2014	单位利润的罚款（LR）	74	0.000	0.359	0.013	0.057
	单位利润的捐款（CR）	74	−0.023	1.026	0.019	0.119
	是否履行环境责任（ENR）	74	0.000	1.000	0.014	0.116
	ROA（ECR）	74	−0.258	0.247	0.044	0.078
	食品安全事件是否发生（FSR）	74	0.000	1.000	0.068	0.253
	综合CSR（FCSR）	74	−0.425	0.073	−0.005	0.071

② 食品公司管理水平及财务可持续发展能力的统计分析。

根据表5 26可知，就均值而言，总资产增长率和可持续增长率均呈现逐年递减的趋势，但在2014年均有所上升，说明食品行业各公司财务可持续发展能力逐年减弱，但可能在2014年出现转机，提升促进公司的发展能力；公司管理水平也逐年减低，说明食品行业各公司对提高公司管理水平以及建立健全公司内部控制的重视和关注也逐年转移，没有将其摆放在一个很重要的地位。就极值而言，从各年份极大值与极小值的差距可看出，当前食品饮料行业上市公司无论是总资产增长率、可持续增长率，还是公司管理水平上都有很大的差别，可持续发展能力和管理水平均严重不均衡；就标准差而言，各上市公司之间总资产增长率、可持续增长率均呈现逐年稳定的趋势，但在管理水平上有较大的波动。根据数据显示可知，管理水平最高的是贵州茅台，总资产增长率最高的是汤臣倍健，可持续增长率最高的是印纪传媒。

表 5-26 食品公司管理水平及可持续发展能力描述性统计（非平衡面板）

年份/年	变量	N	极小值	极大值	均值	标准差
2010	总资产增长率	68	-0.251	10.735	0.507	1.449
	可持续增长率	68	-0.262	0.603	0.089	0.129
	管理水平	68	0.000	963.170	668.552	133.446
2011	总资产增长率	74	-0.197	2.547	0.286	0.464
	可持续增长率	74	-0.948	0.391	0.062	0.169
	管理水平	74	300.930	942.410	671.650	98.230
2012	总资产增长率	79	-0.178	1.439	0.164	0.268
	可持续增长率	79	-0.299	0.372	0.062	0.108
	管理水平	79	0.000	956.950	663.437	145.607
2013	总资产增长率	78	-0.274	1.152	0.063	0.191
	可持续增长率	78	-2.191	0.349	0.025	0.274
	管理水平	78	463.120	808.560	643.104	73.793
2014	总资产增长率	74	-0.271	1.153	0.093	0.202
	可持续增长率	74	-0.462	0.744	0.040	0.135
	管理水平	74	0.000	870.670	609.826	170.008

③ 食品公司治理、性质、规模、风险水平的统计分析。

由表 5-27 可知，企业规模均值逐年增大，说明随着经济的飞速发展，食品公司规模整体都在逐年扩张。企业规模标准差维持在 1.0 左右，趋于相对稳定发展。风险水平均值逐年减少，说明食品公司整体风险意识加强，财务风险呈现降低的趋势，但其极值相差很大，极大值为 1.094，极小值为 0.020，说明食品饮料行业各公司之间财务风险意识悬殊较大。根据股权性质可知，在样本公司中，非国有公司占压倒性比例，五年中国有比例最高为 0.221，最低为 0.051。教育背景均值维持在 3.2~3.4，说明食品公司高管学历普遍为本科及以上。

表 5-27 控制变量的描述性统计（非平衡面板）

年份/年	变量	N	极小值	极大值	均值	标准差
2010	企业规模	68	19.376	24.079	21.562	0.993
	风险水平	68	0.027	0.887	0.395	0.200
	股权性质	68	0.000	1.000	0.221	0.418
	教育背景	68	1.000	5.000	3.294	0.882
2011	企业规模	74	19.411	24.332	21.691	1.016
	风险水平	74	0.023	0.984	0.391	0.218
	股权性质	74	0.000	1.000	0.149	0.358
	教育背景	74	1.000	5.000	3.378	0.855
2012	企业规模	79	19.671	24.535	21.749	1.058
	风险水平	79	0.020	0.948	0.376	0.212
	股权性质	79	0.000	1.000	0.089	0.286
	教育背景	79	1.000	5.000	3.253	0.912
2013	企业规模	78	19.953	24.739	21.825	1.065
	风险水平	78	0.020	1.094	0.355	0.218
	股权性质	78	0.000	1.000	0.051	0.222
	教育背景	78	1.000	5.000	3.244	0.900
2014	企业规模	74	20.022	24.911	21.944	1.080
	风险水平	74	0.028	0.933	0.340	0.202
	股权性质	74	0.000	1.000	0.054	0.228
	教育背景	74	1.000	5.000	3.270	0.941

④ 变量的相关性分析

本研究通过 SPSS20.0 对自变量（环境责任、法律责任、慈善责任、经济责任、食品安全责任、综合社会责任）、中介变量（管理水平）、因变量（总资产增长率、可持续增长率）做 Person 相关性分析，以了解食品公司社会责任具体维度（环境责任、法律责任、慈善责任、经济责任、食品安全责任）以及食品公司综合社会责任与公司财务可持续发展能力、食品公司社会责任具体维度（环境责任、法律责任、慈善责任、经济责任、食品安全责任）以及综合社会责任与公司管理水平、管理水平与财务可持续发展能力之间的相关程度，分析结果如表 5-28 所示。

如表 5-28 中数据所示：第一，食品公司社会责任具体维度以及综合社会责任与财务可持续发展能力之间的相关系数在 0.001~0.701，食品公司社会责任具体维度与财务可持续发展能力之间的相关系数多数为不显著，除经济责任与财务可持续发展能力在 0.01 的显著性水平上的相关系数为 0.701，其他四个维度均与财务可持续发展能力不具有显著性，综合社会责任与财务可持续发展能力均不显著；第二，食品公司社会责任具体维度以及综合社会责任与公司管理水平之间的相关系数在 0.001~0.437，法律责任、经济责任均与管理水平在 0.01 的水平上显著，其相关系数分别为 0.136、0.437。第三，食品公司管理水平与财务可持续发展能力显著正相关，具体表现为：管理水平与可持续增长率在 0.01 的水平上显著，其相关系数为 0.123；管理水平与总资产增长率在 0.05 的水平上显著，其相关系数为 0.323。

表 5-28 相关性分析（Pearson 法）

变量	ENR	LR	CR	ECR	FSR	FCSR	GRA	SGR	MA
ENR	1								
LR	0.103*	1							
CR	-0.001	0.003	1						
ECR	-0.031	-0.134**	-0.029	1					
FSR	-0.044	-0.062	0.124*	0.194**	1				
FCSR	0.235**	-0.041	0.078	0.047	-0.806**	1			
GRA	-0.036	-0.061	-0.030	0.102*	-0.010	0.027	1		
SGR	-0.013	-0.052	-0.001	0.701**	0.098	0.080	0.087	1	
MA	-0.021	-.136**	-0.001	0.437**	0.099	-0.001	0.123*	0.323**	1

注：*. 在 0.05 水平（双侧）上显著相关；**. 在 0.01 水平（双侧）上显著相关。

相关分析的结果表明：食品公司社会责任中只有经济责任维度与两种财务可持续发展能力指标之间达到显著的相关关系，但综合社会责任与两种财务可持续发展能力指标均未呈现出显著的相关性；社会责任中部分维度与管理水平显著相关，但综合社会责任与管理水平不具有显著相关性；管理水平与两种财务可持续发展能力指标之间也达到显著的相关关系。从整体来看，食品公司社会责任各维度与财务可持续发展能力之间的相关性高于管理水平与财务可持续发展能力之间的相关性，也高于食品公司社会责任各维度及其综合社会责任与管理水平之间的相关性，由此可以初步验证：管理水平可能是通过影响食品公司社会责任继而影响财务可持续发展能力，即管理水平具有中介效应。另外，食品公司社会责任具体维度（环境责任、法律责任、慈善责任、食品安全责任）与财务可持续发展能力之间的相关性并不显著，这可能因为没有控制影响财务可持续发展能力的其他因素。

⑤ 回归分析与假设检验

为了更好验证三者之间的关系，印证管理水平在社会责任与财务可持续发展能力间的中介传导作用，将采用层次回归法进行回归检验。此外，表5-28显示因变量之间共线性在可接受的范围内，无需对变量值做标准化处理。

第一，社会责任各维度、管理水平对财务可持续发展能力的回归分析。

表5-29中回归式1结果表明：环境责任、经济责任以及食品安全责任均与两种财务可持续发展能力在$p = 0.001$的水平下正相关；法律责任在$p = 0.001$的水平下与总资产增长率正相关，与可持续增长率显著负相关；慈善责任在$p = 0.001$的水平下与可持续增长率正相关，与总资产增长率负相关。因此根据该回归结果可知，食品公司发生食品安全事件会遏制公司总资产增长能力，进而抑制公司可持续增长能力的速度，相反，食品公司注重食品安全问题，积极履行食品安全责任对公司的财务可持续发展能力具有积极的促进作用。

综合考虑，可以接受假设H_{1-1}；公司进行慈善捐助活动，注重企业形象声誉上的投资，可以减少政府和社会监管以及与其他利益相关者之间的矛盾与摩擦，但由于其投资短期之内得不到回馈，所以短期内对公司资产增长会有所限制，但从长远来看，公司进行慈善捐助能促进其可持续发展能力。综合考虑，可以接受假设H_{1-2}；公司环保责任意识越强，在环保方面的投资越多，其可持续增长能力越强。综合考虑，可以接受假设H_{1-3}；公司法律意识薄弱，罚款越多，会对公司声誉以及现金流等方面造成恶劣影响，进而影响其资产扩张速度，但其与可持续增长率负相关。综合考虑，可以拒绝接受假设H_{1-4}；公司较好的经营绩效也能显著促进公司可持续发展能力，因此可以接受假设H_{1-5}。

表5-29中的回归式2结果显示：将自变量（环境责任、法律责任、慈善责任、经济责任、食品安全责任）、中介变量（管理水平）同步放入回归模型后，环境责任与可持续增长率在$p = 0.01$的水平下正相关；法律责任在$p = 0.001$的水平下与可持续增长率负相关；慈善责任与可持续增长率在$p = 0.001$的水平下正相关；经济责任、食品安全责任以及管理水平在$p = 0.001$的水平下与两种财务可持续增长能力指标正相关；慈善责任与总资产增长率在$p = 0.001$的水平下负相关；法律责任在$p = 0.001$的水平下与总资产增长率正相

关。因此根据该回归结果可知，管理水平的提升能够显著有效促进公司财务可持续发展能力。考虑管理水平的影响后，结论与回归 1 基本一致，但社会责任五个维度系数均低于回归式 1，说明社会责任五个维度的显著程度与回归式 1 相比，均有所降低，印证了管理水平的中介效应。因此，可以接受假设 H_2。

表 5-29　CSR 各维度、管理水平对财务可持续发展能力的回归检验（非平衡面板）

CSR 各维度对财务可持续发展能力回归结果			CSR 各维度及管理水平对财务可持续发展能力回归结果		
变量	回归式 1		变量	回归式 2	
被解释变量	SGR	GRA	被解释变量	SGR	GRA
截距	0.209*** (33.225)	0.585*** (33.885)	截距	0.182*** (16.391)	0.426*** (14.067)
ENR	0.010*** (11.607)	0.012*** (6.743)	ENR	0.005*** (3.977)	-0.004 (-0.530)
LR	0.155*** (1.343)	-0.498*** (-6.359)	LR	0.145*** (10.687)	-0.149*** (-4.378)
CR	0.070*** (3.971)	-0.280*** (-7.207)	CR	0.068*** (4.063)	-0.296*** (-5.212)
ECR	1.595*** (140.421)	0.553*** (23.759)	ECR	1.542*** (140.510)	0.193*** (4.609)
FSR	-0.019*** (-13.224)	-0.051*** (-16.946)	FSR	-0.017*** (-13.169)	-0.044*** (-7.336)
			MA	0.00004*** (7.968)	0.0006*** (30.498)
SIZE	-0.011*** (-34.615)	-0.011*** (-12.820)	SIZE	-0.011*** (-20.482)	-0.021*** (-14.776)
LEV	0.007* (2.503)	-0.435*** (-35.147)	LEV	0.018*** (5.092)	-0.422*** (-24.995)
STATE	-0.002 (0.577)	-0.006 (-1.589)	STATE	-0.001 (-0.489)	-0.020 (-1.781)
R^2	0.997	0.999	R^2	0.992	0.948
F 统计量	16518.200	30781.930	F 统计量	5002.144	738.618
DW	1.156	1.624	DW	1.268	1.711

注：① ***表示在 0.001 的水平上显著，**表示在 0.01 的水平上显著，*表示在 0.05 的水平上显著。
② 回归式 1 是根据模型 3.1 做的回归，分别为社会责任各维度对财务可持续发展能力 SGR、GRA 的回归分析；回归式 2 是根据模型 3.3 做的回归，分别为社会责任各维度及管理水平对财务可持续发展能力 SGR、GRA 影响的回归分析。

第二,综合社会责任、管理水平对财务可持续发展能力的回归分析。

表 5-30 中回归式 3 结果表明:食品公司综合社会责任与两种财务可持续发展能力指标在 $p = 0.001$ 的水平下均显著正相关,说明食品公司社会责任意识越强,履行社会责任越积极,公司财务可持续发展能力越大。因此,可以接受假设 H_1。企业规模与可持续增长率显著正相关,说明随着公司规模的扩大,公司的财务可持续发展能力也逐渐加强。公司风险水平和公司性质均在 $p = 0.001$ 的水平下与两种财务可持续发展能力负相关,说明公司采取较为保守的财务政策,财务风险越低越有利于公司长期发展,且民营公司的财务可持续发展能力较国营公司强。

表 5-30 综合 CSR、管理水平对财务可持续发展能力的回归检验(非平衡面板)

综合社会责任对财务可持续发展能力回归结果			综合 CSR 及管理水平对财务可持续发展能力回归结果		
变量	回归式 3		变量	回归式 4	
被解释变量	SGR	GRA	被解释变量	SGR	GRA
截距	-0.789*** (-40.307)	0.298*** (19.463)	截距	-0.737*** (-54.804)	0.391*** (14.558)
FCSR	0.153*** (33.488)	0.147*** (37.305)	FCSR	0.137*** (16.542)	0.129*** (7.434)
			MA	0.0003*** (78.488)	0.001*** (56.788)
SIZE	0.043*** (44.404)	0.006*** (9.930)	SIZE	0.031*** (47.070)	-0.018*** (-13.921)
LEV	-0.261*** (-50.893)	-0.567*** (-83.767)	LEV	-0.229*** (-65.129)	-0.489*** (-63.384)
STATE	-0.029*** (-10.868)	-0.024* (-2.443)	STATE	-0.021*** (-7.955)	-0.020** (-3.020)
R^2	0.892	0.995	R^2	0.962	0.988
F 统计量	756.835	17658.380	F 统计量	1860.587	5969.511
DW	1.259	1.455	DW	1.220	1.621

注:回归式 3 是根据模型①做的回归,分别为综合社会责任对财务可持续发展能力 SGR、GRA 影响的回归分析;回归式 4 是根据模型②做的回归,分别为综合社会责任及管理水平对公司财务可持续发展能力 SGR、GRA 影响的回归分析。

表 5-30 中回归式 4 的结果表明：将自变量（综合社会责任）、中介变量（管理水平）同步放入回归模型后，综合社会责任、管理水平均在 $p=0.001$ 的水平下与两种财务可持续发展能力显著正相关。因此根据该回归结果可知，食品公司认真积极履行社会责任有益于公司财务可持续发展能力的提高；管理水平的提升也能够显著有效促进公司财务可持续发展能力。考虑管理水平的影响后，结论与回归式 3 基本一致，但综合社会责任系数均比回归式 3 低，说明综合社会责任显著程度与回归式 3 相比有所降低，印证了管理水平的中介效应。因此，可以接受假设 H_2。

第三，社会责任各维度、综合社会责任对管理水平的回归分析。

表 5-31 中回归式 5 结果表明：环境责任、法律责任、经济责任与公司管理水平在 $p=0.001$ 的水平下显著正相关，说明食品公司注重环境投资、提高公司环境绩效，可以提升企业的环保名声，增强核心竞争力，还能减少监管审查，避免公众、社会压力，进而促进公司管理水平的提升；公司经营管理效率的提升也需要管理水平的支撑；公司在经营过程中，不仅要合规合法，还需要在事情发生时灵活地处理应对，尽量避免罚款和诉讼，一般来说，公司面临罚款较多与公司较差的管理水平紧密相关。食品安全责任与管理水平

表 5-31 社会责任各维度、综合 CSR 对管理水平的回归检验（非平衡面板）

变量	回归 5	变量	回归 5	变量	回归 6
截距	285.492*** （20.910）			截距	-158.192*** （-41.581）
ENR	12.349*** （5.757）	FSR	285.492** （3.016）	FCSR	5.401*** （6.431）
LR	-301.722*** （-21.314）	EDU	0.275 （0.566）	EDU	1.230*** （4.615）
CR	34.180 （0.852）	SIZE	14.956*** （22.949）	SIZE	39.011*** （291.991）
ECR	621.201*** （72.724）	LEV	11.455* （2.245）	LEV	-117.309*** （-122.224）
R^2			0.983	R^2	0.998
F 统计量			2624.866	F 统计量	42414.500
DW			1.467	DW	1.439

注：回归式 5、6 均是根据模型②所做的回归，分别为 CSR 各维度、综合 CSR 对管理水平的回归分析。

在 $p = 0.01$ 的水平下显著负相关，即公司发生食品安全事件越多，管理水平也越高。食品公司较易发生食品安全问题，需要公司管理层及时去处理、去解决，这对公司管理层的危机处理能力提出了较高的要求，所以说较易发生食品安全事件的公司，管理水平相对较高；慈善责任与管理水平不具有显著性，可以解释为公司进行较多的慈善捐助，提升公司的形象，这可能对管理层造成一定的消极怠慢的情绪，认为公司成长不需要管理层付出较多的努力，从而制约着公司的管理水平。

表 5-30 中回归式 6 结果表明：综合社会责任与管理水平在 $p = 0.001$ 的水平下显著正相关；公司规模与教育水平均在 $p = 0.001$ 的水平下与公司管理水平显著正相关；公司风险水平在 $p = 0.001$ 的水平下与公司管理水平显著负相关。因此根据该回归结果可知，食品公司落实社会责任越完善，越有益于公司管理水平的提升；公司规模的扩张需要不断完善公司管理水平，教育水平的高低也与管理者做出的管理决策息息相关，进而影响公司的管理水平；通常，管理水平的高低也能影响公司的融资决策方案，一个管理水平有限的公司往往在融资时过多地依靠债务融资，致使公司财务杠杆增大，财务风险也随之增大，进而影响公司的持续经营。

第三，管理水平中介效应的检验。

根据 Baron 和 Kenny 的中介变量测量步骤进行中介效应检验：步骤 1 应是预测社会责任与财务可持续发展能力之间关系测量，其 β 值应显著；步骤 2 为社会责任与管理水平之间关系的测量，其 β 值也应显著；步骤 3 则同时考虑社会责任与管理水平，测量两者与财务可持续发展能力之间的关系。此时，管理水平应与财务可持续发展能力之间显著相关，且步骤 3 中自变量与因变量之间的 β 值低于步骤 1，两者不显著则为完全中介成立，显著则为部分中介成立。国内学者温忠麟等也借鉴了此种方法进行中介效应检验。具体检验步骤如表 5-32 所示。

具体分三个步骤：第一步是检验自变量食品公司社会责任的五个维度与因变量财务可持续发展能力（SGR：可持续增长率）之间的关系，环境责任、法律责任、慈善责任、经济责任与食品安全责任均与可持续增长率（SGR）之间的相关性得到了证明（$\beta_{1-1} = 0.010$，$p \leqslant 0.001$；$\beta_{1-2} = -0.155$，$p \leqslant 0.001$；$\beta_{1-3} = 0.070$，$p \leqslant 0.001$；$\beta_{1-4} = 1.595$，$p \leqslant 0.001$；$\beta_{1-5} = 0.019$，$p \leqslant 0.001$）；第二步是检验自变量食品公司社会责任的五个维度分别与管理水平之间的相关关系，实证结果发现环境责任、法律责任、经济责任与食品安全责任均对

表 5-32 管理水平中介效应的测量（非平衡面板）

步骤	解释变量	被解释变量	β 值（SGR）	α 值（GRA）	成立条件
步骤一	自变量	因变量：财务可持续发展能力	β_1	α_1	β_1 应具有显著性，环境责任、法律责任、慈善责任、经济责任与食品安全责任均与可持续增长率具有显著性（$p \leq 0.001$）；α_1 应具有显著性，环境责任、法律责任、慈善责任、经济责任与食品安全责任均与总资产增长率具有显著性（$p \leq 0.001$）；
	环境责任		$\beta_{1-1} = 0.010^{***}$	$\alpha_{1-1} = 0.012^{***}$	
	法律责任		$\beta_{1-2} = -0.155^{***}$	$\alpha_{1-2} = 0.498^{***}$	
	慈善责任		$\beta_{1-3} = 0.070^{***}$	$\alpha_{1-3} = -0.280^{***}$	
	经济责任		$\beta_{1-4} = 1.595^{***}$	$\alpha_{1-4} = 0.553^{***}$	
	食品安全责任		$\beta_{1-5} = 0.019^{***}$	$\alpha_{1-5} = 0.051^{***}$	
步骤二	自变量	中介变量：管理水平	β_2	α_2	β_2 应具有显著性，环境责任、法律责任、经济责任与食品安全责任均对管理水平具有显著性（$p \leq 0.001$）；α_2 同上；
	环境责任		$\beta_{2-1} = 12.349^{***}$	$\alpha_{2-1} = \beta_{2-1}$	
	法律责任		$\beta_{2-2} = 301.722^{***}$	$\alpha_{2-2} = \beta_{2-2}$	
	慈善责任		$\beta_{2-3} = 34.180$	$\alpha_{2-3} = \beta_{2-3}$	
	经济责任		$\beta_{2-4} = 621.201^{***}$	$\alpha_{2-4} = \beta_{2-4}$	
	食品安全责任		$\beta_{2-5} = -285.492^{**}$	$\alpha_{2-5} = \beta_{2-5}$	
步骤三	自变量	因变量：财务可持续发展能力	β_3	α_3	β_4 应具有显著性（管理水平仍具有显著性），$\beta_{1-1} > \beta_{3-1}$，$\beta_{1-2} > \beta_{3-2}$，$\beta_{1-4} > \beta_{3-4}$，$\beta_{1-5} > \beta_{3-5}$，$0.010 > 0.005$，$0.155 > 0.145$，$1.595 > 1.542$，$0.019 > 0.017$，$\beta_{3-1}$、$\beta_{3-2}$、$\beta_{3-4}$、$\beta_{3-5}$ 具有显著性，为部分中介效应成立（对应于环境责任、法律责任、经济责任与食品安全责任）；α_4 同上，但因 α_{3-1} 不再显著，为完全中介效应成立，α_{3-2}、α_{3-4}、α_{3-5} 仍显著，为部分中介效应成立。
	环境责任		$\beta_{3-1} = 0.005^{***}$	$\alpha_{3-1} = -0.004$	
	法律责任		$\beta_{3-2} = -0.145^{***}$	$\alpha_{3-2} = 0.149^{***}$	
	慈善责任		$\beta_{3-3} = 0.068^{***}$	$\alpha_{3-3} = -0.296^{***}$	
	经济责任		$\beta_{3-4} = 1.542^{***}$	$\alpha_{3-4} = 0.193^{***}$	
	食品安全责任		$\beta_{3-5} = 0.017^{***}$	$\alpha_{3-5} = 0.044^{***}$	
	中介变量：管理水平		$\beta_4 = 0.00004^{***}$	$\alpha_4 = 0.0006^{***}$	

公司管理水平具有显著性（$\beta_{2-1} = 12.349$，$p \leq 0.001$；$\beta_{2-2} = 301.722$，$p \leq 0.001$；$\beta_{2-4} = 621.201$，$p \leq 0.001$；$\beta_{2-5} = -285.492$，$p \leq 0.01$）；第三步是把

自变量与中介变量同步放入回归方程中,发现中介变量管理水平仍然显著($\beta_4 = 0.00004$, $p \leqslant 0.001$);而食品公司社会责任维度中的环境责任、法律责任、经济责任与食品安全责任仍是显著的($\beta_{3-1} = 0.005$, $p \leqslant 0.001$;$\beta_{3-2} = -0.145$, $p \leqslant 0.001$;$\beta_{3-4} = 1.542$, $p \leqslant 0.001$;$\beta_{3-5} = 0.017$, $p \leqslant 0.001$),且自变量与因变量之间的β值较步骤一中的β值低者有环境责任、法律责任、经济责任与食品安全责任($\beta_{1-1} > \beta_{3-1}$,$0.0190 > 0.005$;$\beta_{1-2} > \beta_{3-2}$,$0.155 > 0.145$;$\beta_{1-4} > \beta_{3-4}$,$1.595 > 1.542$;$\beta_{1-5} > \beta_{3-5}$,$0.019 > 0.017$),因此在食品公司社会责任中的环境责任、法律责任、经济责任以及食品安全责任四个维度对公司财务可持续发展能力(SGR)影响中,管理水平的部分中介效应成立,对慈善责任则不成立。

而对于财务可持续发展能力(GRA:总资产增长率),在第一步骤中环境责任、法律责任、慈善责任、经济责任与食品安全责任均与总资产增长率的显著性得到证明($\alpha_{1-1} = 0.012$, $p \leqslant 0.001$;$\alpha_{1-2} = 0.498$, $p \leqslant 0.001$;$\alpha_{1-3} = -0.280$, $p \leqslant 0.001$;$\alpha_{1-4} = 0.553$, $p \leqslant 0.001$;$\alpha_{1-5} = 0.051$, $p \leqslant 0.001$);第二个步骤中检验自变量食品公司社会责任的五个维度分别与管理水平之间的相关关系,实证结果发现环境责任、法律责任、经济责任与食品安全责任均对公司管理水平具有显著性(同上);第三步骤将自变量与中介变量同步放入回归方程中,发现中介变量管理水平仍然显著($\alpha_4 = 0.0006$, $p \leqslant 0.001$);法律责任、经济责任与食品安全责任均具有显著性($\alpha_{3-2} = 0.149$, $p \leqslant 0.001$;$\alpha_{3-4} = 0.193$, $p \leqslant 0.001$;$\alpha_{3-5} = 0.044$, $p \leqslant 0.001$);且三个维度的自变量与因变量之间的α值较步骤一中的α值低($\alpha_{1-2} > \alpha_{3-2}$,$\alpha_{1-4} > \alpha_{3-4}$,$\alpha_{1-5} > \alpha_{3-5}$),因此管理水平在社会责任对财务可持续发展能力中,法律责任、经济责任以及食品安全责任的部分中介效应成立,慈善责任的中介效应不成立;因环境责任不再具有显著性($\alpha_{3-1} = -0.004$),为完全中介效应成立。

由于自变量综合社会责任在第一步骤与因变量(两种财务可持续发展能力)均显著正相关($\beta_1 = 0.153$, $p \leqslant 0.001$;$\alpha_1 = 0.147$, $p \leqslant 0.001$),与中介变量(管理水平)在第二步骤也显著正相关($\beta_2 = \alpha_2 = 5.401$, $p \leqslant 0.001$),在第三步骤中同时考虑自变量与中介变量的影响之后,综合社会责任、管理水平均与两种财务可持续发展能力显著正相关($\beta_3 = 0.137$, $p \leqslant 0.001$;$\alpha_3 = 0.129$, $p \leqslant 0.001$;$\beta_4 = 0.0003$, $p \leqslant 0.001$;$\alpha_4 = 0.001$, $p \leqslant 0.001$),且综合社会责任系数都比步骤一低($\beta_1 > \beta_3$,$0.153 > 0.137$;$\alpha_1 > \alpha_3$,$0.147 > 0.129$),说明考虑了管理水平的影响后,综合社会责任对财务可持续发展能

力的显著程度与步骤一相比，均有所降低，进一步验证了管理水平在食品公司社会责任对财务可持续发展能力的影响中发挥着中介效应，可以进一步接受 H_2。

五、食品饮料业企业社会责任与盈余管理：内生性视角

已有研究表明，企业社会责任与实施过盈余管理的财务报告质量具有相关性（Prior et al, 2008），但目前鲜有文献对这种关系做出具体解释，因此难以就企业社会责任对财务报告质量具有正向、负向抑或没有影响得出结论（Chih et al, 2008）。同样，影响财务报告质量的盈余管理对企业社会责任是否产生影响也未得出一致结论。研究食品饮料业的企业社会责任和盈余管理对理论指导和社会实践都有重要意义（秦萌萌，2012）。近年来，我国食品饮料业发生的"毒奶粉"、"瘦肉精"、"毒豆芽"、"染色馒头"等一系列食品安全事件导致该行业遭遇了前所未有的信任危机，这些问题产生的根源就在于食品饮料业企业社会责任的缺失（丁金萍，2012）。因此，我们拟基于计量经济学的内生性视角对我国食品饮料业上市公司的企业社会责任和盈余管理的双向作用关系进行实证研究。

1. 理论分析、文献回顾与假设提出

（1）盈余管理对企业社会责任的影响。

已有文献大多基于合规性理论研究盈余管理对企业社会责任的影响。合规性理论强调一个企业的行为应当遵循社会制度、主流价值观和先进信念（Suchman, 1995）等规则，即企业如果证明自身行为能被社会广泛认可，便是合规的（Castello & Lozano, 2011）。履行企业社会责任，就是一种获得社会认可的有效行为（Jahdi & Acikdilli, 2009），管理者通过部署有效策略，来授予组织合规性（Hahn & Kuhnen, 2013）。企业通过履行社会责任来满足广大利益相关者（如雇员、股东、非政府机构和公众）的信息需求，以期获得支持。但是，当管理者片面追求私利时，便会背离会计准则的规定，企业的合规性将会被削弱（Jones, 2011）。不少研究表明：管理者偏好于通过盈余管理来提高盈利指标，以保护其私利，甚至随意粉饰财务报告来使其利益最大化（Walker, 2013）。因此，管理者可以通过盈余管理操控利润来实现其预

期目标,从而保护自身利益。Prior et al.(2008)的研究表明,靠扭曲收入信息来追求私人利益的管理者,为了保护自身职位往往会更积极地履行企业社会责任。Barnea,Rubin(2010)也发现,公司高管通常会过度投入于企业社会责任来追求个人利益。因此,合规性理论揭示了这种管理的行为和动机,即企业管理者通过盈余管理来改善组织的盈利能力,会诱致企业履行社会责任(Hahn & Kuhnen, 2013; Mahjoub & Khamoussi, 2013),同时也可能转移财务报告使用者对可疑财务报告的注意力。据此,我们提出以下假设:

H_1:盈余管理水平对企业社会责任的履行程度具有正向影响。

(2)企业社会责任对盈余管理的影响。

早期文献大多基于社会规范理论研究企业社会责任与盈余管理之间的关系(Akerlof, 1980)。社会规范理论主要关注企业的行为模式是如何影响其经济状况的,强调经济行为依赖于企业愿景,而企业愿景又是市场参与者的重要激励机制(Kim & Venkatachalam, 2011)。因此,履行企业社会责任被认为是支持企业行为规范的重要表现方式,通常被利益相关者视作超越利润最大化追求的道德或伦理行动。规范的企业行为准则也表现为不可靠财务报告的显著减少(Leventis et al, 2013),因此,该理论认为履行企业社会责任和操纵盈余是对立的行为,即越是积极履行社会责任的企业,越不可能出具可疑的财务报告。据此,我们提出以下假设:

H_{2a}:企业社会责任的履行程度对盈余管理水平具有负向影响。

近年来,众多学者基于利益相关者理论研究了企业社会责任与盈余管理的相关性,该理论关心的是一个组织如何管理它的利益相关者(Freeman,1984)。当管理者做出决策时会考虑企业利益相关者的利益,会评估利益相关者的优先级别,并针对不同级别选择性地披露信息(Gray et al, 1997)。然而,利益相关者之间经常发生多元化博弈而形成利益矛盾,这类矛盾不可避免地反映于企业财务报告之中(Harrison et al, 2010)。针对不同利益相关者的需求,管理者可能会违规采用会计政策来影响利益相关者对于企业绩效的认知(Bowen et al, 1992)或试图迎合多个利益相关者的诉求。由于信息高度不对称,利益相关者不能监控管理者的行为,正是如此,才引起了盈余管理(Richardson, 2000)。因此,利益相关者理论表明,为了协调不同利益相关者的利益,企业管理者更愿意履行社会责任,由此涉入盈余管理。据此,我们提出以下假设:

H_{2b}:企业社会责任的履行程度对盈余管理水平具有正向影响。

(3) 企业社会责任与盈余管理不相关。

一些学者基于信号合成理论（综合合规性理论和信号理论的优势），对企业社会责任和盈余管理的关系做了新的解释（Conelly, et al, 2011）。该理论认为，由于信息不对称，市场参与者并非总能接收到重要的内部信息（信号），其决策能力受到限制，因此，为了赋予组织的合规性，管理者便会加大力度宣传与企业社会责任相关的规范。由此可见，一些企业积极履行社会责任，以确保在社会响应能力方面处于优势（Clarkson et al, 2008），这些企业通常强调其在社会责任方面的成就，逐渐形成了其他企业难以模仿的独特优势或核心竞争力。因此，将竞争对手尚未特别重视但可能带来竞争优势的企业社会责任战略纳入企业管理框架，是非常必要的。信号合成理论表明，企业是否履行社会责任与财务报告的质量无关，因此，企业社会责任参与程度与盈余管理的实施水平无关。据此，我们提出以下假设：

H_3：企业社会责任的履行程度与盈余管理水平是相对独立的，二者不存在相互影响。

2. 研究设计

(1) 样本选取、变量设置与描述性统计。

选取2010—2014年在沪深股市上市交易的食品饮料业上市公司作为样本，在剔除财务数据或企业社会责任数据缺失、变量值显著异常的公司之后，最终得到488家样本公司，其中2010年86家，2011年95家，2012年98家，2013年101家，2014年108家。企业社会责任数据手工采集自企业年度财务报告、社会责任报告、企业官方网站、中国知网"重要报纸数据库"以及中国食品安全网等政府权威网站；财务数据来自CSMAR数据库。

基于内生性视角研究企业社会责任与盈余管理的关系，由于解释变量的测量误差通常会引起内生性问题，因此采用客观性和可靠性较强的方法测度盈余管理和企业社会责任。

首先，对盈余管理进行测度。应计制下，企业净利润（NI）包括经营现金流量（CFO）和总应计利润（TA）。总应计利润又包括可操纵性应计利润（DAP）和不可操纵性应计利润（NDA），其中，可操纵性应计利润（DAP）表征盈余管理的程度。相关计算公式为：

$$NI = TA + CFO \tag{1}$$

$$DAP = TA - NDA \tag{2}$$

可见，盈余管理的重点在于确定不可操纵性应计利润（NDA）。现有文献采用过希利模型（Healy model）、迪安戈模型（DeAngelo model）、琼斯模型（Jones model）和修正的琼斯模型（Modified Jones model）测度盈余管理水平测试。采用最常用的修正琼斯模型：

$$\frac{NDA_{i,t}}{A_{i,t-1}} = \alpha \frac{1}{A_{i,t-1}} + \beta_1 \frac{\Delta REV_{i,t} - \Delta REC_{i,t}}{A_{i,t-1}} + \beta_2 \frac{PPE_{i,t}}{A_{i,t-1}} + \xi_{i,t} \qquad (3)$$

其中，$NDA_{i,t}$是公司i在t年的不可操纵性应计利润；$A_{i,t-1}$是公司i在第$t-1$期的期末总资产；$\Delta REV_{i,t}$是公司i第t年的主营业务收入与$t-1$年的主营业务收入之差；$\Delta REC_{i,t}$是公司i第t年的应收账款与$t-1$年的应收账款之差；$PPE_{i,t}$是公司i第t期的固定资产价值；$\xi_{i,t}$为随机误差项。α，β_1，β_2是企业特征参数。α，β_1，β_2的估计值根据模型（4）采用普通最小二乘法回归取得：

$$\frac{TA_{i,t}}{A_{i,t-1}} = \overline{\alpha} \frac{1}{A_{i,t-1}} + \overline{\beta_1} \frac{\Delta REV_{i,t} - \Delta REC_{i,t}}{A_{i,t-1}} + \overline{\beta_2} \frac{PPE_{i,t}}{A_{i,t-1}} + \xi_{i,t} \qquad (4)$$

上式中，$\overline{\alpha}$，$\overline{\beta_1}$，$\overline{\beta_2}$是α，β_1，β_2的最小二乘法估计值；TA是公司i在t年的总应计利润，其余变量参照公式（3）的解释。将$\overline{\alpha}$，$\overline{\beta_1}$，$\overline{\beta_2}$代入（5）式，计算公司i在第t期的不可操纵性应计利润$NDA_{i,t}$。

$$\frac{NDA_{i,t}}{A_{i,t-1}} = \overline{\alpha} \frac{1}{A_{i,t-1}} + \overline{\beta_1} \frac{\Delta REV_{i,t} - \Delta REC_{i,t}}{A_{i,t-1}} + \overline{\beta_2} \frac{PPE_{i,t}}{A_{i,t-1}} + \xi_{i,t} \qquad (5)$$

最后，将每年的实际总应计利润减去每年估计的不可操纵性应计利润，便得到可操控性应计利润$DAP_{i,t}$，如（6）式：

$$\frac{DAP_{i,t}}{A_{i,t-1}} = \frac{TA_{i,t}}{A_{i,t-1}} - \left(\overline{\alpha} \frac{1}{A_{i,t-1}} + \overline{\beta_1} \frac{\Delta REV_{i,t} - \Delta REC_{i,t}}{A_{i,t-1}} + \overline{\beta_2} \frac{PPE_{i,t}}{A_{i,t-1}} \right) \qquad (6)$$

其次，对企业社会责任进行测度。测度企业履行社会责任程度的方法主要有声誉指数法、内容分析法、问卷调查法、公司慈善法、TRI法、KLD指数法等。借鉴马丽丽、陈玉清（2005）的方法，基于利益相关者理论设计了四个维度度量食品饮料业上市公司的企业社会责任贡献指标：

$$csr_1 = \frac{支付的各项税费 - 收到的税费返还}{经营现金流入}$$

$$csr_2 = \frac{支付给职工以及为职工支付的现金}{主营业务收入}$$

$$csr_3 = \frac{支付的现金股利和现金利息支出}{主营业务收入}$$

$$csr_4 = \frac{环保支出+捐赠支出+赞助费}{主营业务收入}$$

$$CSR = csr_1 + csr_2 + csr_3 + csr_4$$

其中，csr_1 为政府所得贡献率，csr_2 为职工所得贡献率，csr_3 为投资者所得贡献率，csr_4 为社会所得贡献率。以上指标的经济含义是企业的每一元收入会将其中的多少以现金形式支付给职工、投资者和社会等利益相关者，体现了上市公司对利益相关者的真实贡献，其值越大，表明企业所作的贡献越大，履行企业社会责任的表现越好。

最后，对控制变量进行选取。企业规模的差异会导致企业履行社会责任的差异。沈洪涛（2007）发现企业履行社会责任的强度取决于公司能提供的资源，所以企业社会责任的表现受到盈利能力的影响；尹开国等（2014）学者研究发现，当企业具有高成长性时，可能会把精力投入到能给公司带来较多利润的项目中，而较少关注企业社会责任的承担，因此，成长机会影响到企业社会责任的履行。杠杆水平较高的公司，其管理者更倾向于管理收益，以避免违反债务契约（齐文浩，2013）；钟向东（2011）等发现研发支出可能会对企业社会责任产生显著影响；王海妹等（2014）发现独立董事比例、上市时间、董事长与总经理兼任情况影响企业社会责任的履行；方红星等（2011）的研究表明股权集中度和管理层薪酬会影响企业的盈余管理。此外，是否由四大会计师事务所审计（Gul et al, 2003）、会计师事务所是否变更（DeFond & Subramanyam, 1996）也在一定程度上对盈余管理产生影响。

从内生性视角研究企业社会责任与盈余管理的关系，其中由于遗漏变量造成模型设定偏误是导致内生性的一个重要原因。因此，借鉴以上文献设置较为全面的控制变量：设置企业规模 SIZE（总资产的自然对数）、盈利能力 EBIT（息税前利润与利润总额之比）、成长机会 MB（普通股市场价值与账面价值之比）、杠杆系数 LEV（负债与普通股股本之比）作为影响盈余管理、企业社会责任的控制变量；设置研发支出 RD（无形资产与总资产之比）、独立董事比例 IND（独立董事人数与董事会总人数之比）、上市时间 AGE（公司首发上市日期到第 t 年的年数）、董事长与总经理兼任情况 JR（兼任为1，否则为 0）作为影响企业社会责任的控制变量；设置股权集中度 TOPF（前五位大股东持股比例）、管理层薪酬 SAL（前三位高管薪酬总额 ×10/总资产）、是否由四大会计师事务所审计 AUD（是为 1，否则为 0）、会计师事务所是否变更 AUDC（变更为 1，否则为 0）作为影响盈余管理的控制变量。

由表 5-33 列示的变量描述性统计可见：我们研究的主要变量 CSR 的最小值与最大值相差较大，表明食品饮料业上市公司履行企业社会责任的水平存在显著差异；通过比较主要变量 EM 的平均值、最大值、最小值发现，样本中的公司既有正向的盈余管理也有负向的盈余管理，但平均来看向上盈余管理的程度大于向下盈余管理的程度。

表 5-33 变量的描述性统计

变量	极小值	极大值	均值	标准差
CSR	0.018 4	4.652 1	0.259 2	0.255 2
EM	−0.476 8	5.071 6	0.000 0	0.373 5
SIZE	18.488 2	24.911 0	21.669 6	1.081 4
EBIT	−17.850 9	13.374 3	1.258 2	1.727 4
MB	2.580 0	224.000 0	20.767 2	26.189 7
LEV	0.056 6	29.079 8	3.326 8	3.706 2
RD	0.000 0	0.284 6	0.058 7	0.051 2
IND	0.181 8	0.666 7	0.369 0	0.059 8
AGE	0.000 0	23.000 0	10.060 0	7.048 0
TOPF	5.730 0	100.000 0	53.914 6	17.064 5
SAL	0.000 4	0.036 6	0.006 5	0.006 1

表 5-34 列出了主要变量的 Person、Spearman 相关性分析：CSR 与 EM 之间不存在显著的相关关系，这有可能是受内生性、未加入控制变量等因素的影响。

（2）回归模型。

不少研究表明企业社会责任与盈余管理之间的关系可能是内生决定的（Labellee al，2010；Prior et al，2008）。因此，仅研究盈余管理和企业社会责任的单向影响关系，可能会产生偏差，得到不一致的最小二乘法估计结果。Gujarati（1995）和 Koutsoyiannis（1977）曾建议使用两阶段最小二乘法解决

表 5-34　主要变量间的相关系数

变量	CSR	EM	SIZE	EBIT	MB	LEV
CSR	1	0.020	0.115*	−0.221**	0.263**	−0.107*
EM	0.057	1	−0.818**	−0.151**	−0.215**	−0.621**
SIZE	0.072	−0.618**	1	0.097*	0.290**	0.662**
EBIT	0.165**	−0.039	0.018	1	−0.255**	0.263**
MB	0.291**	−0.208**	0.368**	−0.064	1	0.354**
LEV	−0.072	−0.277**	0.488**	0.016	0.228**	1

注：* 表示在 5% 水平（双侧）上显著相关，** 表示在 1% 水平（双侧）上显著相关。左下方为 Person 相关性分析，右上方为 Spearman 相关性分析。

可能存在的内生性问题。但该方法存在小样本回归是有偏差的、难以考察盈余管理和企业社会责任之间互为因果的关系等不足，因此，我们建立以下联立方程组来检验企业社会责任与盈余管理之间的双向因果关系，控制其内生性问题：

$$CSR = \lambda_0 + \lambda_1 EM + \lambda_2 SIZE + \lambda_3 EBIT + \lambda_4 MB + \lambda_5 LEV + \\ \lambda_6 RD + \lambda_7 IND + \lambda_8 AGE + \lambda_9 JR + \mu \quad (7)$$

$$EM = \alpha_0 + \alpha_1 CSR + \alpha_2 SIZE + \alpha_3 EBIT + \alpha_4 MB + \alpha_5 LEV + \\ \alpha_6 TOPF + \alpha_7 SAL + \alpha_8 AUD + \alpha_9 AUDC + \varepsilon \quad (8)$$

3．实证结论与启示

（1）联立方程的回归结果。

联立方程的回归结果如表 5-35 所示。食品饮料业上市公司的盈余管理和企业社会责任在 0.01 的显著性水平上互为正相关关系，表明其企业社会责任与盈余管理之间的影响是正向显著的。其中，表 5-35 中（7）式的结果表明 EM 与 CSR 在 0.01 显著性水平下为积极正相关关系，接受了假设 H_1；（8）式的结果表明 CSR 与 EM 在 0.01 显著性水平下为积极正相关关系，拒绝了假设 H_{2a} 和假设 H_3，接受了假设 H_{2b}。

（2）结论分析。

该结果表明，企业管理者如果进行盈余管理，那么他往往也会积极履行企业社会责任。其原因可能是，管理者将企业社会责任当作一个先发制人的策略，用来分散大家对有问题的财务报告的注意力，以及创建一个具有社会

表 5-35 联立方程的回归结果

（7）式的回归结果		（8）式的回归结果	
截距	1.0665** （2.7331）	C	3.5389*** （5.0398）
EM	0.0835** （2.7236）	CSR	0.2861** （2.7236）
SIZE	−0.0397* （−2.1501）	SIZE	−0.1620*** （−4.8886）
EBIT	−0.0007 （−0.3513）	EBIT	0.0012 （0.3478）
MB	−0.0010*** （−3.5056）	MB	−0.0015** （−2.7201）
LEV	0.0035 （1.6154）	LEV	−0.0016 （−0.4098）
RD	0.2720 （1.3779）	TOPF	−0.0005 （−0.3762）
IND	−0.3017** （−2.9343）	SAL	−2.6865 （−0.9592）
AGE	0.0176*** （6.0119）	AUD	−0.0793 （−0.9194）
JR	−0.0273 （−1.6913）	AUDC	0.0062 （0.2999）
F	28.7273	F	18.2384
R2	0.8800	R2	0.8202
DW	2.4216	DW	2.1901

注：***表示在 0.001 的水平上显著，**表示在 0.01 的水平上显著，*表示在 0.05 的水平上显著；括号内为 T 值。

责任感形象的保护盾。同时，企业履行社会责任活动的程度正向影响其操纵盈余的力度。通过信号合成理论，我们认为，在市场经济不完全信息的特点下，某些企业诉诸社会责任来传达企业内部质量，并通过企业社会责任战略部署来建立优越的组织形象，使其处于行业领先地位，而这样的战略部署也会促使他们积极实施盈余管理。

（3）建议。

首先，应当加强食品饮料业企业履行社会责任的自觉性。食品饮料业企业在谋求自身发展时，应把食品安全作为第一要任。在履行其经济责任、法律责任的同时，也要担当起对消费者的社会责任，转变以利润为先导的传统经营理念，诚信经营，把履行社会责任纳入企业战略，促进企业的可持续发展。

其次，需要建立完善的企业社会责任监督机制。通过对食品饮料业上市公司社会责任信息的研究发现，企业履行社会责任的意识比较薄弱，甚至有的企业社会责任信息为零，然而食品饮料业的企业社会责任履行关乎国家的安稳、社会的和谐发展，因此建立企业社会责任监督机制尤为重要。首先，要建立规范的法律监督机制，从法律层面将履行企业社会责任纳入企业发展范畴；其次，建立与税收挂钩的奖励机制，如果企业能较好地落实企业社会责任，可以从税收上给予一定的优惠；再次，建立大众监督机制，利用媒体、舆论进行大众监督。

最后，应当正确认识企业社会责任和盈余管理之间的关系。通过本部分的研究，可以发现企业社会责任与盈余管理之间互为正向影响关系，企业不应该把履行社会责任当做其操纵盈余的保护盾，或用来分散大家对有问题的财务报告的注意力，而是应当主动地承担企业社会责任；此外，企业通过企业社会责任战略部署来使自己处于行业领先地位时，也应该避免盈余操纵。

第六章 研究结论和政策建议

一、研究结论

(一) 对食品企业社会责任与食品安全治理文献的梳理

本部分在参考大量国内外文献的基础上,对企业社会责任的理论基础、企业社会责任的测度方法与指标体系、企业社会责任的影响因素、企业社会责任与企业经济绩效的关系进行了文献梳理,并重点对食品企业社会责任研究、食品安全治理等专题进行了较为全面细致的文献梳理,为本书的后续研究定位了明确的研究空间,准备了较充分的文献基础。

(二) 食品企业社会责任评价研究

本部分对利益相关者理论、"金字塔"理论、"三重底线"理论等企业社会责任评价的经典理论依据进行了比较总结,对层次分析法、模糊评价法、结构方程模型法、熵权法等多种企业社会责任评价方法进行了归类整理和比较分析,并从代表性的企业社会责任指数、基于利益相关者理论构建企业社会责任评价指标、基于"金字塔"理论构建企业社会责任评价指标、基于理论整合视角构建企业社会责任评价指标、基于"两型社会"(资源节约型、环境友好型)发展背景构建企业社会责任评价指标、食品行业企业社会责任指标体系构建、煤炭行业企业社会责任指标体系构建、其他行业企业社会责任指标体系构建等方面进行了全面总结分析;其次,我们综合利益相关者理论、"金字塔"理论和食品安全理论,采取扎根理论方法提取质性评价维度,结合财务指标法与内容分析法设计量化指标并计分。借鉴前人对一般企业及食品企业社会责任的维度划分,将食品企业社会责任划分为食品安全责任、经济责任、法律责任、环境责任、责任治理五个维度,每个维度侧重面向不同的利益相关者履行相应的社会责任,其中,至少在当前较长的时期内,食品安全责任维度是食品企业首要社会责任；最后，对我国食品食品饮料业上市公司的社会责任履行情况进行了评价。

（三）食品企业社会责任对经济绩效影响的实证研究

1．"企业文化—企业社会责任—财务绩效"作用机制的实证研究

本书通过构建"企业文化—企业社会责任—财务绩效"作用框架，来探究企业文化、企业社会责任和财务绩效三者间作用关系。一是从伦理动因出发，探究企业文化对企业社会责任的影响；二是探究企业社会责任与财务绩效的关系；三是探究企业社会责任的中介作用，即验证企业社会责任在企业文化对财务绩效的影响路径中是否存在中介效应。我们基于企业社会责任理论，通过扎根理论，构建了食品企业文化结构与作用机制模型，并设计了相应的测量指标体系，实现了对企业文化的定性和定量测量；同时借鉴中国社科院提出的"中国100强企业社会责任发展指数的指标体系（2014）"，来对企业社会责任进行定量测量。通过构建SEM模型进行实证研究，研究结果具体如下：

（1）企业文化与企业社会责任呈显著正相关。企业文化得分越高，企业越主动承担社会责任。

（2）企业社会责任与综合财务绩效有显著的反向关系，但与不同具体维度的财务绩效指标的作用关系不同，表现为与市盈率呈负相关，与总资产收益率呈正相关。

（3）企业文化通过企业社会责任完全中介作用于财务绩效。企业文化对财务绩效的直接影响不显著，而是通过影响企业社会责任而间接影响财务绩效，即企业社会责任在该路径中具有完全中介作用。

我们构建的食品企业文化测量指标体系包括食品安全观、社会共赢观、环保节能观、经营发展观、目标愿景观、精神作风建设和诚信道德建设在内的七个一级维度，其下又具体细分为24个二级维度和75个三级维度，得分越高说明公司的企业文化构建程度越完善。因此实证结果可以表明，提高企业文化的构建程度，会促进企业承担更多的社会责任。由此可见，企业对愿景、目标、理念的文字描述，并不是毫无意义的"口号"，而是会渗透到企业的具体行为当中去的，它对企业承担社会责任的显著作用，说明构建和完善食品企业的企业文化，有利于食品企业主动自觉的履行社会责任，这为防止食品安全问题提供了前提保障。

虽然企业社会责任与总的财务绩效呈现负相关，但它与不同财务绩效指标间的作用关系不同。现有文献对两者间关系的研究结果存在差别（正相关、负相关、不相关），可能是由于学者们选用的财务绩效指标不同。根据我们研究结果，企业社会责任与市盈率呈负相关，这可能是因为市盈率受到股价影响，而企业对社会责任活动披露的不及时使得投资者消息滞后，从而导致企业的社会责任行为不能即刻从股价上得到反馈，若今后改善滞后的披露方式，两者间的反向关系可能会发生改变。企业社会责任与总资产收益率呈正相关，说明企业履行社会责任确实会为其带来更多的盈利，该结论有利于企业管理者正确认识企业社会责任与财务绩效间的促进关系，从经济动因出发推进企业主动履行社会责任。

企业文化通过企业社会责任完全中介作用于财务绩效，说明企业文化通过影响企业社会责任而间接影响财务绩效。因此，可以通过完善企业文化的构建程度，继而鼓励企业履行社会责任，以实现最终影响财务绩效的目的。这再一次表明了构建并完善企业文化的重要性。

2．"食品公司社会责任—管理水平—财务可持续发展能力"作用机制的实证研究

我们通过构建"食品公司社会责任—管理水平—财务可持续发展能力"三者之间的作用框架，来探究食品公司社会责任、管理水平、财务可持续发展能力三者之间的相互关系，主要有以下几方面：首先，探究食品公司综合社会责任及其具体维度对财务可持续发展能力的影响关系；其次，探究食品公司综合社会责任及其具体维度对公司管理水平的影响关系；最后，探究食品公司管理水平在企业社会责任对财务可持续发展能力的影响路径中是否存在中介效应。基于企业社会责任理论，通过内容分析法和主成分分析法，构建了食品公司社会责任指标体系，并设计了相应的测量指标体系，实现了对食品公司社会责任的定性和定量测量。通过中介变量回归进行实证研究，研究结果具体如下：

（1）基于非平衡面板数据综合社会责任的研究结论为：食品公司综合社会责任与公司两种财务可持续发展能力指标显著正相关。食品公司社会责任意识越强，履行社会责任越积极，公司财务可持续发展能力越大，综合社会责任与管理水平显著正相关。食品公司落实社会责任越完善，越有益于公司管理水平的提升；在公司社会责任对财务可持续发展能力的影响中，管理水平发挥着部分中介效应。

（2）基于非平衡面板数据社会责任具体维度的研究结论为：环境责任、经济责任以及食品安全责任均与公司两种财务可持续发展能力显著正相关；法律责任与总资产增长率正相关，与可持续增长率显著负相关；慈善责任与可持续增长率显著正相关，与总资产增长率负相关。环境责任、法律责任、经济责任与公司管理水平显著正相关；食品安全责任与管理水平显著负相关；慈善责任与管理水平不具有显著性。公司管理水平在环境责任、法律责任、经济责任以及食品安全责任对可持续增长率的影响中的部分中介效应成立；在法律责任、经济责任以及食品安全责任总资产增长率的影响中，管理水平的部分中介效应成立，且管理水平在环境责任对总资产增长率的影响中发挥着完全中介效应。

（3）基于平衡面板数据综合社会责任的研究结论为：食品公司综合社会责任与可持续增长率显著正相关，但与总资产增长率不再显著；综合社会责任与管理水平不具有显著性，且管理水平在社会责任对财务可持续发展能力影响中，中介效应不成立。管理水平的中介作用效应并未得到验证，这与非平衡面板数据呈现不一致的研究结论。

（4）基于平衡面板社会责任具体维度的研究结论为：环境责任与可持续增长率显著正相关；经济责任与公司两种财务可持续发展能力显著正相关；法律责任与总资产增长率正相关；慈善责任与食品安全责任均与两种财务可持续发展能力指标不具有显著性。法律责任、经济责任与公司管理水平显著正相关，食品安全责任与管理水平负相关，这与非平衡面板数据下结论一致；环境责任、慈善责任均与管理水平之间不具有显著性。在经济责任对总资产增长率的影响中，管理水平的部分中介效应成立，且管理水平在法律责任对总资产增长率的影响中发挥着完全中介效应成立。

虽然综合社会责任与两种财务可持续发展能力指标之间多数均呈现正相关的关系，且管理水平在综合社会责任对财务可持续发展能力的影响中发挥着部分中介效应，但它的具体维度与不同财务可持续发展能力指标间的作用关系不同。现有文献对两者间关系的研究结果存在差别（正相关、负相关、不相关），可能是由于学者们选用的衡量指标以及选用的方法不同造成。根据我们研究结果，食品公司环保责任意识越强，在环保方面的投资越多，其可持续增长能力越强；公司具有较好的经营获利能力，拥有较高的市场价值或者股票价值能增进投资者的信心，进而显著提高公司财务可持续发展能力；公司罚款越多，可以有效利用的财务资源就会减少，从而抑制公司的成长；

慈善责任与可持续增长率显著正相关，与总资产增长率负相关，本研究认为公司在自身声誉上的投资短期之内得不到回馈，所以短期内对公司财务可持续发展能力会有所限制，但从长远来看会促进食品公司财务可持续发展能力的提高。

环境责任、法律责任、经济责任与公司管理水平显著正相关，说明食品公司注重环境投资，可以提升企业的环保名声，增强核心竞争力，还能减少监管审查，避免公众、社会压力，进而促进公司管理水平的提升；食品公司在履行社会责任的过程中，管理者面临的挑战与压力也会增大，在无形的压力机制作用下，管理层的管理水平也会逐步提高以面对遇到的各种问题与困难，另外，管理者因在成功社会责任管理中获得的满足感以及社会声望等，这些激励机制也会促使其提高管理水平去迎接未来更大的挑战；食品安全责任与管理水平显著负相关，说明食品公司较易发生食品安全问题，需要公司管理层及时去处理、解决，这对公司管理层的危机处理能力提出了较高的要求，长期下去会形成一种良好的历练。所以说较易发生食品安全事件的公司，管理水平相对较高；慈善责任与管理水平不显著，公司进行较多的慈善捐助，提升树立公司的形象，这可能对管理层造成一定的消极怠慢情绪，认为公司成长不需要管理层付出较大的努力，从而影响公司的管理水平。

而基于平衡面板下慈善责任与食品安全责任均与管理水平和两种财务可持续发展能力指标不具有显著性，在综合社会责任、食品安全责任、环境责任对两种财务可持续发展能力指标影响中；管理水平的部分中介效应不成立，与非平衡呈现不一致的情况，可能是由于选取的样本量不同，导致环境责任、法律责任以及食品安全责任在不同的研究结果中对可持续发展能力的影响显著程度有所不同，但由于在平衡面板下变量之间的系数与非平衡面板数据下呈现一致的正负方向，说明虽变量之间显著程度有所下降，但并不影响模型中变量之间的相互关系。

食品公司社会责任通过管理水平的中介作用进而影响财务可持续发展能力，说明食品行业上市公司积极履行社会责任不能直接促进财务可持续发展能力的提高，而是通过管理水平的部分中介效应进而影响公司财务可持续发展能力。因此，可以通过完善食品公司社会责任的构建程度，鼓励公司积极履行社会责任，促进管理水平的提升，进而增强公司可持续发展能力，以实现企业长青的目的。

3. 企业社会责任影响财务绩效的中介调节效应的实证研究

基于黄群慧等（2009）提出的"四位一体"CSR 理论模型发展了一个 CSR-CFP 假设模型，采用 2009—2012 年中国 100 强国有和民营上市公司的社会责任发展指数检验了 CSR 对 CFP 的影响，得出以下结论：

（1）采用非平衡混合面板广义最小二乘模型和时点个体固定效应模型对国有、民营及全样本公司进行比较检验发现，CSR 对 CFP 无显著影响。

（2）采用结构方程模型对国有、民营、全样本公司进行多群组检验发现，市场责任在法律责任或环境责任与会计绩效（ROA）的关系中具有完全中介作用；市场责任在法律责任或环境责任与市场绩效（托宾 Q 值）的关系中具有部分中介作用；责任管理在市场责任影响财务绩效（会计绩效与市场绩效）的关系中具有正向调节作用。

由于受样本量的限制，本书未能采用平衡面板数据估计 CSR 及其各维度对 CFP 的时滞影响，也未考虑 CSR 系统外可能存在的中介因素或调节因素，有待今后进一步研究。该研究结论的现实意义在于：通过检验 CSR 影响 CFP 的作用机制，发现法律责任和环境责任是起始因素，市场责任在法律责任或环境责任影响财务绩效的关系中充当中介传导因素，责任管理水平为正向调节因素。该机制可为企业构建实施科学的 CSR 治理机制和推进措施提供参考。研究结论表明，我国企业应当改变目前"重市场、轻环保、轻管理"的局面，全面地履行 CSR 的各维度责任，尤其应当首先履行良好的法律责任和环境责任，同时加强责任管理并承担良好的市场责任，才能成功实现 CSR 创造 CFP 的"双赢"。

4. 基于内生性视角对食品饮料业企业社会责任与盈余管理关系的实证研究

我们基于内生性视角，采用联立方程检验了我国食品饮料业上市公司的社会责任与盈余管理的双向影响关系，得到的主要研究结论如下：

（1）盈余管理正向影响企业社会责任。

该结果表明，企业管理者如果进行盈余管理，那么他往往也会积极履行企业社会责任。其原因可能是，管理者将企业社会责任当做一个先发制人的策略，用来分散大家对有问题的财务报告的注意力，以及创建一个具有社会责任感形象的保护盾。

（2）企业社会责任正向影响盈余管理。

该结论表明，企业履行社会责任活动的程度正向影响其操纵盈余的力度。通过信号合成理论，我们认为，在市场经济不完全信息的特点下，某些企业诉诸社会责任来传达企业内部质量，并通过企业社会责任战略部署来建立优越的组织形象，使其处于行业领先地位，而这样的战略部署也会促使他们积极实施盈余管理。

二、措施建议

（一）完善并落实食品公司社会责任体系建设，注重食品安全责任

一方面，由于中国是发展中国家，经济发展还处于粗放型阶段，很多公司社会责任意识淡薄，对企业社会责任的落实基本处于冷眼旁观的态度，着眼点依然是如何实现企业利润最大化，而忽视了企业社会责任体系的建设和落实。而我国企业社会责任披露或报告又施行的是自愿性原则，这进一步阻碍了社会责任体系建设的完善。另一方面，中国的市场发展很不均衡，国有企业和大型企业的比例较小，大部分企业都是中小型企业。这些小企业本身面临着融资难、税收优惠政策不完善、财务信息披露负担偏重等问题，根本没有多余的精力和资金来落实企业社会责任。另外 2009 年食品安全法的出台，但是食品安全事件却仍只增不减，各种食品安全问题屡见不鲜，例如光明乳业在一年之内就发生了 4 次大的食品安全问题。

针对上述广泛存在的社会现状问题，我们为建立健全食品公司社会责任体系提出以下建议：一是增强食品公司对企业社会责任的认识，在公司广泛宣传并普及社会责任的内涵，让食品公司全员参与，为完善社会责任共同努力，让食品公司社会责任的培育不知不觉成为企业文化的一部分，从意识形态领域深入理解社会责任的重要性以及履行的必要性；二是由于食品公司的特殊性，食品公司的报导逐渐成为各大新闻媒体追逐的对象，食品公司社会责任的披露更能吸引大众的眼球，政府需建立相关的法规制度，强制食品公司必须定期披露社会责任履行情况，增强食品公司公信力；三是政府需要加大对中小企业的扶持，对主动公开披露社会责任的中小企

业给予一定的奖励,激励其积极履行企业社会责任;四是食品公司应加大食品安全责任方面的建设,将食品安全放在第一位,坚决从源头上杜绝食品安全问题。

(二)重视管理水平在社会责任与财务可持续发展能力间的中介作用

目前部分食品公司对社会责任认识不到位,对社会责任与公司管理水平以及可持续发展之间的关系没有一个较为清晰的认识,而这越来越多地成为公司履行社会责任的绊脚石。究其原因主要在于企业管理者没有进行社会责任战略管理,没有意识到食品公司社会责任的履行与公司长远发展的相互促进作用,导致其在制定企业发展战略时很少甚至没有将社会责任考虑在内。社会责任包含很多方面,由于食品行业的特殊性,食品公司社会责任的构成又与典型企业社会责任有所不同。食品公司社会责任具体维度对财务可持续发展能力具有不同的影响作用。

鉴于此,我们针对实证结果提出以下几点建议:第一,环境责任的履行能显著提高公司财务可持续发展能力。食品公司应该树立长远发展目标,不能因短期利益而停住环境保护与治理的脚步。政府需要在某种程度上认识到企业追逐经济利益的正当性,加大力度推动环境政策创新,与企业一起共同建立一套合理的市场机制,使企业在进行环境保护时既获得了自身利益也履行了环境责任。第二,食品公司注重法律责任,在短期内能够促进财务可持续发展能力的提高,但从长期来看,反而会抑制公司可持续发展。对于食品行业,政府在企业社会责任上的影响力是由自身行为和包括法规在内的行动的强度和显著程度决定的。政府需加大对企业违法经营的惩罚力度,不能让一些法律制度流于形式,促使食品公司在生产经营过程中牢记合法合规经营的重要性。第三,食品公司进行慈善捐助短期内不会促进公司可持续发展,但有利于公司长远发展。食品行业各公司可以根据能力大小共同筹资建立一个慈善基金,并由政府进行监管,定期向社会公众披露,政府根据各公司慈善捐助金额给予其一定的政府补助以及税收优惠。第四,因经济责任以及食品安全责任均能显著提高公司财务可持续发展能力,食品公司在提高生产经营效率和盈利能力的同时,也应该吸收合并一些中小企业或者生产小作坊,使其生产规范化,杜绝发生食品安全问题。政府应该和企业共同努力提高食品安全检查公信力，制定严于国家标准的食品安全标准，时刻披露食品检测标准以及检测结果，做到让消费者放心，进而减少对进口食品的使用，这样既有利于国民生产也有利于环境保护。第五，食品公司要加深社会责任与公司可持续发展能力之间关系的认识，同时重视管理水平在其中的中介效应。例如光明乳业频频发生的食品安全问题，主要在于其在快速扩展过程中，管理机制未进行相应变革，管理水平并未与公司规模同步增长。食品公司应重视人才的培养，积极学习国外一些先进管理方法以及经营模式并合理运用到公司生产经营中去。另外，食品公司需建立完善责任危机处理机制，有效进行食品公关处理。

（三）建立完善的企业社会责任监督机制

由于食品公司生产过程复杂、流通渠道多样化，立法很难对食品整个流程进行控制监管，因此政府、市场以及企业需要共同建立一套完善的企业社会责任监督机制。建立企业社会责任监督机制，首先，需要建立规范完整的法律监督机制，从法律上将食品公司社会责任与公司发展战略紧密结合在一起。政府需提供制定相应的指导方针以实施对消费者的保护，制定适当的政策来完善食品公司的企业社会责任活动。其次，实行食品行业自律，食品公司之间可以相互监督，相互学习，共同促进社会责任的完善和落实。由于消费者缺乏鉴别食品伪劣的能力，也没有能力评估食品风险，因此食品行业之间需不断完善自身的发展战略目标和内容，重视食品安全问题，对食品生产每个环节严格把关，做到行业自律，自身监管是食品行业义不容辞的责任。食品公司也应该从长远利益出发加强社会责任相关活动。再次，政府可以建立社会责任奖励机制，例如对于积极履行社会责任的食品公司，可以在税收上给予一定的优惠或者提供一些补助。最后，建立大众监督机制，利用各大媒体舆论进行大众监督，重视与消费者的沟通与互动。

（四）推进食品安全综合治理机制

对于频繁发生的食品安全问题，大众往往将责任归结于食品公司。对于食品安全治理体制的改革建议也多数以政府机制和市场机制为主，但这些建议在治理食品安全问题时经常行不通。我国食品安全治理模式应该有更广阔的视野，更多元化的导向。我们建议摒弃传统的公司治理模式，推进中国食品安全综合治理的步伐。完善市场机制，实现政府、市场、社会公共治理，更多以预防为主，实现包括政府、企业和公众的全员参与。

（五）加强食品企业文化建设

十八大将文化建设作为"五位一体"总布局之一，足见政府对于文化影响的重视，而企业文化建设则是社会主义文化强国建设战略在微观企业层面上的重要体现。然而，纵观当前针对食品安全的法律条文，如《农产品质量安全法》《食品安全法》《食品安全法实施条例》等，均侧重于规范食品企业行为、健全食品安全监管体系、加大监管力度等方面，较少涉及食品企业文化建设层面。虽然，国务院在2012年发布的《国务院关于加强食品安全工作的决定》中指出了要"加快食品行业诚信体系建设"，开始关注企业文化对食品安全的影响作用，但并未就如何建设企业文化、建设何种企业文化做出明确阐述。

我们认为，为促进食品行业更加主动自觉的履行企业社会责任，应倡导企业建立合理的企业文化作用机制，使各文化要素之间形成良性互动。根据我们研究结果，食品企业作为社会公民，应先有明确的社会共赢观，并在此基础上根据利益相关者的需求，建立食品安全观、经营发展观、环保节能观三个具有具体指向性的文化要素；同时，企业应树立长远的目标愿景观，通过它描绘企业的长期发展方向，这是企业文化结构的目标，也是企业文化作用机制的结果，由此构建出"社会共赢观—食品安全观、经营发展观、环保节能观—目标愿景观"驱动机制。为了增强驱动机制的一致性和有效性，企业应同时加强精神作风建设和诚信道德建设，从而为企业发展提供精神动力和信誉保障，在这两个要素的调节作用下，企业可以更加有效地践行社会共赢观、食品安全观、经营发展观和环保节能观，以确保目标愿景的实现。同时，我们的实证结果也证明了，这样的企业文化作用机制对促进食品企业履行社会责任是显著有效的。企业对愿景、目标、理念的文字描述，并不是毫无意义的"口号"，而是会渗透到企业的具体行为当中去的。它对企业承担社会责任的显著作用，说明构建和完善食品企业的企业文化，有利于食品企业主动自觉的履行社会责任，可以从企业内部的文化或伦理层面为防止食品安全问题提供前提保障。

（六）完善企业社会责任信息披露体系

当前，企业社会责任信息披露的主要形式为披露社会责任报告、可持续发展报告等，但这种单纯披露报告的方式在一定程度上存在局限性。首先，社会责任报告（含可持续发展报告等）一般按年披露，间隔时间较长，不能及时反映企业履行社会责任的情况，导致市场投资者难以对企业践行社会责任的效率和效果进行合理衡量；其次，我国对披露社会责任报告实行自愿性原则使得上市公司披露积极性不强，虽然自食品安全问题被广泛关注后，在2009—2012年间披露社会责任报告的食品上市公司逐年增加，但仍不普遍，例如本书中选取的64家样本公司中，只有23家公司在2012年披露了社会责任报告；最后，企业社会责任报告的披露形式还主要以文字描述为主，量化信息严重缺失，而这种单纯的定性描述会使外部使用者难以全面了解企业社会责任的履行情况，造成企业发布企业社会责任报告的象征意义远大于实际意义。

针对上述三方面局限性，我们为完善企业社会责任信息披露体系提出以下建议：第一，丰富企业社会责任信息披露方式，如在企业官方网站或社会公众平台上即时披露相关信息，形成以年度社会责任报告汇总披露为主，多种渠道即时披露为辅的社会责任披露形式；第二，改革社会责任报告的披露原则，实行强制性和自愿性相结合的方式，针对食品行业而言，可以要求企业必须披露有关食品安全管理体系、质量认证等有关信息；第三，增加社会责任报告中的定量描述比例，对于有关环境保护等专业技术性强且不易货币化的指标，企业应积极与相关职能部门或专业监管部门进行配合，以获取相关量化信息。

（七）推动企业正确认识社会责任与财务绩效关系

有些食品企业对承担社会责任还抱有抵触情绪，其原因是企业管理者并没有从根本上认清社会责任和财务绩效间相互促进的关系。管理者往往会站在成本效益的角度，只考虑到承担社会责任会增加企业经营成本，造成企业短期盈利能力和财务绩效受损。然而，从我们研究结果来看，虽然企业社会责任与市盈率呈负相关，但这很可能是由于当前社会责任信息披露存在滞后性，导致其不能在股价上得到及时反馈而造成的，这可以通过改变社会责任披露方式而进行改善。反观企业社会责任与总资产收益率呈现显著正相关，说明企业履行社会责任确实会为企业带来更多的盈利。设想一下，如果企业不能很好地处理与各利益相关者之间的关系，不履行企业公民义务，反而会为企业的正常运营带来阻碍。加之，当前消费者对食品安全问题十分关心，食品企业社会责任的履行情况已然成为大众关注的焦点，因此履行社会责任对食品企业的运营和发展显得更为至关重要。因此，食品企业的管理者应尽快加深对企业社会责任的认识和了解，并将社会责任理念纳入到企业的发展战略当中去。

（八）改善市场对企业社会责任的反应机制

2008年9月，在三鹿奶粉事件爆发后，国家质检总局对全国婴幼儿奶粉三聚氰胺含量进行了检查，并公布了检出三聚氰胺的企业名单，光明、伊利等知名品牌赫然在列。为了解市场对该检测结果的反映情况，我们查找了光明乳业、伊利股份在2008年9、10月份的股价，数据显示这两大公司的股价下跌严重，伊利股份的股价更是一度跌至个位数。而深陷毒奶粉旋涡的三鹿集团也最终难逃"无良企业"的标签，于2009年2月宣告破产。由此可见，市场确实会对企业有悖社会道义的行为进行惩罚。而本书实证得出，企业社会责任与市盈率呈负相关，表明了市场对于企业履行社会责任的奖励态度并不明显。因此可知，当前的市场反应机制偏好于惩罚却不注重鼓励，企业即使承担更多的社会责任也难以从股价上得到很好的反馈。这无疑会降低企业履行社会责任的积极性，助长企业消极被动的心理，导致企业只是出于与食品安全等负面新闻划清界限、避免市场惩罚的考虑来履行社会责任，难以形成积极良性的互动局面。

因此，为了使食品企业更加自愿主动地承担社会责任并发布有关信息，应该加强市场对社会责任的反应机制。我们就此提出以下建议：第一，提高投资者对企业社会责任的重视程度，加强投资者对社会责任报告的认知与了解，使其真正成为投资者进行投资决策的考虑因素之一，以避免社会责任报告"形同虚设"的尴尬境遇；第二，引导媒体更多地发布正面消息，媒体通常偏好于发布负面新闻以博眼球，但在食品行业需要重振旗鼓的当下，主流媒体应该在保持监督性的同时对履行社会责任的佼佼者给予肯定，一方面可以利用媒体的社会效应使出色的践行者获得奖励，另一方面也可以重塑消费者对食品行业的信心；第三，加深公众对企业社会责任的认识，使公众对食品企业社会责任的认知不仅停留在食品安全上，而是了解更多方面，以使承担更多社会责任的企业受到公众认可。以此，从投资者、媒体、公众三个方面加强市场对企业社会责任的反应机制，有利于提高企业履行和披露社会责任的自觉性和积极性。

三、研究的局限性及后续工作

由于我们能力和学识水平有限，本书难免存在不足之处，主要表现在：一是由于本书构建的食品企业文化结构与作用机制模型是基于扎根理论质性研究方法构建的，模型中的范畴、主范畴、核心范畴及其作用机制和路径等还有待大样本定量实证检验；二是企业社会责任的信息来源为企业披露的公司年报和社会责任报告（含可持续发展报告），由于部分企业未披露社会责任报告，笔者只能通过年报中的相关信息对其社会责任进行赋值，这可能导致其得分未能全面反映企业履行社会责任的情况；三是关于企业社会责任与管理水平相关研究的文献较少，缺少足够的参考依据，针对企业管理水平的评价和食品企业社会责任的指标体系还较少，为此我们对食品企业管理水平和社会责任进行划分并构建指标体系进行度量还缺少足够的信服力；四是由于学术界对食品企业社会责任具体维度、管理水平以及可持续发展能力关系的实证研究较少，因而对于它们之间的作用机制，其正确性有待验证；五是，由于研究平台和条件的限制，我们在研究样本的选取以及变量数据的确定上，都可能存在一些瑕疵。

本书已初步分析了企业文化、企业管理水平、企业社会责任、盈余管理和财务绩效等变量间的作用关系。但目前对食品公司社会责任指标体系的划分还未有一个统一的标准，以后的研究需要确定一个较为权威清晰的标准为方，这对食品企业有目的性的履行社会责任以及重视食品安全问题具有现实指导意义；此外，现有食品上市公司数量较少，以此代表整个食品行业缺少信服力，后续研究要求我们将中小型食品企业作为研究大样本考虑在内，以大视野、大样本、大数据支撑研究假设研究结论；最后，上述关键变量之间作用机制研究缺少科学的理论依据和模型基础，我们的后续研究可能需要采用调研数据加仿真数理模型等方法进行新的实践性探索。

参考文献

[1] 蔡宁，李建升，李巍. 实现企业社会责任:机制构建及其作用分析川[J]. 浙江大学学报：人文社会科学版，2008，38（4）：128-135.

[2] 曾平，许岩，曾繁荣. 平衡计分卡下企业社会责任绩效评价体系构建[J]. 财会通讯，2012（5）：48-49.

[3] 陈佳贵，黄群慧，彭华岗. 中国企业社会责任研究报告（2010）[M]. 北京：社会科学文献出版社，2009.

[4] 陈旭东，余逊达. 民营企业社会责任意识的现状与评价[J]. 浙江大学学报：人文社会科学版，2007（2）：69-78.

[5] 陈煦江. 企业社会绩效与经济绩效相互关系的实证研究[J]. 软科学，2010（9）：100-106.

[6] 陈迅，韩亚琴. 企业社会责任分级模型及其应用[J]. 中国工业经济，2005（9）：99-105.

[7] 陈永清. 利益相关者视角下企业社会责任的灰色模糊综合评价[J]. 技术经济与管理研究，2009（6）：11-13.

[8] 陈玉清，马丽丽. 我国上市公司社会责任会计信息市场反应实证分析[J]. 会计研究，2005（11）：76-81.

[9] 陈志昂，陆伟. 企业社会责任三角模型[J]. 经济与管理，2003（11）：60-61.

[10] 丁薇. 企业社会责任评价指标体系研究——基于利益相关者理论[J]. 经济师，2014（7）.

[11] 董淑兰，李卓奚. 基于投影寻踪模型的食品企业社会责任信息披露评价[J]. 生产力研究，2013（9）：162-164，167.

[12] 董淑兰，王思盈. 食品企业社会责任评价体系的构建[J]. 中国农业会计，2014（2）：56-59.

[13] 董淑兰，严秀丽. 国有企业与民营企业社会责任评价比较——来自中国500强企业的经验数据[J]. 财会月刊，2013（24）：22-24.

[14] 杜彬. 承担企业社会责任, 提高食品企业竞争力[J]. 中外食品, 2008 (9): 14-20.

[15] 范通. 企业文化、技术创新与企业绩效: 匹配模式——深圳企业的案例分析与实证研究[M]. 北京: 经济科学出版社, 2006.

[16] 高敬忠, 周晓苏. 经营业绩、终极控制人性质与企业社会责任履行度——基于我国上市公司1999—2006年面板数据的检验[J]. 财经论丛, 2008 (11): 63-69.

[17] 郭红玲. 国外企业社会责任与企业财务绩效关联性研究[J]. 生态经济, 2006 (4): 83-86.

[18] 哈耶克著. 冯克利, 胡晋华译. 致命的自负[M]. 北京: 中国社会科学出版社, 2005: 33.

[19] 郝秀清, 仝允桓, 胡成根. 基于社会资本视角的企业社会表现对经营绩效的影响研究[J]. 科学学与科学技术管理, 2011, 32 (10): 110-116.

[20] 郝云宏, 唐茂林, 王淑贤. 企业社会责任的制度理性及行为逻辑: 合法性视角[J]. 商业经济与管理, 2012 (7): 74-81.

[21] 贺远琼, 田志龙, 陈昕. 企业社会绩效及其对经济绩效的影响[J]. 经济管理, 2006 (7): 6-10.

[22] 贺正楚, 张训. 电力企业社会责任评价体系及实例分析[J]. 财经理论与实践, 2011 (4): 119-123.

[23] 侯晓红, 岳文. 我国煤炭企业社会责任绩效评价体系设计[J]. 煤炭经济研究, 2008 (6): 22-25.

[24] 黄亮华. 企业声誉和财务绩效关系研究[D]. 杭州: 浙江大学, 2005.

[25] 黄群慧, 彭华岗, 钟宏武, 张蒽. 中国100强企业社会责任发展状况评价[J]. 中国工业经济, 2009 (10): 23-35.

[26] 贾晓慧, 符正平. 组织文化、高管价值观和社会性管制对企业社会绩效的影响: 一个实证研究[J]. 南方经济, 2010 (5): 46-59.

[27] 姜志华. 企业高管价值观、组织文化与企业社会责任行为: 基于高阶理论的分析[D]. 杭州: 浙江大学, 2010.

[28] 金碚, 李钢. 企业社会责任公众调查的初步报告[J]. 经济管理研究, 2006 (3): 13-16.

[29] 金凤, 杨鹏鹏. 企业社会责任与财务绩效关系的实证检验[J]. 财经论坛, 2009 (7): 135-137.

[30] 金立印. 企业社会责任运动测评指标体系实证研究[J]. 中国工业经济. 2006（6）: 114-120.

[31] 李正. 企业社会责任与企业价值的相关性研究——来自沪市上市公司的经验证据[J]. 中国工业经济, 2006（2）: 77-83.

[32] 李海芹, 张子刚. CSR 对企业声誉及顾客忠诚影响的实证研究[J]. 南开管理评论. 2010, 13（1）: 90-98.

[33] 李建升, 林巧燕. 企业社会责任、财务绩效运作机理及其适应性[J]. 改革, 2007,（12）: 89-94.

[34] 李建升. 企业文化与企业绩效关联机制研究: 企业社会责任视角[D]. 杭州: 浙江大学, 2008.

[35] 李珂. 消费者参与企业品牌监督评价问题研究——以建立企业社会责任利益相关者评价机制为研究视角[J]. 理论月刊, 2014（1）.

[36] 李立清. 企业社会责任评价理论与实证研究: 以湖南省为例[J]. 南方经济, 2006（1）: 105-118.

[37] 李年琴, 姜启军. 基于食品供应链的核心企业社会责任评价指标及权重研究[J]. 中国农学通报, 2014（3）: 302-307.

[38] 李旭. 企业社会责任和资本结构——基于利益相关者理论的研究[J]. 财会通讯, 2014（15）.

[39] 李永臣, 曹希. 供电企业社会责任评价指标体系研究[J]. 环境工程, 2013（S1）: 677-680.

[40] 李勇. 煤炭企业社会责任评价研究[J]. 煤炭经济研究, 2012, 03: 39-41.

[41] 李云宏, 逄淑丽, 王莹, 米磊. 钢铁企业社会责任评价指标的测定分析[J]. 会计之友, 2014（3）: 56-60.

[42] 李正, 向锐. 中国企业企业社会责任信息披露的内容界定、计量方法和现状研究[J]. 会计研究, 2007（7）: 3-11.

[43] 朱永明, 许锦锦. 国有大中型企业社会责任评价体系研究——以中国银行为例[J]. 工业技术经济, 2013（2）: 27-32.

[44] 李正辉, 李春艳. 两型社会视角下工业企业社会责任的评价模型研究[J]. 统计与信息论坛, 2010（6）: 32-38.

[45] 梁星, 张雅军. 基于环境协调发展的煤炭企业社会责任综合评价研究[J]. 煤炭经济研究, 2011（3）: 31-34+48.

[46] 梁星. 基于模糊 AHP 的煤炭企业社会责任综合评价[J]. 会计之友,

2009（11）：95-97.

[47] 廖建军. 垄断行业企业社会责任评价体系研究——以烟草行业为例[J]. 产经评论，2014（3）：82-94.

[48] 廖婕，章喜为. 社会责任视角下的食品安全问题[J]. 中国集体经济，2010（11）.

[49] 刘淑华，孙志梅. 企业社会责任绩效评价模型构建[J]. 统计与决策，2013（12）：182-185.

[50] 刘婷，张丹. 论社会责任担当提升企业竞争力的伦理作用[J]. 伦理学研究，2011（4）：57-60.

[51] 刘雯雯，赵远，管乐. 中国林业企业社会责任评价实证研究——基于利益相关者视角[J]. 林业经济，2013（8）：60-64，79.

[52] 刘霞. 基于企业社会责任视角的食品安全问题浅析[J]. 商场现代化，2007（2）.

[53] 刘艳. 论食品企业的社会责任[J]. 现代商贸工业，2010（11）：79.

[54] 卢代富. 国外企业社会责任界说述评[J]. 现代法学，2001（6）：137-144.

[55] 卢代富. 企业社会责任的经济学与法学分析[M]. 法律出版社，2002.

[56] 卢美月，张文贤. 企业文化与组织绩效关系研究[J]. 南开管理评论，2006（6）.

[57] 卢现祥. 西方新制度经济学[M]. 北京：中国发展出版社，2003：39-42.

[58] 骆南峰，周祖城. 企业社会业绩评价体系研究[J]. 统计与决策，2009（22）：36-39.

[59] 吕军书. 食品安全与企业社会责任的法律思考——兼论三鹿毒奶粉事件[J]. 前沿，2009（9）：50-53.

[60] 买生，匡海波，张笑楠. 基于科学发展观的企业社会责任评价模型及实证[J]. 科研管理，2012（3）：148-154.

[61] 买生. 企业社会责任绩效评价研究[D]. 大连：大连理工大学，2012.

[62] 那保国. 粗糙集-模糊积分模型：一种评价企业社会责任的新方法[J]. 统计与决策，2012（3）：103-106.

[63] 庞永师，王莹. 基于粗糙集的建筑企业社会责任评价指标权重确定[J]. 工程管理学报，2012（3）：109-113.

[64] 齐二石，朱永明，焦馨锐. 基于灰色理论的煤炭企业社会责任绩效评价研究[J]. 商业研究，2011（10）：12-16.

[65] 齐丽云，魏婷婷. 基于ISO26000的企业社会责任绩效评价模型研究[J]. 科研管理，2013（3）：84-92.

[66] 齐文浩，刘禹君. 食品类企业社会责任评价指标体系构建及其实证检验——以沪深股市中食品类上市公司为分析对象[J]. 科学与管理，2012（6）：34-43.

[67] 山立威，甘犁，郑涛. 公司捐款与经济动机——汶川地震后中国上市公司捐款的实证研究[J]. 经济研究，2008（11）：51-61.

[68] 商道纵横. 中国企业可持续发展报告研究——价值发现之旅[R]. http://www.syntao.com.

[69] 邵君利. 企业社会责任活动对企业价值的影响——根据中国化学制品行业上市公司的经验证据[J]. 审计与经济研究，2009（1）：75-80.

[70] 沈洪涛. 国外公司社会责任报告主要模式述评[J]. 证券市场导报，2007（8）：7-13.

[71] 沈洪涛. 社会责任和环境会计的目标与理论基础[J]. 会计研究，2010（3）：86-93.

[72] 宋建波，盛春艳. 基于利益相关者的企业社会责任评价研究——以制造业上市公司为例[J]. 中国软科学，2009（10）：153-163.

[73] 宋献中，刘振. 高新技术企业技术创新融资效率研究[J]. 财会月刊，2008（8）：10-12.

[74] 苏冬蔚，贺星星. 社会责任与企业效率：基于新制度经济学的理论与经验分析[J]. 世界经济，2011（9）：138-159.

[75] 苏蕊芯，仲伟周. 中国企业社会责任测量维度识别与评价——基于因子分析法[J]. 华东经济管理，2014（3）：109-113.

[76] 孙步忠，曾咏梅. 经济危机背景下企业社会责任培育[J]. 求实，2009（8）：44-45.

[77] 孙剑，薛惠锋，寇晓东. 企业文化对企业绩效的影响[J]. 统计与决策，2008（10）：182-183.

[78] 谭杰，杨立社. 基于利益相关者理论的企业社会责任评价量表的构建与检验[J]. 现代物业（中），2010（10）：16-19.

[79] 汤亚莉，陈自力，刘星，李文红. 我国上市公司环境信息披露状况及影响因素的实证研究[J]. 管理世界，2006（1）：158-159.

[80] 田虹，姜雨峰. 网络媒体企业社会责任评价研究[J]. 吉林大学社会科学

学报，2014（1）：150-158，176.

[81] 田虹. 企业社会责任与企业绩效的相关性——基于中国通信行业的经验数据[J]. 经济管理，2009（1）：72-79.

[82] 王邦兆，邓婷婷. 消费者视角下的食品企业社会责任[J]. 科技管理研究，2012（19）：191-194.

[83] 王丹，朱波强. 基于熵值法的我国企业社会责任评价研究——以矿产资源型企业为例[J]. 会计之友，2014（30）：8-12.

[84] 王凤华. 基于利益相关者理论的企业社会责任评价指标体系设计[J]. 商业会计，2011（35）：8-9.

[85] 王怀明，姜涛. 食品企业社会责任分析与评价——基于利益相关者理论[J]. 南京农业大学学报：社会科学版，2013（4）：104-110.

[86] 王璟珉，魏东，岳杰. 中国企业社会责任财务绩效评价模型研究[J]. 中国人口·资源与环境，2010（2）：162-166.

[87] 王蕾. 保险企业社会责任绩效评价体系的构建[J]. 南方金融，2010（1）：66-70.

[88] 王露璐. 经济伦理视野中的企业社会责任及其担当与评价次序[J]. 伦理学研究，2011（3）：91-94.

[89] 王晓丽，李磊. 基于食品安全视角的食品企业社会责任浅析[J]. 价值工程，2009（11）：22-24.

[90] 王璇，辛春林. 基于结构方程模型的企业社会责任评价——以石化行业为例[J]. 中国流通经济，2013（6）：74-79.

[91] 王玉芹，张德. 创新型文化与企业绩效关系的实证研究[J]. 科学学研究，2007（12）：475-479.

[92] 王竹泉. 利益相关者财务监督的分析框架与体制构造[J]. 会计研究，2006（9）.

[93] 温素彬，方苑. 企业社会责任与财务绩效关系的实证研究——利益相关者视角的面板数据分析[J]. 中国工业经济，2008（10）：150-160.

[94] 谢佩洪，周祖城. 中国背景下CSR与消费者购买意向关系的实证研究[J]. 南开管理评论，2009（1）：64-70.

[95] 徐光华. 企业社会责任的战略绩效评价体系研究[J]. 现代经济探讨，2007（5）：71-74.

[96] 徐泓，董雪雁. 企业社会责任绩效评价指标研究[J]. 甘肃社会科学，

2013（3）：187-190.

[97] 徐泓，朱秀霞. 低碳经济视角下企业社会责任评价指标分析[J]. 中国软科学，2012（1）：153-159.

[98] 徐尚昆，杨汝岱. 企业社会责任概念范畴的归纳性分析[J]. 中国工业经济，2007（5）：71-79.

[99] 阳秋林，代金云. "两型社会"背景下的企业社会责任评价指标体系及其运用研究——以湖南企业为例[J]. 湖南社会科学，2012（3）：114-117.

[100] 阳秋林. 中国社会责任会计研究[M]. 北京：中国财政经济出版社，2005.

[101] 杨春方. 企业社会责任的治理模式：自三个维度观察[J]. 改革，2012（5）：120-125.

[102] 杨春方. 中国企业社会责任影响因素实证研究[J]. 经济学家，2009（1）：66-76

[103] 杨春方. 中小企业社会责任的评价模式及其影响测度[J]. 改革，2013（10）：135-141.

[104] 杨嵘，沈幸. 利益相关者视角的石油企业社会责任评价指标选择[J]. 商业会计，2011（3）：33-35.

[105] 姚海琳，王昶，周登. 政府控制和市场化进程对企业社会责任的影响——来自中国沪市上市公司的经验证据[J]. 天津财经大学学报，2012（8）.

[106] 尤嘉勋，么丽欣，白辰. 基于熵权TOPSIS法的中国汽车企业社会责任评价研究[J]. 汽车工业研究，2013（7）：21-25.

[107] 韵江，高良谋. 公司治理、组织能力和社会责任——基于整合与协同演化的视角[J]. 中国工业经济，2005（11）：103-110.

[108] 张彩庆，曹萌萌，谢萍. 电网企业社会责任的模糊综合评价[J]. 中国电业（技术版），2011（8）：62-64.

[109] 张坤，章辉美. 基于熵权基点理论的企业社会责任评价实证研究[J]. 系统工程，2013（8）：118-122.

[110] 张立军，陈跃，袁能文. 基于信度分析的加权组合评价模型研究[J]. 管理评论，2012（5）：170-176.

[111] 张胜荣，汪兴东. 法律法规、政府干预、民间组织对企业社会责任行为的影响及对策建议——基于225个农业企业样本的实证研究[J]. 西部

经济管理论坛，2014（1）.

[112] 张鲜华. 社会责任表现对企业声誉的影响研究——来自 A 股上市公司的经验数据[J]. 兰州学刊，2012（12）：99-102.

[113] 张玉玲，迟国泰，祝志川. 基于变异系数-AHP 的经济评价模型及中国十五期间实证研究[J]. 经济与金融，2011（1）：3-10.

[114] 章喜为，廖婕. 企业社会责任践行与政府监管的博弈分析[J]. 管理观察，2009（14）.

[115] 赵旭. 上市公司诚信与企业价值影响的实证研究[J]. 山西财经大学学报，2011（1）.

[116] 赵杨，孔祥纬. 我国企业社会责任履行绩效评价体系构建研究——基于利益相关者理论及分项评价模式[J]. 北京工商大学学报：社会科学版，2010（6）：48-55.

[117] 赵越春，王怀明. 食品企业社会责任表现与消费者响应——基于江苏消费者的问卷调查[J]. 福建论坛：人文社会科学版，2013（7）：57-63.

[118] 郑承志，刘宝. 企业社会责任推进中的政府行为[J]. 学术界，2009（4）.

[119] 郑若娟. 西方企业社会责任理论研究进展——基于概念演进的视角[J]. 国外社会科学，2006（2）：4-39.

[120] 周兰，肖琼宇. 基于信息披露视角的企业社会责任评价体系设计[J]. 北京工商大学学报：社会科学版，2012（3）：10-16.

[121] 周立新，黄洁. 家族企业社会责任与企业绩效：内部能力与外部关系的调节效应[J]. 商业经济与管理，2012（5）：5-15.

[122] 周中胜，何德旭，李正. 制度环境与企业社会责任履行：来自中国上市公司的经验证据[J]. 中国软科学，2012（10）：59-68.

[123] 周祖城，王旭. 企业社会业绩内部评价体系研究[J]. 管理学报，2010（3）：338-343.

[124] Xiangrong Zhang. Research on the evaluation index system of the effectiveness of food quality safety market admittance system[J]. Journal of Agricultural Science, 2011, 3(3):240-245.

[125] B Carroll. A Three dimensional conceptual model of corporate social performance[J]. Academy of Management Review. 1979, 4(4): 497-505.

[126] Abagail McWilliams and Donald Siegel. Corporate social responsibility

and financial performance: correlation or misspecification?[J]. Strategic Management Journal, 2000, 21(5): 603-609.

[127] Aguilera, Rupp, Williams, and Ganapathi. Putting the S Back In corporate social responsibility: a multilevel theory of social change in organizations[J]. Academy of Management Review, 2007, 32(3): 836-863.

[128] Alexander, G J, Buchholz R A. Corporate social responsibility and stock market performance[J]. Academy of Management Journal, 1978(21): 479-486.

[129] Amir Barnea & Amir Rubin. Corporate social responsibility as a conflict between shareholders[J]. Journal of Business Ethics, 2010, 97(1): 71-86.

[130] Anderson John C, Frankle Alan w. Voluntary social reporting: an iso-beta portfolio analysis[J]. The accounting review, 1980, 55(3): 467-479.

[131] Archie B Carroll. Stakeholder thinkingin three models of management morality: A perspeetive with strategic implieations. The Corporate and Its Stakeholders: Classie and Contem porary Readings[C]. University of Toronto Press, 1998.

[132] Arlow P, Gannon M. Social responsiveness, corporate structure performance[J]. Academy of Management Review, 1982(7): 235-241.

[133] Aupperle, K. E., Carroll, A. B. & Hatfield. D. An empirical examination of the relationship between corporate social responsibility and profitability [J]. Academy of Management Journal, 1985(28): 446-463.

[134] Barney, J., M. Wright, and D. J. Ketehen. There souree-based view of the firm: ten years after 1991[J]. Journal of Management, 2001, 27(6): 625-64.

[135] Barney, J. B. Firm resoures and sustained competitive advantage[J]. Joumal of Management, 1991(17): 99-120.

[136] Bhattacharya C B., Sen, Sankar. Consumer-company Identification: a framework for understanding consumers' relationship with companies[J]. Journal of Marketing, 2003, 67(4): 76-88.

[137] Bhattacharya, C. B., Sen, S. When, why, and how consumers respond to social initiatives[J]. California Management Review, 2004, 47(1): 9-24.

[138] Bragdon, J. H., Marlin, J. A. T. Is pollution profitable?[J]. Risk Management, 1972, 19(4): 9-18.

[139] Brammer, S., Williams, G., & Zinkin, J. Religion and attitudes to corporate social Responsibility in a large cross-eountry Sample[J]. Journal of Business Ethies, 2007, 71(3): 229-243.

[140] Brickson, S. Organizational identity orientation: the genesis of the role of the firm and distinct forms of social value[J]. Academy of Management Review, 2007, 32(12): 864-888.

[141] Broughton Edward I, Walker Damian G. Policies and practices for aquaculture food safety in China[J]. Food Policy, 2010, 35(5): 471-478.

[142] Brown, B. Stock market valuation of reputation for corporate social performance[J]. Corporate Reputation Review, 1997(1): 76-80.

[143] Caduff Ladina, Bernauer Thomas. Managing risk and regulation in european food safety governance[J]. Review of Policy Research, 2006, 23(1): 153-168.

[144] Carroll, A. B. A three-dimensional conceptual model of corporate social performance[J]. Academy of Management Review, 1979(4): 497-505.

[145] Carroll, A. B. The pyramid of corporate social responsibility: toward the moral management of organizational stakeholders[J]. Business Horizons, 1991, 34(4): 39-48.

[146] Carroll, A. B. Three-dimensional conceptual model of corporate performance[J]. Academy of Management Review, 1979, 4(4): 497-505.

[147] Casey Donal K, Lawless James S. The parable of the poisoned pork: network governance and the 2008 irish pork dioxin contamination[J]. Regulation and Governance, September, 2011, 5(3): 333-349.

[148] Chan S F, Chan Zenobia C Y. Food safety crisis management plan in Hongkong[J]. Journal of Food Safety, 2009, 29(3): 394-413.

[149] Chen, K. H., Metcalf, R. W. The relationship between pollution control record and financial indicators revisited[J]. Accounting Review, 1980(55): 168-177.

[150] Christopher Ansell, David Vogel. What's the Beef? the Contested governance of european food safety[M]. Cambridge, MA: MIT Press, 2006: 400.

[151] Cochran, P. L. & Wood, R. A. Corporate social responsibility and financial performance[J]. Academy of Management Journal, 1984(27): 42-56.

[152] Cope S, L J Frewer, J Houthton, et al. Consumer perceptions of best practice in food risk communication and management: implications for risk analysis policy[J]. Food Policy, 2010, 35(4): 349-357.

[153] David A Waldma, Mary Sully de Luque et al. Cultural and leadership predictors of corporate social responsibility values of top management: a globe study of 15 countries[J]. Journal of International Business Studies, 2006(37): 823-837.

[154] David Woodward. Some evidence on executives views of corporate social responsibility[J]. British Accounting Review, 2011.

[155] Davis, k & Blomstrom, R.L., Business and society: environment and responsibility[M]. New York: McGraw Hill, 1971.

[156] Delmas M, M W Toffel. Stakeholders and environmental management practices: an Insti-tutional framework[J]. Business Strategy and the Environment, 2004(13): 209.

[157] Deodhar Satish Y. Motivation for and cost of HACCP in indian food processing industry[J]. Indian Journal of Economics and Business, 2003, 2(2): 193-208.

[158] Donaldson, T., & Preston, L. E.. The stakeholder theory of the corporation: concepts, evidence and implications[J]. Academy of Management Review, 1995(20): 65-91.

[159] Donaldson, T., T. W. Dunfee. Towsrds a unified conception of business ethics: integratice social contacts theory[J]. Academy of Management Reviews, 1997, 19(2): 252-284.

[160] Dreyer Marion, Renn Ortwin eds. Food safety governance: integrating science, precaution and public involvement[J]. Risk, Governance and Society series, 2009(15): 25-37.

[161] Dreyer Marion, Renn Ortwin, Cope Shannon, et al. Including social impact assessment in food safety governance[J]. Food Control, 2010, 21(12): 1620-1628.

[162] Dumicic Ksenija, Gajdic Dusanka. Research of Influence of food quality management system application on business results in croatian food businesses. with english summary[J]. Poslovna Izvrsnost/Business

Excellence, 2011, 5(1): 9-32.

[163] Edward Nelling Elizabeth Webb. Corporate social responsibility and financial performance: the 'virtuous circle' revisited[J]. Rev Quant Finan Acc, 2009(32): 197-209.

[164] Elkingtond. Partnerships from cannibals with forks the triple bottom line of 21st century business[J]. Environmental Quality Management, 1998, 8(1): 37-51.

[165] Finardi Corrado, Pellegrini Giuseppe, Rowe Gene. Food safety issues: from enlightened elitism towards deliberative democracy? an overview of EFSA's 'public consultation' Instrument[J]. Food Policy, 2012, 37(4): 427-438.

[166] Fogler, H. R., Nutt, F. A note on social responsibility and stock valuation[J]. Academy of Management Journal, 1975(18): 155-160.

[167] Frederiek. The growing concern over business responsibility[J]. California Management Review, 1960, 2(4): 54-61.

[168] Freedom, Philanthrony. An interview with milton firedman[J]. Business and Soeiety Rview, 1989: 71.

[169] Freeman R. E. Strategic management: a stakeholder approach[M]. Boston: Pitman/Ballinger, 1984.

[170] Friedman, Milton. The social responsibility of business is to increase its profits[N]. New York Times Magazine, 1970，(9)13: 122-126.

[171] Gelse Roseanne White. Risk management key to food safety[J]. Business Insurance, 2012, 46 (25): 12-13.

[172] Gkogka E, Reij M W, Gorris L G M, et al. The application of the appropriate level of protection (ALOP) and food safety objective (FSO) concepts in food safety management, using listeria monocytogenes in deli meats as a case study[J]. Food Control, 2013, 29(2): 382-393.

[173] Gray R. Thirty years of social accounting, reporting and auditing: what have we learnt? [J]. Business Ethics: A European Reviews, 2001, 10(1): 9-15.

[174] Wood, Donna J. Corporate social performance revisited[J]. Academy of Management Review, 1991, 16(4): 691-718.

[175] Gray E. R & Ballmer, J. Managing corporate image and corporate reputation[J]. Long Range Planning, 1998(31): 695-702.

[176] Griffin J, Mahon J. The corporate social performance and corporate financial performance debate: twenty fiveyears of incomparable research[J]. Business and Society, 1997(3): 361.

[177] Henson S, Hooker N H. Private sector management of food safety: public regulation and the role of private controls[J]. International Food and Agribusiness Management Review, 2001, 4(1): 7-17.

[178] Herwig Alexia, Maier Leo. Beyond legalisation: developments in transnational food-safety governance[J]. Law & Society, 2007(1): 5-8.

[179] Heugens, P. M., KaPtein, M. and Oosterhout, J. Contraets to Communities: a proessual model of organizational virtue[J]. Journal of Management Studies, 2008, 45(1): 100-121.

[180] Hillman, Amy J., Gerald D. Keim. Shareholder value, stakeholder management, and social issues: what's the bottom line? [J]. Strategic Management Journal, 2001, 22(2): 125~140.

[181] Howard R. Bowen. Soeial rersonsibility of the businessman[M]. New York: Harper, 1953: 6.

[182] Humberto Gonzalez. Debates on food security and agrofood world governance[J]. International Journal of Food Science and Technology, 2010(45): 1345-1352.

[183] Husted B. W. Risk Management, real options, and corporate social responsibility[J]. Journal of Business Ethics, 2005(60): 175-183.

[184] Jaffee Steve, Masakure Oliver. Strategic use of private standards to enhance international competitiveness: vegetable exports from kenya and elsewhere[J]. Food Policy, 2005, 30(3): 316- 333.

[185] Jeffrey S. Harrison & R. Edward freeman. stakeholders, social responsibility and Performance: empirical evidence and theoretical perspectives[J]. Academy of Management Journal, 1999, 42(5): 479-485.

[186] Jenkins, R. Globalization, corporate social responsibility and poverty[J]. International Affairs, 2005(81): 525-540.

[187] John Elkington, Cannibals With Forks: the triple bottom line of 21st century business[J]. Journal of Business Ethics, 2000, 23(2): 229-231.

[188] John Elkington. With forks: the triple bottom line of 21st century business[M]. Oxford: Capstone, 1997.

[189] John L. Campbell. Why would corporations behave in socially responsible ways? An Institutional Theory of Corporate Social Responsibility[J]. Academy of Management Review, 2007, 32(3): 946-967.

[190] K. G. Jin, R. Drozdenko, and S. DeLoughy. The role of corporate value clusters in ethics, social responsibility, and performance: a study of financial professionals and implications for the financial meltdown[J]. J Bus Ethics, 2012(109): 251-265.

[191] Kaplan G A, Everson S A, Lynch J W. The contribution of social and behavioral research to an understanding of the distribution of disease: a multilevel approach[M]. Washington, D. C: National Academies Press, 2000: 25-30.

[192] Karaman Ayse Demet, Cobanoglu Ferit, Tunalioglu Renan, et al. Barriers and benefits of the implementation of food safety management systems among the Turkish dairy industry: A case study[J]. Food Control, 2012, 25(2): 9-32.

[193] Kevin S. Groves, Michael A. LaRocca. An empirical study of leader ethical values, transformational and transactional leadership, and follower attitudes toward corporate social responsibility[J]. Journal of Business Ethics, 2011(103): 511-528.

[194] Klintman Mikael, Kronsell, Annica. Challenges to legitimacy in food safety governance? the case of the european food safety authority (EFSA) [J]. Journal of European Integration, 2010, 32(3): 309-327.

[195] Knudsen, Ib. The safe foods framework for integrated risk analysis of food: an approach designed for science-based, transparent, open and participatory management of food safety[J]. Food Control, 2010, 21(12): 1653-1661.

[196] Kotter, J. P. & Heskett, J. L. Corporate culture and performance[M]. New York: The Free Press, 1992.

[197] Kunal Basu, Guido Palazzo. Corporate social responsibility: a process

model of sensemaking[J]. Academy of Management Review, 2008, 33(1): 122-136.

[198] Lantos, G. P. The boundaries of strategic corporate social responsibility[J]. Journal of Consumer Marketing, 2001, 18(7): 595- 630.

[199] Li Qin. A Effective Way to improve the performance of food safety governance based on cooperative game[J]. Agriculture and Agricultural Science Procedia, 2010(1): 423-428.

[200] Luciana Marques Vieira W, Bruce Traill. Emerald article: trust and governance of global value chains: the case of a brazilian beef processor[J]. British Food Journal, 2008, 110(4): 460-473.

[201] Luning P A, Marcelis W J, Rovira J, et al. Systematic assessment of core assurance activities in a company specific food safety management system[J]. Trends in Food Science & Technology, 2009, 20(6): 300-312.

[202] Maden C, Arkan E, telci E. Linking corporate social responsibility to corporate reputation:a study on understanding be-havioral consequences[J]. Procedia-Social and Behavioral Sciences, 2012, 58(0): 655-664.

[203] Maignan, I. & Ferrell, O. C. Nature of corporate responsibilities: perspectives from american, french and german consumers[J]. Journal of Business Research, 2003, 56(1): 55-67.

[204] Maignan, I., Ferrell, O. C. & Hult, G. T. M. Corporate citizenship: cultural antecedents and business benefits[J]. Journal of the Academy of Marketing Science, 1999, 27(4): 455-469.

[205] Margolis, J. D., Hillary Anger Elfenbein & Walsh, J. P. Does It pay to be good? A meta-analysis and redirection of research on the relationship between corporate social and financial performance[D]. Working Paper Harvard University, 2007.

[206] Matthew Brine, Rebecca Brown. The Relationship between social and financial performance: evidence from austrasia[J]. Business and Society, 2007, 17(3): 109-123

[207] McGuire J. W. Business and Society[M]. New York: McGraw Hill, 1963.

[208] McGuire, J. B., T. Schneeweiss and A. Sundgren. Corporate social responsibility and firm financial performance[J]. Academy of Management

Journal. 1988 31(4): 854-860.

[209] McGuire, J. B., Sundgren, A. & Schneeweis, T. Corporate and social responsibility and firm financial performance[J]. Academy of Management Journal, 1988, 31: 854-872.

[210] McWilliams, A. & Siegel, D. Corporate social responsibility and financial performance: correlation or misspecification? [J]. Strategic Management Journal, 2000(21): 603-609.

[211] MeloT, Garrido-Morgado A. Corporate reputation: a combination of social responsibility and industry[J]. Corporate Social Responsibility and Environmental Management, 2012, 19(1): 11-31.

[212] Mensah Lena Dzifa, Julien Denyse. Implementation of food safety management systems in the UK[J]. Food Control, 2011, 22(8): 1216-1225.

[213] Michael J Maloni, Michael E Brown. Corporate social responsibility in the supply chain: An Application in the Food Industry[J]. Journal of Business Ethics, 2006, 68(1): 35-52.

[214] Michiel P M, M de Krom. Understanding consumer rationalities: consumer involvement in european food safety governance of avian influenza[J]. Sociologia Ruralis, 2009, 49(1): 1-19.

[215] Mitra R. Framing the corporate responsibility-reputation linkage: the case of tata motors in india[J]. Public Relations Review, 2011, 37(4): 392-398.

[216] Monika Hartmann. Corporate social responsibility in the food sector[J]. European Review of Agricultural Economics, 2011, 38(3): 297-324.

[217] Moskowitz, M. R. Choosing socially responsible stocks[J]. Business and Society Review, 1972(1): 71-75.

[218] Nesve A, Turan Brewster, Peter D Goldsmith. Legal systems, institutional environment, and food safety[J]. Agricultural Economics, 2007(36): 23-28.

[219] Ng Esmond Alin, Victoria. An institutional approach to the examination of food safety[J]. International Food and Agribusiness Management Review, 2012, 15(2): 21-45.

[220] Oliver Sheldon. The philosophy of managment[M]. London, Sir Isaae PitmanandSons Ltd, first Published 1924: 70-99.

[221] Oliver Todt. Consumer attitudes and the governance of food safety[J]. Public Understanding of Science, 2009, 18(1): 103-114.

[222] P. C. Godfrey, C. B. Merrill & J. M. Hansen. The relationship between corporate social responsibility and shareholder value: an empirical test of the risk management hypothesis[J]. Strategic Management Journal, 2009(30): 425-445.

[223] Park J, Lee H, Kim C. Corporate social responsibilities, consumer trust and corporate reputation: South Korean consumers'perspectives. In: Journal of Business Research; 2013: http://dx.doi.org/10.1016/j.jbusres.2013.1005.1016.

[224] Parket, I. R, Eilbirt, H. Social responsibility: the underlying factors[J]. Business Horizons, 1975, 18(4): 5-10.

[225] Peter W. Roberts and Grahame R. Dowling. Corporate reputation and sustained superior financial performance[J]. Strategic Management Journal, 2002, 23(12): 1077-1093.

[226] Philip A Loring, S C Gerlach. Food, culture, and human health in alaska: an integrative health approach to food security[J]. Environmental Science & Policy, 2009(12): 466-478.

[227] Porter, M. E., M. R. Kramer. The Link between competitive advantage and corporate social responsibility[J]. Harvard Business Review, 2006, 80(12): 78-92.

[228] Preston and O'Bannon. The corporate social-financial performance relationship: a typology and analysis[J]. Business and Society, 1997, 36(4): 419-429.

[229] Rahul Mitra. "My Country's Future": A culture-centered interrogation of corporate Social Responsibility In India[J]. Journal of Business Ethics, 2012(106): 131-147.

[230] Reed, L., GetZ. K. & Collins, D. et al. Theoretical models and empirical results: a review and synthesis of JAI volumes 1-10, In J. Post(ed.), Corporate and Society Research: Studies in Theory and Measurement[C]. Greenwich: CT: JAI, 1990: 27-62.

[231] Robin Dillaway, Kent D Messer, John C Bernard, et al. Do consumer responses to media food safety information last?[J]. Applied Economic

Perspectives and Policy, 2011, 33(3): 363-383.

[232] Ron Bird, Anthony D. Hall, Francesco Momente & Francesco Reggiani. What corporate social responsibility activities are valued by the market?[J]. Journal of Business Ethics, 2007, 76(10): 189-206.

[233] Rouviere Elodie, Caswell Julie A. From Punishment to Prevention: a french case study of the Introduction of co-regulation in enforcing food safety[J]. Food Policy, 2012, 37(3): 246-254.

[234] S. Li, M. Fetscherin, and I. Alon et al. Corporate social responsibility in emerging markets the importance of the governance environment[J]. Manag Int Rev, 2010(50): 635-654.

[235] Sampers Imca, Toyofuku Hajime, Luning Pieternel A, et al. Semi-quantitative study to evaluate the performance of a HACCP-based food safety management system in Japanese milk processing plants[J]. Food Control, 2012, 23(1): 9-32.

[236] Sandra A. Waddock and Samuel B. Graves. The corporate social performance-financial performance link[J]. Strategic Management Journal, 1997, 18(4): 303-319.

[237] Sandra Hoffmann, William Harde. Food safety and risk governance in globalized markets[J]. Health Matrix, 2010, 20(5): 5-54.

[238] Sen, S. & Bhattacharya, C. B. Does doing good always lead to doing better? consumer reactions to corporate social responsibility[J]. Journal of Marketing Research, 2001(38): 225-243.

[239] Simpson GW, Kohers T. The Link between corporate social and financial performance: evidence from the banking industry[J], Journal of Business Ethics, 2002, 35(2): 97-110.

[240] Spicer, B. H. Investors, Corporate social performance and information disclosure: An empirical study[J]. Accounting Review, 1978a(53): 94-111.

[241] Spicer, B. H. Market Risk, Accounting data and companies' pollution control records[J]. Journal of Business, Finance and Accounting, 1978b(5): 67-83.

[242] The center for corporate citizenship at boston college. the value proposition for corporate citizenship[R]. http://www.bccccc.net.2005.

[243] Ullmann, A. A. Data in search of a theory: a critical examination of the

relationships among social disclosure and economic performance of US firms [J]. Academy of Management Review, 1985, 10(3): 540-557.

[244] Valeria Sodano, Martin Hingley, Adam Lindgreen. The usefulness of social capital in assessing the welfare effects of private and third-party certification food safety policy standards: Trust and networks[J]. British Food Journal, 2008, 110(4): 493-513.

[245] Vance, S. C. Are socially responsible corporations good investment risks?[J]. Management Review, 1975, 64(8): 19-24.

[246] Waddock, S. A. & Graves, S. B. The corporate social performance-financial performance link[J]. Strategic Management Journal, 1997(18): 303-319.

[247] Wartick, S. L, Cochran, P. L. The evolution of the corporate social performance model[J]. Acdemic of Management Review, 1985, 10(4): 758-769.

[248] Yuhei Inoue. Seoki Lee Effects of different dimensions of corporate social responsibility on corporate financial performance in tourism-related industries[J]. Tourism Management 2011, 32(4): 790-804.

[249] Weigelt, K. & Camerer, C. F. Reputation and corporate strategy: a review of recent theory and applications[J]. Strategic Management Journal 1988(9): 443-454.

[250] Wenjing Li, Ran Zhang. Corporate social responsibility, ownership structure, and political interference: evidence from China[J]. Journal of Business Ethics, 2010(96): 631-645.

[251] Wood, D. J., & Jones, R. E. Stakeholder mismatch-ing: a theoretical problem in empirical research on corporate social performance[J]. International Journal of Organizational Analysis, 1995(3): 229-267.